Miami
Fort Lauderdale

4e édition

Alain Legault

La vie finit comme elle commence, spoonful of love et de romance.
Le jour se lève sur Miami et les palmiers qui s'en balancent.

Richard Desjardins, *Miami*

ULYSSE

Le plaisir de mieux voyager

1. Les plages de Miami Beach forment une longue bande de terre sablonneuse caressée par l'océan Atlantique. (page 96)
   © Dreamstime.com/Bosenok

2. Le Biltmore Hotel, chef-d'œuvre architectural et fleuron de l'industrie hôtelière du chic quartier de Coral Gables. (page 74)
   © iStockphoto.com/Daniel Timiraos

3. Le cadre distingué de la Venetian Pool, une attrayante piscine aux eaux cristallines. (page 74)
   © iStockphoto.com/Mike Palmer

4. Dans le Design District, la foire annuelle d'art contemporain Art Basel Miami Beach est un incontournable pour tout aficionado qui se respecte. (pages 69, 167)
   © Timothy Hartley Smith

5. Dans le quartier de Little Havana, le pittoresque Domino Park sert de lieu de rassemblement pour les Cubains. (page 74)
   © iStockphoto.com

1. Dans le quartier de Coconut Grove, les visiteurs du Vizcaya Museum and Gardens peuvent admirer une remarquable collection d'œuvres d'art et de superbes jardins classiques méticuleusement entretenus. (page 78)
   © iStockphoto.com

2. Parmi les vedettes du Miami Metrozoo figure le fascinant tigre du Bengale, dont l'aire se trouve aux abords de la réplique du temple cambodgien d'Angkor. (page 80)
   © Matthew Hoelscher

3. Les eaux calmes de la Biscayne Bay séparent la ville de Miami de Miami Beach et Key Biscayne. (page 78)
   © iStockphoto.com/Xin Zhou

4. Les Everglades, de vastes marais couverts d'herbes prenant leur source dans le lac Okeechobee. (page 81)
   © Dreamstime.com/Snehitdesign

5. Dans les brumes du matin, un alligator glisse silencieusement sur les eaux de l'Everglades National Park. (page 81)
   © Greater Fort Lauderdale Convention & Visitors Bureau

6. Des excursions en hydroglisseur sont offertes dans les Everglades. (page 101)
   © Visit Florida

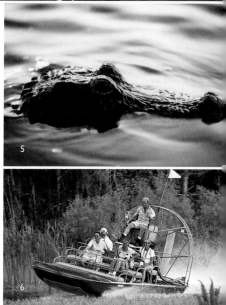

1. Fort Lauderdale, surnommée la « Venise d'Amérique » en raison de ses quelque 500 kilomètres de canaux navigables. (page 86)

2. Une balade en Water Taxi, une façon originale de découvrir Fort Lauderdale en sillonnant ses canaux. (page 88)

3. L'élégante artère principale du centre-ville de Fort Lauderdale, Las Olas Boulevard. (page 88)

Localisation des circuits

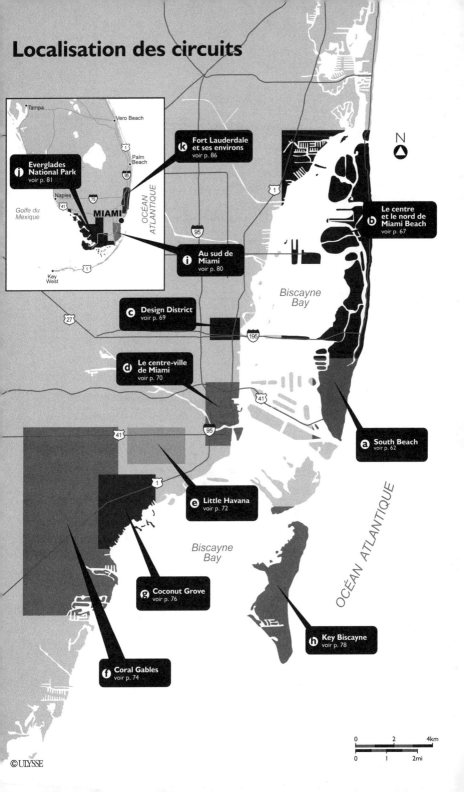

Tampa

Vero Beach

Everglades National Park
voir p. 81

Palm Beach

Naples

OCÉAN ATLANTIQUE

MIAMI

Golfe du Mexique

Key West

k **Fort Lauderdale et ses environs**
voir p. 86

b **Le centre et le nord de Miami Beach**
voir p. 67

i **Au sud de Miami**
voir p. 80

Biscayne Bay

c **Design District**
voir p. 69

d **Le centre-ville de Miami**
voir p. 70

a **South Beach**
voir p. 62

e **Little Havana**
voir p. 72

Biscayne Bay

OCÉAN ATLANTIQUE

g **Coconut Grove**
voir p. 76

h **Key Biscayne**
voir p. 78

f **Coral Gables**
voir p. 74

N

0   2   4km
0   1   2mi

©ULYSSE

Auteur: Alain Legault
Éditeur: Pierre Ledoux
Adjointes à l'édition: Julie Brodeur, Annie Gilbert
Correcteur: Pierre Daveluy
Infographistes: Marie-France Denis, Philippe Thomas
Photographies: Page couverture, Art Deco District: © Justin Fisher; Page de titre, Miami Beach: © Dreamstime.com/Jose Wilson Araujo; Ocean Drive: © Dreamstime.com/Julie Flavin

Cet ouvrage a été réalisé sous la direction d'Olivier Gougeon.

Remerciements

L'auteur tient à remercier Annick St-Laurent et Jean Dumont pour leur aide.

Guides de voyage Ulysse reconnaît l'aide financière du gouvernement du Canada par l'entremise du Programme d'aide au développement de l'industrie de l'édition (PADIÉ) pour ses activités d'édition.

Guides de voyage Ulysse tient également à remercier le gouvernement du Québec – Programme de crédit d'impôt pour l'édition de livres – Gestion SODEC.

Guides de voyage Ulysse est membre de l'Association nationale des éditeurs de livres.

Note aux lecteurs

Tous les moyens possibles ont été pris pour que les renseignements contenus dans ce guide soient exacts au moment de mettre sous presse. Toutefois, des erreurs peuvent toujours se glisser, des omissions sont toujours possibles, des adresses peuvent disparaître, etc.; la responsabilité de l'éditeur ou des auteurs ne pourrait s'engager en cas de perte ou de dommage qui serait causé par une erreur ou une omission.

Écrivez-nous

Nous apprécions au plus haut point vos commentaires, précisions et suggestions, qui permettent l'amélioration constante de nos publications. Il nous fera plaisir d'offrir un de nos guides aux auteurs des meilleures contributions. Écrivez-nous à l'une des adresses suivantes, et indiquez le titre qu'il vous plairait de recevoir.

Guides de voyage Ulysse
4176, rue Saint-Denis, Montréal (Québec), Canada H2W 2M5, www.guidesulysse.com
texte@ulysse.ca

Les Guides de voyage Ulysse, sarl
127, rue Amelot, 75011 Paris, France
voyage@ulysse.ca

Catalogage avant publication de Bibliothèque et Archives nationales du Québec et Bibliothèque et Archives Canada

Legault, Alain, 1967 12 juin-
      Miami, Fort Lauderdale
      4e éd.
      (Guides de voyage Ulysse)
      Publ. antérieurement sous le titre: Miami, [1999?].
      ISBN 978-2-89464-940-4 (version imprimée)
      1. Miami (Flor.) - Guides. 2. Fort Lauderdale (Flor.) - Guides. I. Titre. II. Collection: Guide de voyage Ulysse.
F319.M6L43 2010   917.59'3810464 C2009-942415-0

À moi
Miami
et Fort Lauderdale !

Nous vous proposons ici une sélection d'attraits incontournables qui vous permettra d'explorer Miami et ses environs en vrai connaisseur.

Découvrez les coups de cœur de notre équipe de rédaction dans la section **Le meilleur de Miami et Fort Lauderdale**.

Que vous planifiez une visite éclair de quelques heures ou un voyage de plusieurs jours, inspirez-vous des itinéraires des sections **En temps et lieux** pour profiter au maximum de votre séjour.

Que vous soyez branché nature, architecture ou histoire, consultez les sections **À la carte** pour découvrir les attraits qui répondront le mieux à vos envies.

Le meilleur
de Miami et Fort Lauderdale

Les meilleures plages

- Bill Baggs Cape Florida State Park p. 96
- Haulover Beach p. 96
- Lummus Park Beach p. 96
- South Beach p. 96
- South Point Park p. 96

Les meilleures piscines

- Delano Hotel p. 111
- Mondrian p. 111
- Shore Club p. 112
- Venetian Pool p. 74
- Raleigh Hotel p. 112
- W Fort Lauderdale p. 122

Les meilleurs spas

- Agua Spa, Delano Hotel p. 111
- ESPA, Acqualina Resort & Spa on the Beach p. 124
- Spa V, Hotel Victor p. 111
- The Spa, The Setai p. 112
- The Standard Spa, The Standard Miami p. 110

Les meilleurs musées

- Bass Museum of Art p. 67
- Fort Lauderdale Museum of Art p. 88
- Miami Children's Museum p. 72
- Vizcaya Museum and Gardens p. 78
- Wolfsonian-Florida International University p. 66

Les meilleurs attraits pour les enfants

- Jungle Island p. 72
- Miami Children's Museum p. 72
- Miami Metrozoo p. 80
- Miami Seaquarium p. 78

Les meilleurs terrains de golf

- Biltmore Golf Club p. 98
- Doral Golf Resort & Spa p. 98
- Don Shula's Golf Club p. 98
- Fairmont Turnberry Isle Resort & Club p. 98

Les meilleurs *ceviches*

- Chalan p. 131
- Jaguar Ceviche Spoon Bar & Latam Grill p. 146
- Ola p. 138

Les meilleurs sushis

- BONDST p. 134
- Nobu p. 139
- Sushi Samba p. 135
- Toni's Sushi Bar p. 135

Les meilleurs cocktails

- Bahía Bar p. 158
- Barton G. p. 158
- Florida Room p. 159
- Grass Lounge p. 163

Les meilleurs cafés

- News Café p. 132
- Paul Maison de Qualité p. 130, 141
- Segafredo Espresso p. 134
- Van Dyke Cafe p. 134

Miami
en temps et lieux

Quelques heures

Le quartier à ne pas manquer est l'**Art Deco District**, à **South Beach**, au sud de l'île-barrière de Miami Beach. L'architecture des années 1920 y règne en maître, et les hôtels d'Ocean Drive font figure de patrimoine historique à *SoBe*. Géométrie déstructurée ou profilée et tons pastel sont devenus l'image de marque de ce quartier bigarré où se côtoient touristes, gens d'affaires et starlettes à la crinière péroxydée. Si vous avez quelques heures, pointez-vous au **Lummus Park**, situé entre Ocean Drive et la plage, idéal pour une observation approfondie de la faune de South Beach.

Toujours dans le même quartier, les aficionados d'art, qui ont également un nombre d'heures limité devant eux, peuvent pousser la porte du **Bass Museum of Art**. Ce musée porte le nom d'un couple de promoteurs autrichiens émigrés aux États-Unis en 1914. Sa collection rassemble tableaux, meubles et sculptures des XVe, XVIe et XVIIe siècles.

Une journée

Vous avez une journée devant vous? Commencez-la avec un petit déjeuner sur une terrasse d'**Ocean Drive** ou de **Lincoln Road**. Aussi, deux autres quartiers de Miami méritent le détour : **Coral Gables** et **Coconut Grove**. Le premier est un quartier chic aux influences hispano-européennes, conçu par George Merrick au cours des années 1920 dans l'esprit du mouvement «City Beautiful». Ses deux plus belles réalisations sont le **Biltmore Hotel** et la **Venetian Pool**. Quant au second quartier, s'y sont succédé, dans l'ordre, des écrivains, des artistes bohèmes et des *yuppies*. Il abrite aujourd'hui de splendides villas appartenant à des *people* (gens «riches et célèbres»), des centres commerciaux rutilants et des restaurants.

En début de soirée, sirotez un *mojito* avant d'aller vous régaler dans un des nombreux **restaurants** de Miami et éclatez-vous dans une des nombreuses **boîtes de nuit** de South Beach.

Un week-end

Les personnes parmi vous qui préfèrent le farniente peuvent opter pour le côté **plages**. En effet, vous ne pouvez vous rendre à Miami sans étendre votre serviette sur «la» plage la plus populaire: **South Beach**. Plus on monte vers le nord de Miami Beach – cette bande de terre séparée de Miami par Biscayne Bay –, plus les plages sont accessibles, familiales et tranquilles; citons notamment l'enclave québécoise de **Surfside Beach** et de **Haulover Beach** dont une section est réservée aux naturistes.

Ne manquez surtout pas de visiter le **Holocaust Memorial** et, si vous aimez le luxe, faites un saut aux chics **Bal Harbour Shops** ou au **Aventura Mall**. En soirée, vous pourrez assister à un spectacle au **Adrienne Arsht Center for the Performing Arts**, qui constitue le troisième plus important centre des arts d'interprétation des États-Unis après le Lincoln Center de New York et le Denver Performing Arts Center de Denver.

Si vous avez plus de temps, vous pousserez jusqu'au **Miami Seaquarium** sur l'île de **Key Biscayne**, dont les bassins rassemblent plus de 10 000 créatures sous-marines, ainsi qu'au **Biscayne National Park**, un parc marin situé au sud de Biscayne Bay, dont on observe les fonds grâce à des excursions organisées dans des bateaux aux cales vitrées.

Une semaine

Pour une semaine colorée, rendez-vous dans le quartier de **Little Havana** et arrêtez-vous au **Máximo Gómez Park** pour y prendre le pouls de la culture cubaine. Si vous êtes un aficionado de cigares, une visite du **El Credito Cigar Factory** est de mise. Les amateurs d'art contemporain iront pour leur part se balader dans le **Design District**.

Vous pourrez aussi aller découvrir les **Everglades**, qui figurent sur la Liste du patrimoine mondial de l'UNESCO. La troisième plus importante réserve naturelle des États-Unis, soit l'**Everglades National Park**, est située à l'extrême sud de la péninsule floridienne. L'une des entrées du parc se trouve à 60 km à l'ouest de Miami. Des sentiers, des fermes d'élevage et des visites organisées en bateau vous feront découvrir l'exceptionnelle faune de ce parc dont les plus populaires occupants sont bien sûr les alligators.

Fort Lauderdale
en temps et lieux

Une journée

Le matin, pendant que l'ensoleillement demeure supportable, allez prendre un bain de soleil sur la plage. Le principal carré de sable en ville demeure la **Fort Lauderdale Beach**, ancien repaire d'étudiants venus célébrer bruyamment le *Spring Break* dans les années 1960 et 1970, et devenue par la suite une plage plus familiale, ponctuée de restaurants, de cafés et de boutiques. En après-midi, sautez dans un **Water Taxi** pour explorer les canaux de cette « Venise d'Amérique ». Ce surnom est un peu pompeux, mais le réseau de canaux qui sillonne Fort Lauderdale attire toutefois de nombreux plaisanciers et vacanciers prêts à découvrir la ville sous un autre jour.

Le soir venu, rendez-vous au **Blue Martini**, pour siroter un martini bien dosé sous les airs du DJ de service.

Un week-end

Pour un week-end trépidant, faites une ronde dans le centre-ville parmi les nombreuses boutiques de **Las Olas Boulevard**. Les mordus d'art ne voudront certainement pas manquer le **Fort Lauderdale Museum of Art**, connu pour rassembler une importante collection d'œuvres d'artistes du mouvement CoBrA, ni le **Museum of Discovery & Science** et son populaire cinéma IMAX. Enfin, s'il vous reste un peu d'énergie, allez à la **Bonnet House**, une demeure construite en 1920 au milieu d'un terrain d'environ 15 ha où pousse une végétation tropicale. Vous découvrirez que la Bonnet House procure un contraste saisissant avec les constructions plutôt récentes en bord de mer de Fort Lauderdale.

Une semaine

Si vous avez une semaine devant vous, flânez sur le *Strip*, une agréable artère commerciale en bord de mer, pour faire du lèche-vitrine. Et si le cœur vous en dit, rendez-vous jusqu'à Hollywood, située à environ 10 km au sud de Fort Lauderdale. Adonnez-vous au patin à roues alignées sur son célèbre **Broadwalk** ou faites-y des emplettes. Visitez l'**Art and Culture Center of Hollywood** pour admirer les œuvres d'artistes d'art contemporain et des expositions d'art amérindien.

Miami
à la carte

Miami, ville Art déco

Une balade dans les rues du quartier de **South Beach** plonge le visiteur tout droit au début du XXᵉ siècle. Les Années folles, vous connaissez? *SoBe*, comme on appelle affectueusement ce quartier, abrite la plus grande concentration d'immeubles Art déco du globe. Sur environ 2 km², on y trouve quelque 800 bâtiments aux lignes géométriques variées et épurées qui arborent des façades chatoyantes de teintes pastel.

Miami, ville gourmande

Il va sans dire que l'on peut savourer une gastronomie des quatre coins de la planète à Miami. Le **Miss Yip Chinese Cafe**, par exemple, propose une cuisine chinoise dans laquelle les saveurs s'expriment avec raffinement. Restaurant *trendy* qui propose une cuisine aux influences asiatiques et cubaines, **Asia de Cuba** jouit d'une excellente réputation dans les cercles culinaires de la ville. Pur délice de la nouvelle cuisine américaine, **Table 8** est un autre fleuron du circuit gastronomique de Miami. **Ola** se surpasse dans l'invention de nouvelles saveurs d'Amérique latine. Pour déguster une cuisine japonisante, poussez la porte du **Nobu**, du **Sushi Samba** ou du **BONDST**.

Miami, ville multiculturelle

Miami est une véritable mosaïque de communautés culturelles, réparties dans différents quartiers que l'on arpente au hasard de la découverte. La proximité de cette ville avec l'Amérique centrale, les Caraïbes et l'Amérique du Sud fait en sorte qu'environ 50% de la population est d'origine latino-américaine. Qui plus est, plus de 70% des habitants parlent une autre langue que l'anglais à la maison. Pour vous rendre compte de cette savoureuse diversité culturelle, faites un saut dans le pittoresque quartier de **Little Havana**, majoritairement peuplé de Cubains ayant fui le régime de Fidel Castro.

Miami, ville festive

South Beach est sans nul doute l'épicentre de la vie nocturne de Miami. Vous n'aurez que l'embarras du choix parmi la sélection de boîtes de nuit, de bars et de lieux de divertissement. Miami fait dans les paillettes : voitures de sport rutilantes, boutiques de luxe, yachts et eaux turquoise, de quoi séduire tout bon vacancier en quête d'exotisme.

Grand rendez-vous des gastronomes et des épicuriens, le **Food Network South Beach Wine & Food Festival** se déroule annuellement en février. Dédiée aux nouvelles tendances musicales, la **Winter Music Conference** a lieu en mars et réunit la crème des DJ des quatre coins du globe pour une semaine résolument festive. Le **Miami Beach Art Basel** est un événement monstre qui attire chaque année, en décembre, le gratin de l'art contemporain. Côté homosexuel, le **Winter Party**, **Aqua Girl** et le **White Party** fédèrent tous les ans une kyrielle de gays et lesbiennes portés sur la bamboche. Ces événements ont respectivement lieu en mars, en mai et en novembre.

Fort Lauderdale
à la carte

Fort Lauderdale, ville de canaux

Fort Lauderdale est sillonnée par un dédale de quelque 500 km de canaux que les plaisanciers adorent. Sautez dans un **Water Taxi** pour découvrir plusieurs facettes de la ville souvent méconnues. On peut également parcourir ces canaux lors d'une croisière commentée au départ de Riverwalk.

Fort Lauderdale, ville d'art moderne

Le **Fort Lauderdale Museum of Art** possède une collection de céramiques de Picasso, des œuvres du mouvement CoBra, des peintures de Warhol et de Dalí, et expose de l'art cubain contemporain.

Fort Lauderdale, ville de plages

Fort Lauderdale et le «Greater Fort Lauderdale» offrent des plages qui comptent parmi les plus propres et les plus sécuritaires des États-Unis, notamment à **Hollywood** et **Dania**. Elles sont très fréquentées par la faune locale, les touristes de passage, les amateurs de volley-ball et les familles à la recherche d'un bain de soleil. De plus, ces paradis du bronzage et de la baignade sont bordés de belles promenades de bois qu'il est agréable d'arpenter si l'on veut faire une pause magasinage.

Sommaire

Liste des cartes

Liste des encadrés

Légende des cartes

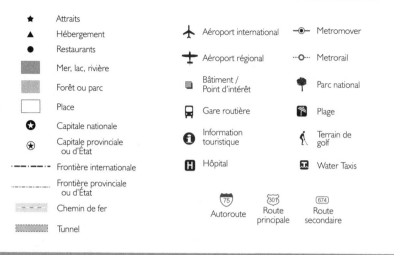

★ Attraits

▲ Hébergement

● Restaurants

▮ Mer, lac, rivière

▮ Forêt ou parc

☐ Place

✪ Capitale nationale

✪ Capitale provinciale ou d'État

–·––·––·– Frontière internationale

·········· Frontière provinciale ou d'État

▭▭▭ Chemin de fer

▮▮▮▮ Tunnel

✈ Aéroport international

✈ Aéroport régional

▪ Bâtiment / Point d'intérêt

🚌 Gare routière

ⓘ Information touristique

Ⓗ Hôpital

–◉– Metromover

··O·· Metrorail

🌳 Parc national

⚑ Plage

ᐠ Terrain de golf

🚕 Water Taxis

⑦⑤ Autoroute   ③⓪① Route principale   ⑥⑦④ Route secondaire

Symboles utilisés dans ce guide

@ Accès Internet

♿ Accessibilité totale ou partielle aux personnes à mobilité réduite

≡ Air conditionné

🐾 Animaux domestiques admis

◎ Baignoire à remous

♠ Casino

⚒ Centre de conditionnement physique

🔒 Coffret de sûreté

◖ Cuisinette

Ⓤ Label Ulysse pour les qualités particulières d'un établissement

☕ Petit déjeuner inclus dans le prix de la chambre

≋ Piscine

❄ Réfrigérateur

♨ Restaurant

))) Sauna

Ⓨ Spa

♪ Téléphone

tlj Tous les jours

⌁ Ventilateur

Classification des attraits touristiques

★ ★ ★ À ne pas manquer

★ ★ Vaut le détour

★ Intéressant

Classification de l'hébergement

L'échelle utilisée donne des indications de prix pour une chambre standard pour deux personnes, avant taxe, en vigueur durant la haute saison.

$ moins de 80$

$$ de 80$ à 125$

$$$ de 126$ à 200$

$$$$ de 201$ à 300$

$$$$$ plus de 300$

Classification des restaurants

L'échelle utilisée dans ce guide donne des indications de prix pour un repas complet pour une personne, avant les boissons, les taxes et le pourboire.

$ moins de 15$

$$ de 15$ à 25$

$$$ de 26$ à 35$

$$$$ plus de 35$

Tous les prix mentionnés dans ce guide sont en dollars américains.

Les sections pratiques aux bordures grises répertorient toutes les adresses utiles.
Repérez ces pictogrammes pour mieux vous orienter:

▲ Hébergement   ♪ Sorties

🍴 Restaurants   ▯ Achats

Situation géographique dans le monde

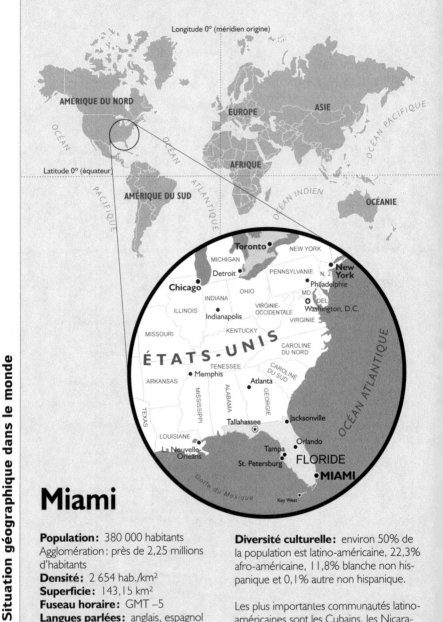

Miami

Population: 380 000 habitants
Agglomération: près de 2,25 millions d'habitants
Densité: 2 654 hab./km²
Superficie: 143,15 km²
Fuseau horaire: GMT −5
Langues parlées: anglais, espagnol
Climat: Été: min 21°C; max 35°C
(record de chaleur: 37°C en 1957);
Hiver: min 4°C; max 27°C
(record de froid: 2°C en 2010)

Diversité culturelle: environ 50% de la population est latino-américaine, 22,3% afro-américaine, 11,8% blanche non hispanique et 0,1% autre non hispanique.

Les plus importantes communautés latino-américaines sont les Cubains, les Nicaraguayens, les Mexicains, les Colombiens, les Péruviens et les Portoricains.

©ULYSSE

Portrait

Bien malins ceux qui croient pouvoir définir Miami en une seule phrase simple et concise. D'abord et avant tout, la première méprise que font généralement les visiteurs est de croire que Miami et Miami Beach ne font qu'une ville. Pourtant, Miami Beach, sa sœurette, est reliée à Miami par de nombreux ponts, mais ces deux villes sont distinctes et font partie de la grande région de Miami.

Miami Beach est une ville tropicale, latine et pimpante, reconnue pour ses plages sablonneuses brillant sous le soleil éternel, son coloré quartier Art déco et son activité nocturne fébrile, alors que son alter ego, Miami, est une métropole charnière entre l'Amérique du Nord et l'Amérique du Sud, également à dominance latine, mais dont le centre-ville ne montre au premier regard que des édifices modernes plus ou moins élevés pointant vers le ciel.

De plus, la population qui fréquente ces deux villes est très contrastée. Le sud de Miami Beach, soit South Beach, est en effet le rendez-vous le plus couru par les personnalités bien en vue d'Hollywood, que fréquentent également des mannequins gracieux, les *wannabes*, les *soon-to-bes*, et les *never-will-bes*, le gratin de la société et une foule fringante mais terriblement grégaire, avide de vie publique et de médias. Le centre-ville de Miami, au contraire, grouille au rythme des allées et venues des clients des institutions bancaires qui échangent des chiffres et des liasses de billets verts en compagnie de gens qui brassent des affaires et parlent fort dans leur cellulaire pour se hâter de compléter la dernière transaction du jour.

Même si Miami a fêté ses 100 ans en 1996 et a connu nombre de bouleversements au cours du dernier siècle de sa jeune et tumultueuse histoire, la ville a nourri l'imagination galopante de nombreux explorateurs, aventuriers et rêveurs bien avant sa création officielle, qui y vinrent successivement à un moment de leur vie pour diverses raisons, mais le plus souvent dans l'espoir d'y trouver gloire, richesse ou même parfois la «terre promise» et le salut. En effet, il y a près de 500 ans, l'Espagnol Ponce de León, mû par un sentiment inexprimable, fut l'un des premiers personnages historiques à s'intéresser à ce lieu qu'il associa à sa propre quête chimérique de la fontaine de Jouvence. Bien plus tard, après avoir vu le jour en bordure de marécages infestés de moustiques et d'insectes, et peuplés de créatures étranges ou carrément hostiles, Miami s'est développée tout doucement, d'abord et avant tout grâce à la persévérance étonnante d'une visionnaire, Julia Tuttle, à qui l'on doit l'arrivée du chemin de fer dans cette contrée jusqu'alors très isolée, tandis que sa petite sœur, Miami Beach, vit le jour à cause du rêve de John Collins, qui, un beau jour, conçut dans son imagination débridée les plans du futur de Miami Beach sur une bande de terre isolée et inhabitée.

De nos jours, à défaut de boire l'élixir de longue vie ou de vie éternelle, beaucoup de *beautiful people*, de m'as-tu-vu et de retraités nord-américains, anxieux de fuir chaque hiver les températures froides, pour ne pas dire glaciales, qui sévissent alors sur tout le nord du continent, choisissent de venir sur les plages ensoleillées de la région pour y passer le plus confortablement possible les rigueurs de l'hiver et se revigorer en même temps le corps et l'esprit.

Après avoir fait écarquiller les yeux du monde entier qui lisait la une ténébreuse et glauque des journaux, Miami s'est refait une beauté et compte désormais parmi les villes les plus fréquentées, *fashionable* et branchées des États-Unis, et elle prend aujourd'hui des airs un peu désinvoltes et légers sous le rayonnement lumineux et chaud du soleil à la latitude du tropique du Cancer.

Géographie

Miami est située au sud-est de la Floride par 25°33' de latitude nord et 80°27' de longitude ouest, à une altitude moyenne de 4,1 m au-dessus du niveau de la mer. La grande région de Miami chevauche le Dade County et s'étend sur 6 216 km², qui incluent de nombreuses îles émergeant des eaux limpides de l'océan Atlantique. En effet, des ponts jetés au-dessus de la baie de Biscayne relient 17 îles pour former Miami Beach. La grande région de Miami regroupe plusieurs municipalités et quartiers, entre autres Coconut Grove, Coral Gables, Little Havana, Little Haiti, Liberty City, Overtown, Brownsville et Miami Beach.

Créé en 1836, le Dade County doit son nom au major Francis Longhorne Dade, qui s'est couvert d'honneur en commandant un détachement de l'armée fédérale durant la deuxième guerre séminole.

Faune et flore des Everglades

> La faune

Si vous avez l'occasion d'aller visiter le mystérieux parc naturel des Everglades, voici, parmi les plus communes, quelques-unes des nombreuses espèces animales que vous aurez peut-être la chance d'observer.

Au premier coup d'œil, il n'y a pas grande différence entre un **crocodile** et un **alligator**. À vrai dire, ces deux reptiles amphibies ont tous deux un regard et des crocs inquiétants. C'est cependant l'une des caractéristiques visibles qui les distingue. Chez les crocodiles, en effet, on aperçoit les crocs que portent leurs deux mandibules, inférieure et supérieure, lorsqu'ils ferment la gueule, tandis que, chez les alligators, seuls les crocs que porte la mandibule supérieure apparaissent.

Les alligators et les caïmans se trouvent uniquement en Amérique tropicale si l'on excepte l'alligator de Chine, tandis que les crocodiles se rencontrent communément dans les lacs, les rivières et les zones marécageuses tropicales d'Australie, d'Afrique, de l'Inde et d'Asie du Sud-Est.

Le **lamantin** est un mammifère aquatique de l'ordre des siréniens qui a des allures de créature préhistorique avec son museau court, sa tête ronde et sa queue ovale en forme de raquette. Il n'existe que trois sous-espèces de lamantins vivant surtout à l'embouchure des fleuves tropicaux : celui du delta de l'Amazone, celui des côtes d'Afrique et celui de la Floride, qu'on rencontre aussi sur les côtes du golfe du Mexique ainsi que dans la mer des Caraïbes où les îles et îlots abondent. Contrairement aux mammifères de l'ordre des cétacés qui se nourrissent de plancton (krill) ou de poissons et peuvent par conséquent vivre en haute mer, ce sympathique mammifère aquatique est un herbivore tout à fait inoffensif et sans défense qui vit exclusivement là où il trouve à se nourrir, c'est-à-dire en bordure des côtes ou près des rives des fleuves côtiers des mers chaudes et, de ce fait, il constitue une proie facile pour ses prédateurs.

Le **dauphin**, ce sympathique mammifère aquatique que tout le monde reconnaît à son rire strident, fait irrésistiblement sourire petits et grands.

Le **flamant rose** est un palmipède facilement reconnaissable à sa couleur rose, à son cou souple et sinueux ainsi qu'à ses pattes palmées longilignes.

Le **pélican brun** est un oiseau palmipède au plumage brun et à la tête blanche. Difficile de ne pas apercevoir son long bec et sa grande poche extensible qui sert à conserver les poissons jusqu'à ce qu'il les distribue à ses bébés.

Portrait – Faune et flore des Everglades

➤ La mangrove

La mangrove est composée de différentes espèces de palétuviers qui ont comme carac-téristique de résister à l'immersion et au sel. Parmi les essences croissant dans les eaux des Everglades, il y a le manglier rouge, brun ou blanc. Une grande quantité d'oiseaux de mer de même qu'une multitude d'insectes de tout acabit habitent cette étrange forêt.

Histoire

Des recherches archéologiques démontrent qu'il y a environ 14 000 ans des tribus nomades franchirent le détroit de Béring et peuplèrent les Amériques par vagues migra-toires successives. Peu d'information existe sur les différents peuples avant l'arrivée des colonisateurs européens.

➤ L'arrivée des Européens

Non satisfaits d'avoir découvert un Nouveau Monde en 1492, les Européens tentent d'élargir davantage les frontières de leurs connaissances et de remplir encore plus les coffres royaux – où s'accumulent leurs richesses respectives –, en décidant de poursuivre avec ardeur, mais chacun pour soi, l'exploration de l'Amérique tout en se livrant entre eux à une concurrence effrénée. Avant la fin du XVe siècle, le navigateur génois, Giovanni Caboto, mieux connu sous le nom de Jean Cabot, longe la côte est floridienne, puis remonte l'actuelle côte est américaine jusqu'aux îles du Cap-Breton et de Terre-Neuve en 1497. Cabot n'a jamais débarqué de son bateau pour explorer la Floride, mais ses récits de voyage permettront tout de même de tracer les premières cartes de cette contrée alors inconnue et nimbée d'histoires énigmatiques.

Principaux événements historiques

1492: découverte du Nouveau Monde par Christophe Colomb.

1497: Jean Cabot longe la côte floridienne.

1512: Ponce de León quitte Puerto Rico à la recherche de la fontaine de Jouvence.

1521: la deuxième tentative de Ponce de León pour trouver la fontaine de Jouvence échoue lamenta-blement alors qu'il est blessé durant une sanglante bataille contre les Autochtones. Il meurt quelques se-maines plus tard.

1539: le conquistador Hernando de Soto part explorer la Floride en es-pérant de trouver l'Eldorado, mais en vain.

1542: Hernando de Soto meurt.

Cette fin de siècle charnière laisse entrevoir déjà les événements qui vont suivre au tournant du XVIe siècle. L'année qui nous intéresse est 1512. À cette époque qui voit naître les balbu-tiements des échanges commerciaux entre Européens et Autochtones, de nouveaux personnages de l'histoire se font connaître en évoquant le nom d'*El Dorado*, mystérieux pays aux richesses fabuleuses dont les plaines regorgent de canneliers aux racines géantes qui puisent leur sève à l'onde vivifiante de la fontaine de Jouvence. Fallait-il y croire et se laisser séduire par ces épopées his-toriques teintées de légendes, de religio-sité et de mystère? L'Espagnol Ponce de León y croyait fermement, et ces récits exercèrent sur lui une séduction qui le poussa à agir avec une forte opiniâtreté. Ponce de León était un conquistador respecté et vieillissant qui avait participé à la deuxième expédition de Christophe Colomb, et qui commandait paisiblement la garnison d'un avant-poste installé sur l'île de Puerto Rico. Il rêve à mi-chemin entre la mer des songes et l'obscurité de la nuit, là où un monde magique chargé de mystère et de poésie dessille ses yeux et permet au mythe de l'Eldorado et de la fontaine de Jouvence de s'enraciner

1562: le Français Jean Ribault fonde Fort Caroline.

1565: l'Espagnol Pedro Menéndez fonde Saint Augustine, puis détruit Fort Caroline.

1756: début de la guerre de Sept Ans entre les Français et les Anglais.

1763: fin de la guerre de Sept Ans entre les Français et les Anglais.

1817: la première guerre séminole éclate.

1821: les Américains achètent la Floride aux Espagnols.

1835: la deuxième guerre séminole éclate.

1855: la troisième guerre séminole éclate.

1891: Julia Tuttle s'installe à Miami.

1896: Miami s'inscrit officiellement dans les annales de l'histoire.

1926: un ouragan dévastateur s'abat sur Miami.

1929: krash boursier.

1947: les Everglades sont déclarés parc national.

1959: la bourgeoisie cubaine s'exile à Miami après que Fidel Castro eut accédé au pouvoir.

1961: la crise des missiles cubains éclate entre les Soviétiques et les Américains. La même année, les Américains tentent d'envahir Cuba, mais sans succès. Un embargo est décrété contre Cuba.

1980: autre vague d'immigrants cubains vers Miami.

1992: l'ouragan *Andrew* frappe le sud de la Floride.

1997: le célèbre couturier italien Gianni Versace est assassiné à Miami Beach.

et de se déployer avec exubérance. En d'autres mots, Ponce de León s'ennuie. C'est pourquoi, au terme d'une brillante carrière, il tient à pousser encore plus loin les limites de son audace et de sa témérité. Son objectif est clair: il veut trouver la fontaine de Jouvence.

› Le rêve de Ponce de León

Le 3 mars 1512, Ponce de León lève l'ancre posée au fond de la baie du village de Borinquén, à Puerto Rico, largue les amarres et hisse les voiles avec la ferme intention de remonter dans le temps en buvant l'eau de la mystérieuse fontaine de Jouvence.

Il vogue d'île en île, longe sur son passage l'archipel des Bahamas et aperçoit finalement un mois plus tard, le 2 avril, une langue de terre s'avançant à l'horizon, qu'il baptise «Florida» pour commémorer le dimanche des Rameaux, la Pascua Florida, les Pâques fleuries. L'équipage débarque près du site actuel de Saint Augustine (qui sera officiellement fondée en 1565 sur l'actuelle côte est, au nord de Palm Beach) et se met immédiatement à la recherche d'un quelconque trésor scintillant oublié par le temps. Faute de trouver fortune, richesse ou vie éternelle, Ponce de León revient déçu à Puerto Rico le 5 octobre 1512, avant de retourner peu après en Europe. Là, il demande audience au roi afin d'obtenir de lui la permission officielle de coloniser cette terre mystérieuse et prometteuse, et d'en prendre possession au nom de la couronne d'Espagne.

En 1521, après avoir enfin obtenu la protection royale qu'il sollicitait opiniâtrement depuis 1513, Ponce de León monte une petite armée d'environ 200 soldats et de quelques prêtres brûlant d'envie de propager la foi chrétienne et d'étendre le christianisme en pays païen, puis il cingle toutes voiles déployées vers la «Floride» afin de s'élancer sur les traces des grands découvreurs qui l'ont précédé. Finalement, le navire touche terre sur la côte ouest de la Floride, quelque part autour de Tampa, pour y être accueilli par des Amérindiens hostiles. Une bataille sanglante s'ensuit, et les conquistadors résistent mal aux furieuses et féroces attaques livrées par les Autochtones. Durant le combat,

Portrait – Histoire

1999: Elián González, un Cubain âgé de 5 ans, est retrouvé au large de la Floride alors qu'il fuyait son pays avec sa mère, morte lors du naufrage. Cuba et les États-Unis se disputent la garde de l'enfant qui repart finalement vers son pays natal le 10 juillet 2000.

2000: la Floride est au centre d'un imbroglio politico-judiciaire lors de l'élection présidentielle américaine. Grâce à la victoire républicaine en Floride, George W. Bush l'emporte par quelques centaines de voix.

2005: le sud de la Floride est frappé par les ouragans *Katrina* et *Wilma*.

2006: ouverture du prestigieux Adrienne Arsht Center for the Performing Arts, troisième centre des arts d'interprétation en importance aux États-Unis après le Lincoln Center à New York et le Denver Center for the Performing Arts à Denver.

2008: la ville de Miami approuve les plans d'un nouveau stade pour les Marlins, l'équipe de baseball locale. L'ouverture du nouveau stade est prévue pour la saison de baseball 2012.

Ponce de León est grièvement blessé et doit battre en retraite. Il s'éteint quelques semaines plus tard à La Havane.

Bien que son expédition se soit soldée par un échec évident, Ponce de León inscrit toutefois une page importante de l'histoire de la colonisation de l'Amérique en pavant la voie pour d'autres aventuriers téméraires et plus opportunistes. La conquête de l'Amérique du Nord est toutefois retardée par la colonisation du Mexique en 1519 et par l'intérêt suscité par l'Eldorado péruvien un peu plus tard.

> Tentative de colonisation espagnole

Malgré tout, quelques aventuriers tentent leur chance. C'est ainsi qu'en 1528, sept ans après l'expédition de Ponce de León, un autre Espagnol, Pánfilo de Narváez, conduit par haute mer une armée forte d'environ 400 soldats et jette l'ancre dans la baie de Tampa avec la ferme intention de se couvrir d'or et de richesses, et d'y trouver gloire et fortune. Cette concupiscence de biens matériels et cette soif de richesses intemporelles et de gloire incitèrent Pánfilo de Narváez et ses hommes à parcourir des terres non foulées par l'homme blanc qui, suppose-t-on, regorgent de trésors fabuleux. Ces hommes, hélas, courent sans le savoir à leur perte, car finalement ils disparurent à tout jamais sans laisser de traces.

Onze années s'écoulent lorsqu'en 1539 Hernando de Soto, conquistador téméraire et rustre ayant aidé quelques années plus tôt Francisco Pizarro à renverser au Pérou, envers et contre tous, l'étonnant Empire inca, décide à son tour d'aller jeter un coup d'œil sur cette contrée plus au nord. Il prend la tête d'une expédition mise sur pied dans le dessein de s'emparer des prétendus trésors de la Floride. Après avoir jeté l'ancre près de Tampa, les Espagnols se heurtent cette fois encore aux féroces attaques des Amérindiens. Hernando de Soto et ses hommes font toutefois honneur à leur réputation de conquistadors rustres et sanguinaires en massacrant tous ceux qui se trouvent en travers de leur chemin et en détruisant tout ce qui leur tombe sous la main. C'est ainsi que Hernando de Soto pourfend sans trop de problème ceux qui osent lui bloquer le passage et mène son expédition comme bon lui semble. Les Espagnols s'enfoncent donc dans la luxuriante forêt inconnue pour essayer de trouver la source de leur future richesse. Les semaines, les mois et les années s'écoulent, et les conquistadors continuent inexorablement leur quête chimérique et insatiable de richesses matérielles en longeant le Mississipi, puis en traversant les États de la Géorgie et de l'Alabama. Mais rien n'en résulte et l'inévitable se produit: les uns après les autres, des hommes meurent d'étranges maladies et d'autres causes inexpliquées. Pour les Espagnols, l'avenir paraît sombre et, sans doute, ceux qui osent se l'avouer, loin d'être prometteur. Seule la concupiscence et, sans doute, un peu de démence les incitent à poursuivre toujours plus loin une pareille errance. En 1542, le glas de cette téméraire expédition sonne à nouveau, et Hernando de Soto en est cette fois la victime.

› Tentative de colonisation française

Ne voulant pas être en reste dans cette frénétique quête de richesses, les Français désignent Jean Ribault, en 1562, pour tenter d'obtenir leur part du gâteau au profit du royaume de France. Ribault établit son poste d'approche sur les berges de la rivière St. John's, qu'il nomme «Fort Caroline».

Cela n'échappe pas à l'œil vigilant des agents qui œuvrent pour le compte du roi d'Espagne qui décida, trois années plus tard, de revenir en force sur le théâtre des opérations en envoyant Pedro Menéndez prendre le contrôle de la péninsule tout en écartant, autant que possible, les Français hors du plan de conquête. Armé jusqu'aux dents, Menéndez s'installe en 1565 dans un endroit stratégique, plus au sud du camp français, pour créer Saint Augustine. Peu après, des éléments fortuits servent bien les desseins des Espagnols. En effet, une tempête tropicale se charge bientôt de détruire la flotte de Jean Ribault. Voyant cela, Menéndez se dirige vers Fort Caroline, où il massacre sans problème et avec la plus grande facilité tous les Français qui se trouvent sur place. Cependant, un reste d'esprit chevaleresque subsistant encore dans son âme d'aventurier barbare et de pirate, il décide tout de même d'épargner la vie des femmes et des enfants présents.

› Pirates, corsaires et boucaniers

Les prétendues richesses de la Floride n'ont pas suscité que l'engouement des Français et des Espagnols. En effet, tout autant que les puissances de l'époque colonisent au nom de leur allégeance respective, les pirates qui écument les côtes et arraisonnent sans merci les galions espagnols ne brandissent pas l'étendard royal, mais convoitent leur part de butin et sont attirés par l'or de ces nouvelles contrées dont ils rêvent de s'emparer eux aussi. Plusieurs de ces hors-la-loi des mers, dénommés pirates, brigands, corsaires, flibustiers, forbans, boucaniers ou écumeurs des mers, font beaucoup parler d'eux à cette époque à cause de leurs exploits aussi sanglants que soudains, brutaux et sournois. Les annales de l'époque mentionnent par exemple qu'en 1586 le célèbre corsaire anglais Sir Francis Drake saccagea Saint Augustine après avoir écumé sans vergogne l'Amérique du Sud quelques années plus tôt.

Au cours des siècles qui suivent, la Floride passe rapidement et successivement entre les mains des Anglais, des Français et des Espagnols qui, attaqués tantôt par des pirates, tantôt par les Autochtones, et secoués de temps à autre par des tempêtes tropicales plus ou moins dévastatrices, ne peuvent, ni les uns ni les autres, prendre totalement le contrôle de cette terre tant convoitée et maudite tout à la fois.

› Tentative de colonisation britannique

Entre 1756 et 1763, la première guerre à l'échelle mondiale, que les historiens désignent du nom de «guerre de Sept Ans», oppose la Grande-Bretagne, la Prusse et Hanovre à la France, à l'Autriche, à la Suède, à la Saxe, à la Russie et, finalement, à l'Espagne. Pour leur part, les Français et les Anglais se livrent à une série de conflits sanglants qui se déroulent à la fois en Europe et en Amérique. La Floride, entre autres, fait partie des ambitions territoriales des puissances en présence. En 1763, la guerre s'achève après sept années de combats, d'où son nom. Cette même année, le traité de Paris est signé entre la France, l'Espagne et le Royaume-Uni. Au terme du traité, l'Espagne consent à troquer la Floride aux Anglais en échange de Cuba. Personne ne semble avoir été satisfait de l'échange, car, 20 ans plus tard, les Anglais rétrocèdent la Floride aux Espagnols en retour des Bahamas.

Depuis le début de la colonisation de la Floride, un grand nombre d'Autochtones sont tués atrocement, décimés par les maladies transmises par les colonisateurs ou tout simplement réduits à l'état d'esclave afin de subvenir aux besoins en main-d'œuvre des nouveaux arrivants. Ne pouvant plus fermer les yeux devant les traitements cruels et sans pitié que les Américains et les Européens leur infligent, certains Autochtones, les Séminoles, décident de se révolter. Par conséquent, la première guerre séminole éclate en 1817 au nord de la Floride. Hélas, une troupe menée par l'Américain Andrew Jackson ne veut pas l'entendre ainsi et réagit brutalement en capturant, torturant et exécutant les Séminoles qui lui tombent sous la main. Un an plus tard, la première guerre séminole prend fin.

En 1819, deux ans après être devenu le cinquième président des États-Unis, James Monroe veut acheter la Floride aux Espagnols, ainsi qu'il avait fait auparavant pour la Louisiane aux Français, prétextant que la Floride sert de refuge aux esclaves fugitifs et à d'autres «indésirables» (Autochtones) qui menacent la sécurité des honnêtes citoyens des États-Unis d'Amérique. Deux ans plus tard, en 1821, en échange de cinq millions de dollars, le marché est conclu. La même année, Andrew Jackson devient gouverneur américain de la Floride.

En 1826, un phare est érigé à Cape Florida pour servir de repère aux navires qui croisent le long de la côte et éviter qu'ils ne fassent naufrage, car, à cette époque de quête insatiable de biens scintillants, de nombreux corsaires ont l'habitude d'allumer des feux le long de la côte pour attirer l'attention des galions chargés d'or et de richesses. Résultat: les navires s'échouent sur les récifs, et les pirates en profitent tranquillement pour arraisonner le bateau.

En 1828, Andrew Jackson devient président des États-Unis. Deux ans plus tard, il proclame l'Indian Removal Act visant à expulser les Autochtones de leur territoire et les «inviter» à s'installer dans les réserves de l'Ouest. C'est alors qu'un jeune Autochtone téméraire dénommé Osceola, mû par un fort élan de patriotisme, part en guerre contre les autorités en place. Un vent de révolte se propage rapidement dans les villages environnants, et il parvient à regrouper les Séminoles sous sa bannière. Inévitablement, la deuxième guerre séminole éclate en 1835, et la Floride devient alors le théâtre de combats sanglants et épiques qui durèrent sept longues années. Cette guerre sordide et sans merci enlève la vie à environ 3 000 hommes et coûte la somme mirobolante de 20 millions de dollars aux États-Unis. Au terme de ce conflit, la plupart des Autochtones présents en Floride sont exterminés ou déplacés vers l'Ouest, exception faite de ceux qui trouvent alors refuge dans les mystérieux Everglades. Mais ceux-ci ne seront pas tranquilles bien longtemps puisque la troisième guerre séminole éclate en 1855, peu après que le gouvernement décrète le bannissement de ces survivants. Cette troisième et ultime guerre dure jusqu'en 1858.

➤ La vision de Julia Tuttle

Miami constitue le résultat de l'idée d'une visionnaire: **Julia Tuttle**. En 1890, après le décès de son mari, elle émigre de Cleveland vers le sud de la Floride pour s'installer sous un ciel

José Martí

José Martí est né à Cuba le 28 janvier 1853. Il fut contraint de s'exiler très jeune, âgé d'à peine 16 ans, en raison de ses idées politiques qui dérangeaient l'ordre établi que les colons espagnols faisaient régner à Cuba au nom du roi d'Espagne. Il tenta un retour au bercail en 1878, mais, sentant le tapis lui glisser sous les pieds encore une fois, il quitta rapidement Cuba pour revenir en Floride. De là, il entreprit un voyage qui le mena en Europe, une autre fois en Amérique du Nord et en Amérique centrale. Durant son odyssée, il lutta pour l'indépendance de son pays à l'aide de sa plume. Parmi ses œuvres littéraires, citons *Versos Libres* (Vers libres), publiée en 1885. Sept années plus tard, en 1892, Martí fonda le Parti révolutionnaire cubain dans le but d'affranchir Cuba du joug espagnol. Il retourna dans sa patrie pour participer à la seconde guerre d'indépendance, en 1895, et c'est là qu'il perdit la vie en héros.

plus clément, mais dans un environnement nettement moins développé qui deviendra ultérieurement Miami. Le secteur n'est à l'époque occupé que par une poignée de propriétaires fonciers, dont les plus importants sont **William** et **Mary Brickell**.

Julia Tuttle a toutefois de bien grandes ambitions pour sa terre d'adoption. Coupée du reste du monde et isolée au sud de la péninsule floridienne par les Everglades, la région ne se développera jamais, sait-elle pertinemment, sans l'implantation du meilleur moyen de communication de l'époque : le train. Après avoir essuyé un refus de la part du propriétaire de la ligne de chemin de fer de la côte ouest de la Floride, elle tente sa chance en formulant la même demande à **Henry Morrison Flagler**, propriétaire de la Florida East Coast Railway Company, mais en vain.

Quelques années plus tard, vers la fin de l'année 1894, une vague de froid s'abat sur le nord de la péninsule floridienne et ruine la quasi-totalité des plantations, mais épargne la région du sud. Julia Tuttle ne manque pas sa chance et en profite pour réitérer sa demande à Henry Flager. Elle lui envoie alors des fleurs d'oranger de sa propre plantation accompagnées d'une lettre inspirée lui expliquant sa vision et son rêve. Flagler accepte de venir discuter de vive voix avec elle en juin 1895. Julia Tuttle lui propose alors un marché qu'il ne peut refuser : en échange de la moitié des propriétés de Tuttle, il prolongera sa ligne jusqu'à Miami.

Dès 1896, la voie ferrée qui relie Jacksonville et Saint Augustine se voit donc prolongée jusqu'à Miami. Quelques semaines plus tard, la région double sa population et devient officiellement la municipalité de Miami. Par la suite, la Florida East Coast Trail est prolongée vers Homestead, et ainsi plusieurs communautés des environs de Miami ont accès également au nouveau chemin de fer.

Le début du mois de février 1898 marque le début d'un nouveau conflit hispano-américain. La cause ? Un navire brandissant la bannière étoilée, le USS *Maine*, est coulé dans le port de La Havane dans des circonstances un peu obscures. Les Américains se servent de cet incident pour déclarer la guerre à l'Espagne qui dirige l'île depuis près de trois siècles. Mieux armés et préparés, les Américains n'ont aucun mal à régler le compte des Espagnols. Quelques semaines plus tard, l'Espagne est vaincue et perd son hégémonie sur la très riche île de Cuba.

➤ Le XXᵉ siècle

Miami commence vraiment à se développer avec l'avènement du XXᵉ siècle, alors que des hôtels, des villas et des commerces y voient le jour. En 1906, on commence à assécher les Everglades afin de cultiver d'autres terres. De plus, des parcelles de terres commencent à être vendues. Dès 1910, la population de Miami dépasse déjà les 5 000 habitants. L'un de ces acheteurs, **John C. Collins**, jouera aussi un rôle dans l'édification de la ville. Collins acquiert des propriétés sur une des îles émergeant à l'est du continent et décide de le relier à Miami en construisant un pont. La première pierre pour construire Miami Beach est ainsi posée. Faute de ressources financières, Collins doit se tourner vers d'autres hommes d'affaires pour réaliser son projet, entre autres les frères **John** et **James Lummus** ainsi que **Carl Fisher**, qui l'aideront aussi à la construction de la Dixie Highway entre Chicago et Miami Beach. Le magnat de l'automobile, Carl Fisher, accepte de lui venir en aide en échange de propriétés sur l'île. En 1915, Fisher décide d'assécher le marécage grouillant de créatures douteuses de la baie de Biscayne et de le transformer en plage où se dresseront bientôt hôtels, restaurants et villas.

Durant la Première Guerre mondiale, les plages de Miami deviennent un lieu d'entraînement pour les combattants qui doivent ensuite être envoyés sur le front européen. Les hôtels et les restaurants luxueux de l'époque furent alors transformés en dortoirs et en cafétérias pour les troupes en garnison.

Après la guerre, vers 1924, la ville continue de se développer du fait d'activités douteuses : gangstérisme, prostitution et marché noir. Miami compte désormais quelque 30 000 habitants, alors que les quartiers de Coral Gables et de Coconut Grove viennent se greffer à

Portrait - Histoire

la ville. Deux ans plus tard à peine, la mauvaise humeur de Dame Nature se manifeste sous la forme d'un ouragan très dévastateur qui ravage la péninsule et fait s'écrouler d'un coup son économie jusqu'alors florissante. Un malheur n'attend pas l'autre, lorsque qu'à peine remise des ravages causés par l'ouragan de 1926, le krach boursier de 1929 et la «Grande Dépression» qui s'ensuit secouent la nation tout entière sans épargner la Floride. Plusieurs riches personnages voient soudain leur fortune s'écrouler devant eux et sont ruinés sans préavis. Durant toute cette période de troubles successifs, Miami se moque de la Prohibition en étant tolérante face aux problèmes de l'alcool et de la contrebande de toute sorte. En 1930, le président Roosevelt met en œuvre une série de travaux publics visant à relever Miami de ses ruines.

Les travaux vont bon train, mais la ville semble toujours sous l'emprise du mauvais sort qu'on lui aurait jeté, car cinq ans à peine s'écoulent avant qu'un second ouragan, aussi terrible que le précédent, ne vienne à nouveau frapper la contrée pour détruire tout sur son passage. Malgré ce mauvais sort, la ville parvient à se relever encore une fois. L'entre-deux-guerres voit apparaître les célébrissimes édifices Art déco qui bordent Ocean Drive (promenade de bord de mer asphaltée en rose). Pour faire contrepoids à la grisaille qui accompagne la «Grande Crise», les architectes d'alors érigent des bâtiments aux façades dotées de formes géométriques singulières. Il faudra attendre la fin des années 1970 pour que les centaines de spécimens d'édifices soient colorés de rose, de bleu, de jaune et d'autres tons pastel. Par conséquent, le quartier Art déco figure depuis 1979 sur la liste du patrimoine historique américain, avec environ 800 bâtiments érigés entre 1923 et 1943, et est proclamé lieu historique national.

Durant la Seconde Guerre mondiale, les plages de Miami se voient à nouveau occupées par des militaires. L'armée prend alors possession des divers infrastructures touristiques en bord de mer, et le paradis redevient à nouveau une véritable base d'entraînement pour les soldats se préparant à aller sur le front européen. Plusieurs d'entre eux s'installeront d'ailleurs définitivement à Miami après la guerre. En 1947, plus au sud de Miami, le parc national des Everglades est créé par le président Truman.

> L'exode des Cubains

L'année 1959 marque un moment important dans la courte histoire de la ville. Mécontente de l'avènement au pouvoir à Cuba du célèbre leader marxiste Fidel Castro, la bourgeoisie cubaine, délogée brutalement du pouvoir, doit s'exiler vers Miami si elle ne veut pas perdre ses acquis. C'est le début de l'implantation d'une importante communauté cubaine à Miami. Deux ans plus tard, le 17 avril 1961, le gouvernement américain, avec l'appui tacite d'une centaine de contre-révolutionnaires cubains, essaie d'envahir Cuba par la baie des Cochons et de chasser Castro. Mais cette tentative échoue lamentablement, et le géant américain doit rentrer chez lui penaud. Non seulement Kennedy paraît mal, mais il doit se préparer pour le sommet de Vienne visant à déterminer l'avenir de Berlin. À la suite de l'échec évident des Américains, le Soviétique Nikita Khrouchtchev adopte la ligne dure lors des négociations. Par conséquent, le mur de Berlin est érigé en août 1961. L'année suivante rime avec la crise des missiles cubains. En effet, la CIA découvre par satellite des installations militaires cubaines stratégiques quelque peu menaçantes en pleine guerre froide. Le monde entier retient son souffle durant ce point culminant de la tension entre les deux superpuissances mondiales, les États-Unis et l'Union soviétique. Le tout se résout après que les États-Unis eurent accepté de ne plus attaquer Cuba et que l'URSS eut gentiment retiré ses missiles entreposés chez Fidel Castro.

Alors que la décennie précédente a favorisé les échanges entre les gangsters de l'île du président cubain Batista et le milieu interlope de Miami, la décennie suivante, quant à elle, marque une rupture totale entre les États-Unis et Cuba. Dans la population cubaine de Miami, on comprend qu'un retour à la terre natale est désormais impossible.

L'année 1965 rappelle les *Freedom Flights* : à raison de deux vols par jour, on réussit à évacuer environ 100 000 Cubains pour les amener à Miami cette année-là. L'augmentation constante de la population cubaine est équivalente à la montée de la frustration

L'incident de la baie des Cochons et l'embargo américain

À Cuba, le 1er janvier 1959, peu avant minuit, Fidel Castro préparait le coup d'État qu'il complotait depuis des lustres, tandis que le dictateur Fulgencio Batista, craignant l'opprobre des siens, s'envolait pour la République dominicaine. Voyant venir le pire, la bourgeoisie cubaine décide à son tour de fuir le pays afin de soustraire à la convoitise des rebelles la fortune personnelle qu'elle avait amassée sous les régimes précédents.

Or, les Américains ne tardèrent pas à craindre eux aussi le socialisme cubain à la Fidel et décident de passer à l'action. Le 13 avril 1961, des avions militaires bombardent l'aéroport civil et les bases aériennes de Cuba, mais, malgré ces frappes, la majeure partie de la flotte aérienne de Castro demeure intacte. Quatre jours plus tard, des soldats américains, appuyés par la CIA et aidés d'environ 1 300 contre-révolutionnaires cubains, débarquent à Playa Larga et à Playa Girón dans le but de renverser Castro. Contre toute attente, cependant, l'opération est un fiasco. Quelque 200 Américains et 94 Cubains y perdent la vie, tandis que 1 197 soldats sont faits prisonniers. Pendant que le président Kennedy fulmine, Castro fume le cigare de la victoire et exige 60 millions de dollars d'équipement agricole contre la libération des prisonniers américains. Kennedy, coincé, n'a guère d'autre choix que de céder aux exigences de Castro. Moyennant une rançon de 50 millions de dollars, Cuba accepte de transiger et de libérer les prisonniers de guerre. Pour sauver la face, les États-Unis décident alors de rompre toutes relations diplomatiques avec Cuba. Fidel se tourne dès lors vers les Soviétiques.

En octobre 1962, des avions fantômes américains photographient des rampes de lancement de missiles nucléaires balistiques en territoire cubain, et l'inéluctable se produit : la crise des missiles cubains éclate. À un doigt de la guerre nucléaire, Kennedy à Washington et Khrouchtchev à Moscou s'engagent alors dans un véritable bras de fer. La planète au complet a les yeux rivés sur le déroulement des événements. Jouant sa dernière carte, Kennedy propose à Khrouchtchev le marché suivant : si les Soviétiques retirent leurs missiles nucléaires, Washington promet de ne pas envahir Cuba. Khrouchtchev accepte ce marché sans avoir consulté Castro.

dans les ghettos noirs de la ville et d'un ras-le-bol généralisé dans cette communauté. La soupape ne tarde pas à exploser quelques années plus tard, alors qu'un jeune Noir est soumis à la torture par deux officiers de police. C'est le début d'une série d'émeutes qui ponctuent l'actualité politico-sociale des prochaines décennies. On parle de plus d'une dizaine d'émeutes rien que dans les années 1970.

➤ L'arrivée des Haïtiens

Si Fidel Castro est directement responsable du débarquement en masse des exilés cubains à Miami, le régime dictatorial des Duvalier, père et fils, suivi de celui de Cédras, a provoqué l'exil à Miami de nombreux Haïtiens. Résultat, durant les années 1980, le quartier dénommé «Lemon City» est renommé «Little Haiti» en raison de l'arrivée des exilés haïtiens. Peu fréquenté par les touristes, ce quartier interlope est dans l'ensemble mal entretenu, et l'on vous déconseille même vivement de vous rendre seul dans certains endroits plutôt mal famés. Si les Cubains furent bien reçus par les Américains, les Haïtiens eurent un peu plus de problèmes à s'installer lors d'une époque aux tensions raciales élevées. En effet, ces nouveaux arrivants avaient malheureusement deux gros problèmes : ils étaient Noirs et ils ignoraient l'usage de l'anglais.

> Histoire récente

En 1980, 21 ans après avoir pris le pouvoir, Castro ouvre à nouveau ses portes! Tous les Cubains désireux de quitter leur île natale peuvent se rendre au port de Mariel et... prendre le large. Près de 120 000 *Marielitos* pagaient tant bien que mal vers la péninsule floridienne, y compris de nombreux criminels que Castro envoie intentionnellement au géant américain et à la communauté anticastriste cubaine de Miami pour s'en débarrasser à peu de frais...

Dans les années 1980, la ville devient «la» porte d'entrée des narcotiques (cocaïne, haschisch et autres substances illicites) au pays du Coca-Cola. À cette époque, la communauté noire descend dans les rues à la suite des violences raciales, elles-mêmes faisant suite à des violences policières. Au printemps 1980, quatre policiers blancs accusés d'avoir battu et tué un suspect noir sont déclarés non coupables. Résultat : trois jours de violences extrêmes s'ensuivent dans les rues de Miami. Le bilan est lourd : 18 morts, 80 millions de dommages et plus de 1 000 arrestations.

En 1988, le congrès des États-Unis vote contre l'aide militaire aux contras du Nicaragua. Par conséquent, des milliers de Nicaraguayens fuient leur pays pour s'établir à Miami. À cette époque, un peu plus de 60% de la population de Miami parle l'espagnol. Par conséquent, durant la même année, le journal *Miami Herald* décide de publier un quotidien en espagnol, *El Heraldo*. Celui-ci est tout à fait indépendant de l'édition anglaise.

Au début de 1989, un policier d'origine hispanique tire sur deux jeunes Noirs en mobylette à Overtown. L'un d'eux, Clement Lloyd, meurt sur le champ. Des manifestations violentes et intempestives ont lieu pendant trois jours. Le tout se solde avec la mort de trois autres personnes, plus d'un million de dollars de dommages et près de 500 arrestations. Alors que la ville semble sombrer dans la déchéance et l'anarchie totale, la série télévisée *Miami Vice* et les divers photographes de mode redorent le blason de Miami.

En 1992, l'ouragan *Andrew* frappe durement le sud de la Floride avec des vents atteignant plus de 200 km à l'heure. Nonobstant son aspect dévastateur et meurtrier, l'ouragan soude des liens plus étroits entre les différentes ethnies cohabitant dans la région qui, pour une fois du moins, travaillent solidairement à réparer les dégâts et joignent leurs efforts pour relever la ville et sa périphérie.

Le 15 juillet 1997, Miami pleure la mort du célèbre couturier italien Gianni Versace, assassiné ce jour-là par un jeune désespéré.

Le 22 novembre 1999, Elisabeth González et son fils, Elián, quittent Cuba avec 12 autres personnes à bord d'une embarcation de fortune pour s'enfuir vers les États-Unis. Trois jours plus tard, des pêcheurs floridiens recueillent le petit garçon de cinq ans qui flotte sur la mer, accroché à une bouée de sauvetage. Des 14 passagers, il ne reste que trois individus, dont Elián. À Miami, les anticastristes font du garçon leur symbole de liberté, puisque sa mère a tout risqué et tout perdu pour lui offrir une meilleure vie. Toutefois, le père, Juan Miguel González, ignorait tout des projets de sa femme et veut garder son fils avec lui à Cuba.

S'ensuit un cirque médiatique spectaculaire qui dura cinq mois et durant lequel l'enfant se trouve bien malgré lui au centre d'un bras de fer opposant Cuba et les États-Unis. Finalement, un matin d'avril, dans la confusion totale, une intervention musclée des services de l'immigration américaine vient retirer le petit Cubain de chez son grand-oncle Lázaro, un citoyen américain vivant à Miami. Peu après, un avion ramène le petit Elián González à La Havane pour mettre fin à cette saga politico-judiciaire. L'affaire Elián González a provoqué d'importants changements dans la communauté des exilés anticastristes de Miami, qui s'estime plus unie que jamais, mais ressort affaiblie des échecs judiciaires essuyés par le grand-oncle de l'enfant qui avait voulu en obtenir la garde permanente. L'avocat qui défendait les intérêts des proches d'Elián González pour empêcher son retour à Cuba, Manny Diaz, fut le maire de Miami de 2001 à 2009.

Le début du XXIᵉ siècle est marqué par deux feuilletons qui redonnent à Miami une cote de popularité : *CSI : Miami* (2002) et *Nip/Tuck* (2003). Dérivé de la série originale *CSI (Crime Scene Investigation)* de Las Vegas, *CSI : Miami* met en scène les enquêtes de la police scientifique de Miami. À l'instar de la ville, les images sont léchées, les personnages sont élégants et bien habillés. Par ailleurs, *Nip/Tuck* suit les péripéties de deux chirurgiens esthétiques qui possèdent une clinique à Miami. Le succès de cette série tient du fait qu'elle critique une société avide de pouvoir et de perfection. Évidemment, les acteurs et les actrices correspondent aux diktats de la beauté contemporaine. De plus, les interventions chirurgicales sont d'un réalisme saisissant et les scénarios souvent provocants.

Puis, en 2006, les projecteurs sont de nouveau braqués sur Miami lorsqu'une adaptation cinématographique de la série télévisée culte *Miami Vice* prend l'affiche au goût du jour et ravive les souvenirs d'une époque étrangement distante.

En octobre 2006, l'Adrienne Arsht Center for the Performing Arts est inauguré en grande pompe au coût de 500 millions de dollars. Il s'agit du troisième centre des arts d'interprétation en importance aux États-Unis après le Lincoln Center à New York et le Denver Center for the Performing Arts à Denver. Il a été conçu par l'architecte de renommée mondiale argentin César Pelli, à qui l'on doit les tours jumelles Petronas de Kuala Lumpur en Malaisie. L'Adrienne Arsht Center for the Performing Arts abrite le Florida Grand Opera, le Miami City Ballet et le New World Symphony.

En 2008, la municipalité de Miami donne son aval pour les plans d'un nouveau stade pour les Marlins qui sera construit sur le site de l'Orange Bowl, l'ancien domicile des Marlins dans le quartier de Little Havana. L'année suivante, l'Orange Bowl est démoli. L'ouverture du nouveau stade est prévue pour la saison de baseball 2012.

En 2009, à la suite d'un accord avec le Miami-Dade Transit, le maire de Miami, Carlos Alvarez, annonce que les autobus et le métro seront équipés d'un accès Wi-Fi gratuit. Cet accord s'inscrit dans le cadre d'une stratégie visant à inciter les résidants et les touristes à prendre davantage les transports en commun de la ville.

Population

Miami compte environ 380 000 habitants et sa zone métropolitaine près de 2,25 millions d'habitants. En déambulant dans les rues de Miami, ne vous étonnez pas de croiser une foule bigarrée et on ne peut plus multiethnique. En effet, lorsqu'en 1959 un fort contingent de la bourgeoisie cubaine vint s'installer ici pour fuir massivement le régime totalitaire de Fidel Castro qui venait d'usurper le pouvoir, ce fut le prélude pour que d'autres vagues successives d'immigration d'origines ethniques diverses viennent ultérieurement s'ajouter à lui. Ces migrations accélérées de populations nouvelles et contrastées eurent tôt fait de transformer le visage de cette ville du sud en un vrai bouillon de culture. Aujourd'hui, les Latino-Américains réfugiés à Miami, toutes origines confondues, représentent environ 50% de la population totale du Dade County. Par conséquent, l'espagnol y est parlé presque aussi souvent que l'anglais, et l'on entend souvent parler le *spanglish*, mélange d'espagnol et d'anglais. Si la minorité dominante est cubaine, on trouve également, entre autres, des Nicaraguayens, des Portoricains, des Mexicains, des Colombiens et des Péruviens qui ont choisi Miami comme terre d'asile et qui ont décidé d'y tenter leur chance en poursuivant *the American dream* des premiers colons et aventuriers venus peupler le Nouveau Monde. Ces exilés ont conservé leurs traditions et ont même leurs stations de télévision et leurs grands événements.

➤ Les Cubains

L'exil de la bourgeoisie cubaine à laquelle se sont ajoutées d'autres vagues d'exilés cubains en 1965, au début des années 1970, en 1980, puis plus récemment encore entre 1994 et 1996, fait en sorte qu'aujourd'hui le quartier dénommé Little Havana est sans doute devenu la plus grande enclave cubaine établie à l'extérieur de Cuba. Au total, on dénombre près de 700 000 Cubains dans la grande région de Miami. Par conséquent, la présence cubaine se fait sentir dans toutes les strates de la société, des restaurants aux boîtes de nuit, de la musique aux commerces. Qui plus est, en 1985, la population a élu le premier maire hispanique de la jeune histoire de Miami, le Cubain Xavier Suárez.

➤ Les Haïtiens

De nombreux Haïtiens ont également fui leur terre natale en raison du régime dictatorial imposé par les Duvalier père et fils pour venir s'installer à leur tour à Miami. Ils se sont regroupés dans un quartier aujourd'hui surnommé «Little Haiti». Il arrive même parfois que quelques chauffeurs de taxi d'origine haïtienne puissent vous adresser la parole en français avec l'accent créole.

➤ Les Juifs

Jusqu'au début des années 1940, les Juifs n'avaient pas le droit de s'installer au delà de 5th Street. De nos jours, ils forment à Miami la troisième plus grande enclave juive aux États-Unis après Los Angeles et New York. De plus, synagogues et *delis* attestent la présence de ce peuple, et il n'est donc pas rare d'entendre parler le yiddish un peu partout dans la ville.

➤ Les Nicaraguayens

Au cours des années 1980 également, une autre vague d'immigration d'origine latine déferle sur Miami à la suite de la guerre opposant les États-Unis aux sandinistes nicara-guayens. Aujourd'hui, les Latino-Américains réfugiés à Miami, toutes origines confondues, représentent environ 50% de la population totale du Dade County. Par conséquent, l'espagnol y est parlé presque aussi souvent que l'anglais.

➤ Les *snowbirds*

Tous les ans, peu avant la grande offensive de l'hiver canadien ou américain, les *snowbirds* déferlent en grand nombre sur les plages de la Floride. Le nom des *snowbirds* désigne des Québécois ou, plus généralement, des Canadiens, la plupart du temps retraités, qui refusent d'affronter les hivers rigoureux que subit leur pays et qui préfèrent s'envoler le moment venu vers le soleil radieux de la Floride. Beaucoup d'entre eux y ont élu domicile de façon saisonnière sinon permanente.

Séminoles

Peuple formé d'Amérindiens de l'Alabama, de la Géorgie, du Mississippi, de la Floride ainsi que d'anciens esclaves afro-américains, les Séminoles ont été longtemps la cible des Américains, avant de trouver enfin refuge dans les Everglades vers la première moitié du XVIIIe siècle. Toutefois, ils ont toujours lutté avec opiniâtreté durant ce qu'on appelle aujourd'hui les trois guerres séminoles (1818-1819; 1835-1842; 1855-1858) qui ont coûté la vie à environ 1 500 Américains. D'ailleurs, c'est la raison pour laquelle ils se sont surnommé «le peuple invaincu». Au début du XXe siècle, grandement affaiblis par les guerres, les Séminoles vivaient dans une pauvreté extrême, mais ils sont parvenus à vaincre l'adversité. En effet, de nos jours, ils habitent la Floride, et leur économie est florissante, tournant autour du jeu, du tourisme et du tabac.

Économie

Depuis les années 1980, Miami a vu une part de plus en plus grande de ses immeubles de bureaux du centre-ville occupés par nombre de firmes latino-américaines, étrangères et locales ayant décidé d'en faire leur siège social. En effet, grâce à sa situation géographique stratégique, la ville agit comme charnière entre l'Amérique du Nord et l'Amérique latine. Qui plus est, son port de croisière est le plus fréquenté de la planète et voit plus de 3 millions de passagers défiler chaque année.

Par ailleurs, en raison du *facelift* de South Beach visant à redorer l'image de Miami et de l'implantation de mesures de sécurité accrues afin de permettre aux visiteurs de se déplacer à leur aise, l'industrie touristique connaît une croissance phénoménale depuis le début des années 1990. Cela, ajouté aux nombreuses compagnies de télévision et du septième art qui viennent utiliser South Beach et ses environs comme toile de fond à leurs prises de vues, fait que bien des gens en plus des touristes viennent également dépenser ici beaucoup de billets verts dans l'hébergement, la restauration et bien d'autres commerces.

L'industrie de la mode est également florissante. Depuis que la série télévisée *Miami Vice* a véhiculé des images de flics drapés dans des costards signés Armani ou autres couturiers notoires, l'industrie de la mode et de la confection de vêtements en tout genre connaît une croissance soutenue année après année. Les rues et les artères de la ville sont en effet flanquées de boutiques qui tentent pour se distinguer de repousser toujours plus loin les limites de l'esthétique.

Finalement, activité commerciale illégale, l'industrie de la drogue génère beaucoup de dollars dans la ville et dans ses environs. En effet, l'émission de télévision *Miami Vice* montrant des policiers qui vivaient des histoires alambiquées, là où le monde interlope de la drogue se mêlait à celui des flics et de la mode, s'est évidemment inspirée de la réalité et de la fiction...

Arts et culture

> Musique

En raison de son importante communauté hispanique, la musique latino-américaine, par exemple la *conga*, la *bachata* et le *merengue*, sont évidemment très populaires à Miami.

Gloria Estefan est sans doute l'une des premières musiciennes à placer Miami sur la cartographie musicale. Née à Cuba, Gloria Fajardo émigra avec sa famille à Miami au jeune âge de deux ans. Dans les années 1970, elle joignit le groupe de son futur époux Emilio Estefan, le Miami Sound Machine. Après que Gloria et Emilio se furent mariés en 1978, Estefan et la Miami Sound Machine enregistrent de nombreux albums jusqu'au début des années 1980. En 1987, le groupe adopta un nouveau nom, Gloria Estefan & Miami Sound Machine. Aujourd'hui Gloria Estefan vit toujours à Miami et est propriétaire du Cardozo Hotel.

Par ailleurs, la Winter Music Conference *(www.wintermusicconference.com)* réunit à Miami le fleuron des disques-jockeys de la planète. Cet évènement d'envergure se déroule dans plusieurs boîtes de nuits, hôtels et restaurants branchés de Miami. DJ, artistes, producteurs, gérants et même clubbeurs s'y donnent rendez-vous dans une ambiance résolument festive.

> Miami, ville de tournages

Plusieurs films ont été tournés dans le sud de la Floride. Parmi les classiques, mentionnons *Citizen Kane, Scarface, A Hole in the Head, Dr. No, Live and Let Die, Goldfinger* et *Where the Boys Are. True Lies, The Birdcage, There's Something About Mary, Miami Vice* et *Analyze This* comptent parmi les réalisations plus récentes. Le film québécois *La Florida* fut tourné à Hollywood.

Holly Woodlawn

Harold Ajzenberg est une *drag queen* connue sous le nom de Holly Woodlawn et est né le 26 octobre 1946 à Puerto Rico. Ses parents déménagent à Miami pour travailler au méga-complexe hôtelier Fontainebleau à Miami Beach. À cette époque, Harold découvre sa sexualité et commence à fréquenter la plage gay de South Beach, prenant l'habitude d'emprunter secrètement la voiture de son beau-père lorsque celui-ci travaille à l'hôtel. L'inévitable se produit lorsque son beau-père décide d'écourter sa journée de travail... Furieux, il corrige Harold, puis l'interroge sur son orientation sexuelle. Harold avoue et sera envoyé à l'institut correctionnel. Peu après, il décide de quitter Miami pour New York et de changer d'identité : le timide Harold Ajzenberg deviendra l'extravagante Holly Woodlawn. Woodlawn arrive à New York au moment où Andy Warhol et le Velvet Underground focalisent l'attention artistique dans le Factory. Woodlawn figura dans des films obscurs, travaille comme *go-go girl* et est souvent intoxiqué par l'alcool, drogué et mêlé à des histoires à scandales de tout acabit. Lorsque le Velvet Underground se sépare, l'un de ses fondateurs, le désormais célèbre Lou Reed, entreprend une carrière solo et compose un classique qui continue à défier le poids des années, «Walk on the Wild Side». Le couplet d'ouverture est inspiré de l'histoire alambiquée de Holly Woodlawn.

Holly came from Miami, FLA. Hitchhiked her way across the USA. Plucked her eyebrows on the way, shaved her legs and then he was a she, she said Hey Babe, take a walk on the wild side.

- Lou Reed, «Walk on the Wild Side»

➤ Architecture

Art déco

L'Art déco éclate sur la scène internationale au cours des années 1920. Il tire son nom et ses origines de l'Exposition internationale des arts décoratifs industriels et modernes qui eut lieu à Paris en 1925. Cette nouvelle forme d'art combine brillamment les arts décoratifs – soit l'art appliqué aux objets utilitaires comme l'ameublement et le design intérieur – et les progrès technologiques et industriels du temps. Fruit mûr de cette fusion d'idéologies, l'Art déco vient marquer le tempo d'une époque de progrès. Non seulement cet art symbolise-t-il une conception nouvelle des arts appliqués, mais aussi une nouvelle façon de vivre.

À la suite des conséquences désastreuses de la Première Guerre mondiale, tout un chacun cherchait à remiser tristement le passé en se tournant vers un avenir que l'on souhaitait meilleur grâce à la reprise économique et à l'avènement plein de promesses de la technologie. Cette forme d'art devient vite synonyme pour une certaine élite européenne et américaine de la condition humaine d'entre les deux guerres. Produit de réflexion des années 1920, l'Art déco talonne les Années folles et brave la dépression et la Prohibition (1919-1930). Par l'entremise de cet art, on cherche à redéfinir le passé afin de créer et valoriser un point de vue totalement nouveau et strictement moderne. S'inspirant des courants artistiques du temps nés en Europe avant même la Première Guerre mondiale, tels l'Art nouveau, le réalisme, le cubisme et le design industriel, l'Art déco puise aussi dans les richesses de la Grèce classique, de la Rome antique, du Moyen-Orient et de la nature sauvage. De plus, on préfère les formes économiques aux fioritures du passé. La symétrie, l'aérodynamisme et la simplicité des formes expriment la montée de la technologie et du commerce au sein de la société. Usant d'une palette vibrante de couleurs, l'Art déco fait éclater toute tradition archaïque et superflue au profit d'un modernisme pur et géométrique, et rend hommage au siècle de la machine.

Comme son nom l'annonce, l'Art déco englobe les arts dits décoratifs, dont, entre autres, la peinture, la sculpture, l'orfèvrerie, l'ameublement, les céramiques, les verreries et les vitraux. Or, sa portée s'étend jusqu'à inclure l'architecture, qui en sera considérablement nourrie et enrichie au fil des ans. À titre d'exemple universel, citons l'Empire State Building. Érigé au cœur de la ville de New York dans les années 1920 et 1930, cet édifice figure parmi les représentations de design architectural Art déco les plus proéminentes du siècle dernier. Son sommet à trois paliers évoque les pyramides égyptiennes et aztèques, tandis que son mât – point d'amarre destiné aux dirigeables – symbolise l'ère des transports et l'avènement du siècle de la machine. À la pureté des lignes droites, l'art incorpore des motifs géométriques, des symboles industriels modernes, des formes naturelles abstraites ainsi que des vestiges d'un passé lointain empruntés aux cultures maya, égyptienne ou autochtones. Les couleurs vives rappellent celles des pierres précieuses.

Dès les années 1920, la vague Art déco déferle sur Miami, qui connaît alors un essor de population et un développement architectural sans pareils. Ainsi, entre 1923 et 1943, des centaines d'édifices à la symbolique Art déco voient le jour dans cette ville florissante et forment un quartier maintenant considéré comme historique : South Beach. En effet, les hôtels de South Beach forment l'un des plus riches ensembles Art déco du monde. Certains d'entre eux adoptent un style Art déco vertical et géométrisant, alors que d'autres constituent d'excellents exemples du *Streamlined* ou style paquebot, qui s'inspire de l'aérodynamisme des moyens de transport de l'entre-deux-guerres.

Par son style coloré et contemporain, l'Art déco forme un mariage heureux avec le décor somptueux et tropical de Miami ensoleillée. Il lui confère une nouvelle personnalité en usant de matériaux locaux, tel le stuc, de clefs de voûte, de sols de mosaïque et de verreries. Aux principes établis de l'Art déco, on ajoute des motifs tropicaux (frondes de palmier et flore exotique) et nautiques (oiseaux aquatiques, paquebots). Un engouement prononcé pour les bains de soleil dans les années 1920 se traduit par l'apparition du Dieu-Soleil, autant dans la décoration intérieure qu'extérieure des maisons et des édifices. Il existe d'ailleurs différentes variantes sur le thème de l'Art déco inspirées, par exemple, de styles Mediterranean Revival, Classical Revival, Post War Deco et Post War Modern, après la Seconde Guerre mondiale.

Autres styles

Mis à part l'Art déco, d'autres styles architecturaux sont présents à Miami. Le quartier de Coral Cables se distingue par une architecture alambiquée et classique, et doit son existence à l'excentrique George Merrick. Aidé de l'architecte Frank Button et de l'artiste Denman Fink, Merrick fonda le chic et raffiné quartier de Coral Gables. L'ensemble est un curieux mélange de style colonial, italien, néoclassique et méditerranéen, fait de rues étroites et sinueuses bordées de palmiers portant des noms espagnols inscrits sur une pierre blanche à même le sol, et l'on utilise parfois les coraux comme matériau de construction. Pour réaliser leur rêve, Merrick et ses acolytes ont dépensé plus de 100 millions de dollars. À titre d'exemples marquants, le Biltmore Hotel et la Venetian Pool ont défié le poids des années et comptent à notre époque parmi les témoins architecturaux les plus représentatifs du début du dernier siècle.

Tous ceux qui apprécient le corail comme matériau de construction ne voudront sûrement pas manquer d'aller visiter le Coral Castle. Situé au sud de Miami, à Homestead, le Coral Castle est le résultat du travail étonnant d'un Letton qui consacra pas moins de 28 années de sa vie à déplacer, façonner et sculpter inlassablement d'énormes coraux sans aucune aide mécanique ou humaine. Parmi quelques-unes des réalisations les plus fantastiques à son actif, mentionnons le télescope et le croissant de lune.

Les années 1950 et 1960 sont marquées par une explosion du marché touristique, donnant lieu à l'érection de vastes complexes hôteliers, le plus souvent aménagés directement au bord des plages. Ceux-ci adoptent une architecture moderne faite de béton,

Portrait - Arts et culture

de verre et d'acier. On se permettra toutefois quelques fantaisies propres aux stations balnéaires, notamment dans les enseignes et les marquises de ces établissements (zigzags, courbes, losanges). L'objectif ultime des concepteurs consistera toutefois à maximiser depuis les différentes chambres d'hôtel les vues qu'on a sur la mer. L'un des architectes les plus marquants de cette période est Morris Lapidus, celui qui a signé la facture des fastueux hôtels Fontainebleau et Eden Roc.

Au cours des années 1980, la ville de Miami a vu s'élever sur son territoire plusieurs gratte-ciel dont l'illumination nocturne a été savamment étudiée, donnant à la ville des airs futuristes. Toutefois, certaines incongruités s'ajoutèrent à ces édifices modernes. Parmi celles-ci, mentionnons l'Atlantis, dont la façade vitrée reluisante comporte en son centre une ouverture béante par laquelle on peut observer un palmier et un escalier rouge en spirale. Tous ceux qui suivaient la série policière *Miami Vice* l'auront sans doute remarqué à l'ouverture de l'émission.

Sports professionnels

Les sports professionnels occupent une place importante dans la vie quotidienne des Américains, et les Miamiens n'y font pas exception. Depuis longtemps, les vedettes sportives professionnelles sont portées au pinacle pour leurs exploits et conspuées lorsqu'elles ne vivent pas à la hauteur de leur talent. Certains d'entre elles sont issues de milieux défavorisés et ont dû surmonter de nombreuses épreuves avant d'atteindre le statut de vedette. Hélas, beaucoup d'entre elles réagissent comme des enfants gâtés, car elles ne savent pas comment composer avec la pression de la gloire et de l'argent. Par conséquent, il n'est pas rare que ces dieux du stade défraient la manchette en étant impliqués dans des scandales sexuels ou de drogue. De nos jours, les partisans sont beaucoup moins patients et tolérants envers ces athlètes à cause des contrats démesurés qu'ils signent. En effet, les journalistes et les amateurs ont le propos virulent et ne se gênent pas pour condamner à cor et à cri les moindres défaillances de ces super-vedettes.

Évidemment, le droit d'entrée demandé pour aller voir ces athlètes en action est assez élevé. Malgré tout, cela ne semble pas dissuader les partisans qui continuent à débourser le prix demandé pour applaudir ces sportifs en action.

➤ Football

Le Sun Life Stadium abrite les **Miami Dolphins**, l'équipe de football professionnelle locale. L'équipe possède une riche tradition débutant avec la naissance de la concession l'année même (1966) de la fusion de l'American Football League (AFL) et de la National Football League (NFL), qui marque aussi l'apparition du premier Super Bowl. Dirigés pendant 25 années consécutives par Don Shula, l'entraîneur comptant le plus de victoires de l'histoire de la ligue (347-173-6), les Dolphins ont remporté deux Super Bowl consécutifs lors des saisons 1972 et 1973, devenant en 1972 et jusqu'à ce jour la seule équipe du sport professionnel à accomplir une saison parfaite (17-0). La tradition d'«offensive aérienne» de l'équipe connaît son apogée dans les années 1980, alors que Dan Marino fracasse une flopée de records de passes de la ligue, pour ainsi devenir l'un des plus grands passeurs de tous les temps. Le Sun Life Stadium a accueilli le Super Bowl en 2010.

Dans le cadre d'une stratégie visant à faire des Dolphins une équipe *glamour* et une référence pour la communauté latino-américaine installée aux États-Unis, les musiciens Gloria et Emilio Estefan, ainsi que Marc Anthony, Jennifer López et Fergie, la chanteuse extravagante du groupe Black Eyed Peas, et les vedettes du tennis Serena et Venus Williams, sont devenus actionnaires minoritaires des Dolphins de Miami.

Dan, Don et les Dolphins

Dan Marino

Même s'il a vu le jour dans la «ville de l'acier», Pittsburgh, Dan Marino reste indissociable de Miami. Après avoir connu une brillante carrière universitaire, ce quart-arrière endosse l'uniforme des Dolphins de Miami de 1983 à 2000 et inscrit son nom à maintes reprises dans le livre des records de la Ligue nationale de football.

Don Shula

À l'instar de Marino, Don Shula est connu de tous les amateurs de football de Miami en raison de sa fiche gagnante à la barre des Dolphins de Miami. Il fut d'abord l'entraîneur en chef des Colts de Baltimore durant sept ans, avant de passer les 26 saisons suivantes à Miami. Malgré sa feuille de route éloquente de 347 victoires en 33 saisons au poste d'entraîneur (seules cinq autres personnes ont gagné la moitié de ce chiffre), Shula est surtout reconnu pour avoir conduit les Dolphins à l'unique saison parfaite de l'histoire de la Ligue nationale de football en 1972, alors que son équipe termina l'année avec 17 victoires contre aucune défaite. Exploit d'autant plus méritoire que sa défensive était traitée de *no name defense*, quolibet peu flatteur. Shula fut intronisé au Pro Football Hall of Fame en 1997.

➤ Hockey sur glace

Contrairement au football, au baseball et au basketball, le hockey a du mal à s'implanter aux États-Unis. Les visiteurs qui désirent assister à un match de hockey peuvent se rendre au BankAtlantic Center, à Fort Lauderdale, où jouent les **Florida Panthers**.

➤ Basketball

Dix ans après son entrée dans la National Basketball Association (NBA), le **Miami Heat** a finalement remporté son premier championnat de division durant la saison 1998-1999. Les supporters viennent applaudir leur équipe favorite à l'American Airlines Arena.

➤ Baseball

À l'instar des Panthers de la Floride, les **Florida Marlins** font leurs débuts comme équipe d'expansion dans la National Baseball League (NBL) en 1993. Depuis leur arrivée dans la Major League Baseball (MLB), les Marlins ont été portés aux nues en 1997 et en 2003. De nos jours, les Marlins jouent au Sun Life Stadium.

Portrait - Sports professionnels

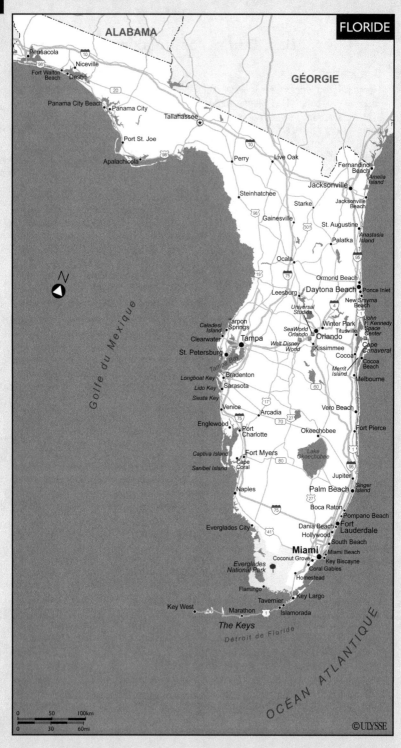

FLORIDE

ALABAMA

GÉORGIE

Pensacola
Niceville
Fort Walton Beach
Destin
Panama City Beach
Panama City
Tallahassee
Port St. Joe
Apalachicola
Perry
Live Oak
Fernandina Beach
Amelia Island
Jacksonville
Steinhatchee
Starke
Jacksonville Beach
Gainesville
St. Augustine
Anastasia Island
Palatka
Ocala
Ormond Beach
Ponce Inlet
Leesburg
Daytona Beach
New Smyrna Beach
Universal Studios
Winter Park
John F. Kennedy Space Center
Caladesi Island
Tarpon Springs
SeaWorld Orlando
Titusville
Clearwater
Tampa
Orlando
Cape Canaveral
St. Petersburg
Walt Disney World
Kissimmee
Cocoa
Cocoa Beach
Longboat Key
Bradenton
Merrit Island
Melbourne
Lido Key
Sarasota
Siesta Key
Venice
Arcadia
Vero Beach
Englewood
Port Charlotte
Okeechobee
Fort Pierce
Captiva Island
Fort Myers
Lake Okeechobee
Sanibel Island
Cape Coral
Naples
Jupiter
Palm Beach
Singer Island
Boca Raton
Pompano Beach
Everglades City
Dania Beach
Fort Lauderdale
Hollywood
South Beach
Miami
Miami Beach
Coconut Grove
Key Biscayne
Coral Gables
Everglades National Park
Homestead
Flamingo
Key Largo
Tavernier
Key West
Marathon
Islamorada
The Keys

Golfe du Mexique

Tampa Bay

Détroit de Floride

OCÉAN ATLANTIQUE

N

0   50   100km
0   30   60mi

©ULYSSE

Renseignements généraux

Le présent chapitre a pour objectif d'aider les voyageurs à mieux planifier leur séjour à Miami et dans ses environs. Il renferme plusieurs indications générales qui pourront vous être utiles lors de vos déplacements. Nous vous souhaitons un excellent voyage à Miami!

Formalités d'entrée

> Passeports et visas

Pour entrer aux États-Unis, les citoyens canadiens ont besoin d'un passeport.

Les résidants d'une trentaine de pays dont la France, la Belgique et la Suisse, en voyage d'agrément ou d'affaires, n'ont plus besoin d'être en possession d'un visa pour entrer aux États-Unis à condition de :

- avoir un billet d'avion aller-retour;

- présenter un passeport électronique sauf s'ils possèdent un passeport individuel à lecture optique en cours de validité et émis au plus tard le 25 octobre 2005; à défaut, l'obtention d'un visa sera obligatoire;

- projeter un séjour d'au plus 90 jours (le séjour ne peut être prolongé sur place : le visiteur ne peut changer de statut, accepter un emploi ou étudier);

- présenter des preuves de solvabilité (carte de crédit, chèques de voyage);

- remplir le formulaire de demande d'exemption de visa (formulaire I-94W) remis par la compagnie de transport pendant le vol;

- le visa est toujours nécessaire pour certaines catégories de voyageurs (étudiants ou visa précédemment refusé).

Depuis janvier 2009, les ressortissants des pays bénéficiaires du Programme d'exemption de visa doivent obtenir une autorisation de séjour avant d'entamer leur voyage aux États-Unis. Afin d'obtenir cette autorisation, les voyageurs éligibles doivent remplir le questionnaire du Système électronique d'autorisation de voyage (ESTA) au moins 72h avant leur déplacement aux États-Unis. Ce formulaire est disponible gratuitement sur le site Internet administré par le U.S. Department of Homeland Security *(https:// esta.cbp.dhs.gov/esta/esta.html)*.

Précaution : les soins hospitaliers étant extrêmement coûteux aux États-Unis, il est conseillé de se munir d'une bonne assurance maladie.

> Douane

Les étrangers peuvent entrer aux États-Unis avec 200 cigarettes (ou 100 cigares) et des achats en franchise de douane *(duty-free)* d'une valeur de 800$US, incluant les cadeaux personnels et un litre d'alcool (vous devez être âgé d'au moins 21 ans pour avoir droit à l'alcool).

Vous n'êtes soumis à aucune limite en ce qui a trait au montant des devises avec lequel vous voyagez, mais vous devrez remplir un formulaire spécial si vous transportez l'équivalent de plus de 10 000$US.

Les médicaments d'ordonnance devraient être placés dans des contenants clairement identifiés en ce sens (il se peut que vous ayez à produire une ordonnance ou une déclaration écrite de votre médecin à l'intention des officiers de douane). La viande et ses dérivés, les denrées alimentaires de toute nature, les graines, les plantes, les fruits et les narcotiques ne peuvent être introduits aux États-Unis.

Pour de plus amples renseignements, adressez-vous au :

United States Customs and Border Protection
1300 NW Pennsylvania Ave.
Washington, DC 20229
☏ 705-526-4200 ou 877-227-5511
www.cpb.gov

Accès et déplacements

> En avion

Du Québec

Miami étant une destination fétiche des Québécois et des Canadiens, toutes les compagnies aériennes ont des vols réguliers sur Miami ou Fort Lauderdale. Par exemple, Air Canada propose un départ

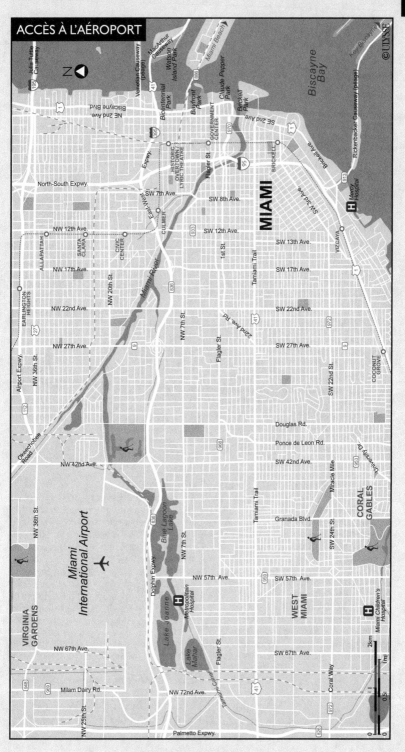

ACCÈS À L'AÉROPORT

Biscayne Bay

Key Biscayne (péage)

Julia Tuttle Causeway

MacArthur Causeway (péage)

Venetian Causeway

Watson Island Park

Miami Beach

Claude Pepper Park

Brickell Park

Rickenbacker Causeway (péage)

NE 2nd Ave.

Biscayne Blvd.

Bicentennial Park

Bayfront Park

North-South Expwy.

Expwy.

HISTORIC OVERTOWN LYRIC THEATRE

GOVERNMENT CENTER

Flagler St.

BRICKELL

Mercy Hospital

East-West

SW 7th Ave.

SW 8th Ave.

MIAMI

SW 2nd Ave.

Brickell Ave.

NW 12th Ave.

ALLAPATTAH

SANTA CLARA

CIVIC CENTER

CULMER

SW 12th Ave.

1st St.

SW 13th Ave.

VIZCAYA

NW 17th Ave.

Miami River

NW 20th St.

Tamiami Trail

SW 17th Ave.

EARLINGTON HEIGHTS

NW 22nd Ave.

NW 7th St.

SW 22nd Ave.

22nd Ave. Rd.

Airport Expwy.

NW 27th Ave.

Flagler St.

SW 27th Ave.

COCONUT GROVE

NW 36th St.

SW 22nd St.

Okeechobee Road

Douglas Rd.

Ponce de Leon Rd.

SW 42nd Ave.

University Dr.

NW 42nd Ave.

Miami International Airport

Tamiami Trail

Granada Blvd.

SW 24th St.

Miracle Mile

CORAL GABLES

VIRGINIA GARDENS

NW 36th St.

Blue Lagoon Lake

Dolphin Expwy.

NW 7th St.

NW 57th Ave.

SW 57th Ave.

Metropolitan Hospital

WEST MIAMI

Miami Children's Hospital

Lake Joanne

Lake Mahar

NW 67th Ave.

Flagler St.

SW 67th Ave.

2km

1mi

Milam Dairy Rd.

NW 25th St.

Tamiami Canal

NW 72nd Ave.

Coral Way

0.5i

Palmetto Expwy.

de Montréal vers Miami tous les jours. Il est possible, avec un peu de chance, de trouver des vols moins chers dans des avions nolisés qui ne sont pas remplis. Cependant, vous ne pouvez pas compter seulement sur ces vols, puisqu'il devient de plus en plus difficile de trouver des avions non remplis, surtout en haute saison.

De l'Europe

Tout comme le Québec, les pays européens sont reliés régulièrement à Miami, par exemple avec Air France, qui vole entre Paris et Miami sept fois chaque semaine.

Miami International Airport

Le **Miami International Airport (MIA)** (✆ 305-876-7000, www.miami-airport.com) est situé à 12 km du centre-ville et à 16 km à l'ouest de Miami Beach. Il s'agit du deuxième aéroport en importance aux États-Unis en ce qui a trait au nombre de voyageurs.

Accès au centre-ville par voiture: pour vous rendre au centre-ville en voiture, empruntez la route 836 vers l'est, puis la route I-95 (Interstate 95) en direction sud. Si votre destination est plutôt South Beach, prenez la route 836 vers l'est et accédez à l'île-barrière de Miami Beach par le MacArthur Causeway. Si vous devez vous rendre dans la partie nord de Miami Beach, prenez plutôt l'Airport Expressway (route 112) et accédez à l'île par le Julia Tuttle Causeway.

Accès au centre-ville par taxi: en taxi, comptez autour de 20$ pour la course jusqu'au centre-ville, 23$ jusqu'au port de Miami (terminal de croisières), 30$ jusqu'à Miami Beach, 40$ pour le secteur de Bal Harbour, 38$ pour Key Biscayne et 20$ pour Coral Gables.

Accès au centre-ville par autocar: les services de navette **Super Shuttle** (Miami: ✆ 305-871-8210, Fort Lauderdale: ✆ 954-764-1700, www.supershuttle.com) et **Express Shuttle** (✆ 305-282-4626, www.expressshuttlemiami.com) coûtent entre 11$ et 22$ par personne selon votre destination. Elles s'arrêtent aux différents hôtels.

Compagnies aériennes

Voici quelques-unes des nombreuses compagnies aériennes nationales et internationales qui desservent l'aéroport: Aero Mexico, Aerolineas Argentinas, Air Canada, Air France, Alitalia, American Airlines, Avianca, British Airways, Continental Airlines, Delta Airlines, Iberia, Lacsa, Lan Chile, Lan Ecuador, Lan Peru, Lufthansa, Mexicana, Swiss International Air Lines, United Airlines, US Airways, Virgin Atlantic, WestJet.

Fort Lauderdale-Hollywood International Airport

Bien que plus petit que celui de Miami, le **Fort Lauderdale-Hollywood International Airport** (✆ 800-955-8770, www.broward.org/airport) est un point d'entrée très fréquenté par les voyageurs québécois et canadiens. Si votre hôtel est situé à Bal Harbour ou même dans la partie centrale de Miami Beach, la distance à franchir entre l'aéroport à votre hôtel est sensiblement la même que si vous atterrissiez à Miami.

La course en taxi entre l'aéroport et South Beach coûte environ 90$.

➤ En voiture

Le bon état général des routes et l'essence moins chère qu'en Europe ou qu'au Canada font de la voiture un moyen de transport idéal pour visiter Miami et ses environs en toute liberté. Vous trouverez facilement de très bonnes cartes routières dans les librairies de voyage ou, une fois sur place, dans les stations-service.

Accès à la ville

Les voyageurs québécois qui se rendent en Floride en voiture empruntent d'abord la route I-87 (Interstate 87). Le Garden State Parkway puis le New Jersey Turnpike permettent de contourner la zone urbaine de la ville de New York. Le New Jersey Turnpike se fond ensuite à la route I-295 (Interstate 295), qui elle-même devient la route I-95 (Interstate 95) peu après Philadelphie, et ce, jusqu'à Miami. Il faut compter environ 25 heures au total pour tout l'itinéraire.

Les voyageurs canadiens dont le point de départ se trouve en Ontario opteront quant à eux pour la route I-75 (Interstate 75), qui traverse les États-Unis jusqu'en Floride. Cette route longe ensuite la côte ouest de l'État.

Vos déplacements
à Miami et dans ses environs

À **Miami**, les rues (*streets*) sont orientées est-ouest, alors que les avenues vont du sud au nord. L'intersection de Flagler Street et de Miami Avenue marque le point central qui sépare la ville en quatre sections, que l'on retrouve indiquées dans les adresses (NE, NW, SE, SW).

À **Miami Beach**, les rues et avenues sont orientées de la même manière qu'à Miami, mais la grille ne constitue pas la continuité de celle de Miami.

Si vous comptez vous déplacer dans la grande région de Miami, on vous suggère de louer un véhicule car le transport en commun est peu efficace et les taxis coûtent cher. Toutefois, si vous prévoyez rester dans la partie sud de Miami Beach, South Beach, sachez que les stationnements sont pratiquement inexistants, que les *valet parkings* coûtent cher et que vous n'aurez aucun problème à vous déplacer à pied.

La route 1 (**US Highway 1**) traverse la région de Miami du nord au sud, alors que sur l'île-barrière de Miami Beach, c'est la **route A1A** qui joue ce rôle. Dans les deux cas, il s'agit de boulevards urbains bordés de commerces et services, ralentis par de nombreux feux de circulation. Ceux qui viennent des Keys n'ont pas d'autre choix que de suivre la route 1 pour accéder à Miami.

Pour ceux qui viennent de la côte ouest, la **route 41**, aussi appelée **Tamiami Trail** parce qu'elle relie Tampa à Miami, relie les côtes ouest et est de l'État en traversant les Everglades.

L'automobile constitue sûrement un moyen efficace et agréable pour visiter la grande région de Miami. Les véhicules sont loués à partir de 50$, et l'essence coûte peu cher. Le seul véritable désagrément est de trouver un stationnement, surtout si vous logez à South Beach. Prévoyez débourser de 15$ à 50$ par jour de *valet parking*.

Quelques conseils

Permis de conduire: en règle générale, les permis de conduire européens sont valides. Les visiteurs canadiens et québécois n'ont pas besoin de permis international, et leur permis de conduire est tout à fait valide aux États-Unis. Soyez averti que plusieurs États sont reliés par système informatique avec les services de police du Québec pour le contrôle des infractions routières. Une contravention émise aux États-Unis est automatiquement reportée au dossier au Québec.

Code de la sécurité routière: attention, il n'y a pas de priorité à droite. Ce sont les panneaux de signalisation qui indiquent la priorité à chaque intersection. Ces panneaux marqués *Stop* sur fond rouge sont à respecter scrupuleusement! Vous verrez fréquemment un genre de stop, au bas duquel figure un petit rectangle rouge dans lequel il est inscrit *4-Way*. Cela signifie, bien entendu, que tout le monde doit marquer l'arrêt et qu'aucune voie n'est prioritaire. Il faut que vous marquiez l'arrêt complet, même s'il vous semble n'y avoir aucun danger apparent. Si deux voitures arrivent en même temps à l'un de ces arrêts, la règle de la priorité à droite prédomine. Dans les autres cas, la voiture arrivée la première passe.

Les **feux de circulation** se trouvent le plus souvent de l'autre côté de l'intersection. Faites attention où vous marquez l'arrêt.

À moins d'un avis contraire, il est à noter qu'il est permis de **tourner à droite au feu rouge**, après, bien entendu, avoir vérifié qu'il n'y a aucun danger.

Lorsqu'un **autobus scolaire** (de couleur jaune) est à l'arrêt (feux clignotants allumés), vous devez obligatoirement vous arrêter, quelle que soit votre direction. Le manquement à cette règle est considéré comme une faute grave!

Le port de la **ceinture de sécurité** est obligatoire.

Le réseau routier des États-Unis comporte des Interstate Highways, des routes nationales (US Highways) et des routes d'État (State Highways ou State Routes).

Les **autoroutes** sont gratuites, sauf en ce qui concerne la plupart des Interstate Highways, désignées par la lettre *I*, suivie d'un numéro. Les panneaux indicateurs se reconnaissent à leur forme presque arrondie (le haut du panneau est découpé de telle sorte qu'il fait deux vagues) et à leur couleur bleue. Sur ce fond bleu, le numéro de l'Interstate ainsi que le nom de l'État traversé sont inscrits en blanc. Au haut du panneau figure la mention *Interstate* sur fond rouge.

Les **routes nationales** sont généralement indiquées par les lettres *US* suivies d'un numéro, tandis que les routes d'État sont indiquées par l'abréviation du nom de l'État suivie d'un numéro. Dans ce guide, nous ne faisons pas la distinction entre les routes nationales et les routes d'État.

La **vitesse** est limitée à 55 mph (88 km/h) sur la plupart des grandes routes. Le panneau de signalisation de ces grandes routes se reconnaît à sa forme carrée, bordée de noir, et le numéro de la route y est largement inscrit en noir sur fond blanc.

Sur les Interstate Highways, la limite de vitesse monte à 65 mph (104 km/h), et parfois jusqu'à 75 mph (120 km/h).

La limitation de vitesse vous sera annoncée par un panneau routier de forme carrée et de couleurs blanche et noire sur lequel est inscrit *Speed Limit*, suivi de la vitesse limite autorisée.

Le panneau triangulaire rouge et blanc où vous pouvez lire la mention *Yield* signifie que vous devez ralentir et céder le passage aux véhicules qui croisent votre chemin.

Le panneau rond et jaune, barré d'une croix noire et de deux lettres *R*, indique un **passage à niveau**.

Postes d'essence: les États-Unis étant un pays producteur de pétrole, l'essence est nettement moins chère qu'en Europe, voire qu'au Québec et au Canada, en raison des taxes moins élevées.

Location de voitures

Les grandes compagnies internationales de location de voitures sont représentées dans la plupart des aéroports de Floride, de même qu'à l'intérieur des villes importantes. On obtient cependant en général de meilleurs tarifs en utilisant leurs sites Internet ou en les joignant avec leurs numéros de téléphone sans frais:

Alamo
↗ 877-222-9075 (centrale de réservation)
www.alamo.com

Avis
↗ 800-230-4898 (centrale de réservation)
↗ 305-341-0936 (Miami International Airport)
www.avis.com

Budget
↗ 800-527-0700 (centrale de réservation)
↗ 305-871-2722 (Miami International Airport)
www.budget.com

Hertz
↗ 800-654-3001 (centrale de réservation)
↗ 305-871-0300 (Miami International Airport)
www.hertz.com

National
↗ 877-222-9058 (centrale de réservation)
www.nationalcar.com

Thrifty
↗ 800-847-4389 (centrale de réservation)
↗ 877-283-0898 (Miami International Airport)
www.thrifty.com

Rappelez-vous que plusieurs de ces agences de location de voitures exigent que leurs clients soient âgés d'au moins 25 ans et qu'ils soient en possession d'une carte de crédit reconnue.

➤ En autocar

Après la voiture, l'autocar constitue le meilleur moyen de locomotion. Peu chers, les trajets des autocars desservent Miami et ses environs.

Pour obtenir les horaires et les destinations desservies, appelez la succursale locale de la société **Greyhound** *(✆ 800-231-2222, www.greyhound.com)*

Il y a plusieurs gares routières à **Miami** et dans ses environs. Voici les deux gares dont les emplacements sont les plus commodes:

Centre-ville
36 NE 10th St.
✆ 305-374-6160

Miami International Airport
4111 NW 27th St.
✆ 305-871-1810

Les Canadiens et les Québécois peuvent faire leur réservation directement auprès de la **Station Centrale** d'autobus à Montréal *(✆ 514-843-4231, www.greyhound.ca)* ou du **Métro Toronto Coach Terminus** à Toronto *(✆ 416-594-1010, www.greyhound.ca)*. Les deux représentent la société Greyhound.

Il est interdit de fumer sur toutes les lignes. En général, les enfants de cinq ans et moins sont transportés gratuitement. Les personnes de 60 ans et plus ont droit à d'importantes réductions. Les animaux de compagnie ne sont pas admis.

› En train

Aux États-Unis, le train ne constitue pas toujours le moyen de transport le moins cher, et il n'est sûrement pas le plus rapide. Cependant, il peut être intéressant pour les grandes distances, car il est confortable (essayez d'obtenir un siège d'où vous pourrez réellement jouir de la vue qui s'offre à vous).

Les trains *Silver Meteor*, *Silver Star* et *Palmetto*, exploités par la société Amtrak, relient Miami, Tampa, Orlando, Jacksonville, Savannah, Charleston, Washington DC et New York.

Pour obtenir les horaires et les destinations desservies, communiquez avec la société **Amtrak** *(8303 NW 37th Ave., Miami, ✆ 305-835-1221 ou 800-872-7245, www.amtrak.com)*, la propriétaire actuelle du réseau ferroviaire américain.

Depuis la France, on peut réserver des billets de train pour les États-Unis:

Amtrak
✆ 01 53 25 03 56
amtrak@interfacetourism.com

Le **Tri-Rail** *(✆ 800-874-7245, www.tri-rail.com)* est par ailleurs un service de train de banlieue qui dessert les comtés de Miami-Dade, Broward et Palm Beach. Les tarifs, fort économiques, varient de 4,40$ à 11,55$ par personne. À titre d'exemple, un aller simple entre Miami et West Palm Beach coûte 6,90$. Des navettes gratuites relient les stations du Tri-Rail aux aéroports de Miami, de Fort Lauderdale-Hollywood et de Palm Beach. Il y a trois stations à Miami:

Miami Airport Station
3797 NW 21st St.

Hialeah Market Station
1200 SE 11th Ave.

Metrorail Transfer Station
2567 E. 11th Ave.

› En transports en commun

Les services de transport public de la région métropolitaine de Miami sont assurés par la **Miami-Dade Transit Agency** *(3300 NW 32nd Ave., ✆ 305-770-3131, www.co.miami-dade.fl.us/transit)*. Le système comporte trois composantes.

Metrorail: métro aérien qui dessert le centre-ville et les quartiers et banlieues sud avec 22 stations. En service tous les jours entre 5h et minuit. Coût: 2$.

Metromover: sorte de bus électrique qui circule sur une voie surélevée d'environ 8 km dans le centre-ville. Correspondance possible avec le Metrorail au Government Center. En service tous les jours entre 5h et minuit. Gratuit.

Metrobus: service d'autobus réguliers. Coût: 2$.

Il est possible de prendre une correspondance entre les différentes composantes du réseau aux coûts suivants:

Metrobus - Metrorail: 0,50$
Metromover - Metrorail: 1,50$
Metrorail - Metromover: gratuit
Metrobus - Metromover: gratuit
Metrobus - Metrobus: 0,50$

➤ En taxi

Les taxis sont facilement identifiables et peuvent être un moyen de transport économique si vous n'êtes pas seul, car les taxis peuvent accueillir jusqu'à quatre personnes. L'odomètre débute à 2,50$ et marque 0,40$ après avoir parcouru 1/6 de mille (0,26 km). Il arrive que les chauffeurs ignorent où se trouve l'adresse à laquelle vous comptez vous rendre. Assurez-vous donc de toujours obtenir de l'information détaillée sur votre destination finale. Les chauffeurs de taxi s'attendent à recevoir de 10% à 15% de pourboire sur le montant affiché à l'odomètre. De très nombreux taxis sillonnent les rues de Miami. Vous n'aurez, la plupart du temps, qu'à lever le bras pour en héler un. Voici tout de même les coordonnées de quelques compagnies de taxis :

Flamingo Taxi
198 NW 79th St.
☏ 305-759-8100

Pour les croisiéristes

Débarquement et embarquement

Fort Lauderdale
Port Everglades *(1850 Eller Dr., ☏ 954-523-3404, www.broward.org/port)* est le deuxième port de croisières en importance au monde. Des dizaines de paquebots lèvent l'ancre de ses eaux chaque semaine à destination des Caraïbes. À seulement 5 min de route du **Fort Lauderdale-Hollywood International Airport** (voir p. 46) et relié au système autoroutier par l'Interstate 595, Port Everglades est également situé à quelque 40 km au nord de Miami. À moins que la compagnie de croisières avec laquelle vous voyagez n'assure la liaison entre l'aéroport et le quai d'embarquement, vous pourrez aisément faire le trajet en taxi pour environ 15$.

En voiture, les croisiéristes ont le choix entre trois accès au port : Eller Drive, relié à l'Interstate 595, State Road 84 East et 17th Street Causeway par la A1A. Les quais (une dizaine) sont indiqués par des panneaux de signalisation dans l'enceinte du port, qui compte par ailleurs deux stationnements *(15$/jour)*. Si vous débarquez à Port Everglades, vous pourrez y prendre un taxi pour vous rendre au centre-ville de Fort Lauderdale *(environ 25$)*.

Les plages constituent l'attrait incontournable de Fort Lauderdale. Sable blanc et palmiers donnent un avant-goût de vacances aux croisiéristes en attente d'embarquement et permettent à ceux qui débarquent de leur séjour passé dans les Antilles, par exemple, de prendre quelques photos de carte postale supplémentaires avant de plier bagage.

Miami
Miami est surnommée la «Cruise Capital of the World», et le **port de Miami** *(1015 N. American Way, ☏ 305-347-4800, www.miamidade.gov/portofmiami)* remporte la palme incontestée du plus grand port de croisières au monde. Véritable carrefour maritime, il accueille chaque année près de quatre millions de croisiéristes. Ses sept terminaux de passagers sont reliés au centre-ville par Port Boulevard et sont situés sur Dodge Island, à environ 15 min de route du **Miami International Airport** (voir p. 46). Comptez environ 30$ pour rejoindre le port en taxi depuis l'aéroport.

Metro Taxi
1995 NE 142nd St.
☎ 305-888-888

Water Taxi
Water Taxi
Fort Lauderdale
☎ 954-467-6677
www.watertaxi.com

Renseignements utiles, de A à Z

➤ Aînés

Comme des millions de personnes ont déjà pu le constater, Miami Beach et ses environs sont un lieu idéal pour les vacanciers d'un certain âge, dont plusieurs deviennent d'ailleurs résidents à temps plein ou à temps partiel de l'État. Le climat est doux et le terrain plat, puis les prix sont souvent très avantageux pour les aînés. Les tarifs hors saison rendent pratiquement toutes les destinations irrésistibles pour les voyageurs au budget restreint. Les gens âgés de 65 ans et plus peuvent profiter de toutes sortes d'avantages tels que des réductions importantes sur les droits d'accès aux parcs d'État, aux musées et à diverses attractions, et des rabais dans les hôtels et les restaurants. Plusieurs compagnies aériennes offrent un rabais de 10%. Bien souvent, les tarifs réduits ne sont guère publicisés. Il ne faut donc pas se gêner pour s'en informer.

Par ailleurs, soyez particulièrement avisé en ce qui a trait aux questions de santé. En plus des médicaments que vous prenez normalement, glissez votre ordonnance dans vos bagages pour le cas où vous auriez besoin de la renouveler. Songez aussi à transporter votre dossier médical avec vous, de même que le nom, l'adresse et le numéro de téléphone de votre médecin. Assurez-vous également que vos assurances vous protègent à l'étranger.

➤ Ambassades et consulats des États-Unis à l'étranger

Belgique
Ambassade des États-Unis
27 boul. du Régent
B-1000 Bruxelles
☎ 2 508 2111
http://french.belgium.usembassy.gov

Canada
Ambassade des États-Unis
490 Sussex Dr.
Ottawa, Ontario K1N 1G8
☎ 613-238-5335
http://ottawa.usembassy.gov

Consulat des États-Unis
Place Félix-Martin
1155 rue St-Alexandre
Montréal, Québec H2Z 1Z1
☎ 514-398-9695
www.amcits.com/montreal.asp

Consulat des États-Unis
2 place Terrasse-Dufferin
Québec, Québec G1R 4T9
☎ 418-692-2095
www.amcits.com/quebec.asp

France
Ambassade des États-Unis
2 av. Gabriel
75382 Paris, Cedex 08
☎ 01 43 12 22 22
http://french.france.usembassy.gov

Consulat des États-Unis
10 place de la Bourse
BP 77
33025 Bordeaux Cedex
☎ 05 56 48 63 85
http://french.france.usembassy.gov/bordeaux.html

Consulat des États-Unis
Place Varian Fry
13286 Marseille Cedex 06
☎ 04 91 54 92 00
http://french.france.usembassy.gov/marseille.html

Suisse
Ambassade des États-Unis
Jubilaumstrasse 93
3005 Berne
☎ 31 357 7011
http://bern.usembassy.gov

➤ Ambassades et consulats étrangers aux États-Unis

Belgique

Ambassade
3330 NW Garfield St.
Washington, DC 20008
☏ 202-333-6900
www.diplobel.us

Consulat
1395 Brickell Ave., local 670
Miami, FL 33131
☏ 305-377-1368 ou 303-371-2881

Canada

Ambassade
501 NW Pennsylvania Ave.
Washington, DC 20001
☏ 202-682-1740
www.canadianembassy.org

Consulat
200 S Biscayne Blvd., local 1600
Miami, FL 33131
☏ 305-579-1600

France

Ambassade
4101 NW Reservoir Rd.
Washington, DC 20007
☏ 202-944-6195
www.info-france-usa.org

Consulat
1395 Brickell Ave., local 1050
Miami, FL 33131
☏ 305-403-4150
www.consulfrance-miami.org

Suisse

Ambassade
2900 NW Cathedral Ave.
Washington, DC 20008
☏ 202-745-7900
www.swissemb.org

Consulat
825 Brickell Bay Dr., local 1450
Miami, FL 33131
☏ 305-377-6700

➤ Animaux domestiques

Si vous décidez de voyager avec votre chien ou votre chat, il vous sera demandé un certificat de santé (document fourni par votre vétérinaire) ainsi qu'un certificat de vaccination contre la rage. Attention, cette vaccination devra avoir été faite au moins 30 jours avant votre départ et ne devra pas dater de plus d'un an.

➤ Argent et services financiers

Monnaie

L'unité monétaire des États-Unis est le dollar américain ($US), divisé en 100 cents. Il existe des billets de banque de 1, 5, 10, 20, 50 et 100 dollars, ainsi que des pièces de 1 (*penny*), 5 (*nickel*), 10 (*dime*) et 25 (*quarter*) cents.

Sachez qu'aucun achat ou service ne peut être payé en devises étrangères aux États-Unis. Songez donc à vous procurer des chèques de voyage en dollars américains. Vous pouvez également utiliser toute carte de crédit affiliée à une institution américaine, comme Visa, MasterCard, American Express, la Carte Bleue, Interbank et Barclay Card.

Il est à noter que tous les prix mentionnés dans le présent ouvrage sont en dollars américains.

Banques

C'est dans les banques que l'on obtient généralement les meilleurs taux de change, lorsqu'il s'agit de convertir des devises étrangères en dollars américains. Le meilleur moyen pour retirer de l'argent aux États-Unis consiste à utiliser sa carte bancaire (carte de guichet automatique). Attention, votre banque vous facturera des frais fixes (par exemple 5$CA), et il vaut mieux éviter de retirer trop souvent de petites sommes. Les guichets automatiques (distributeurs de billets), qu'on appelle ici des ATM (Automated Teller Machines), sont accessibles 24 heures sur 24, alors que les banques mêmes sont généralement ouvertes du lundi au vendredi de 9h à 15h.

Pour les Québécois qui s'installent plusieurs mois en Floride chaque année, et qui souhaitent avoir accès à un compte bancaire américain, le plus simple consiste sans doute à faire affaire avec le Mouvement Desjardins ou avec Natbank, filiale de la Banque Nationale : formalités simplifiées, accès à des services en français... Chacune de ces institutions québécoises possède deux succursales en Floride :

Desjardins Pompano Beach
2741 E. Atlantic Blvd.
☏ 954-785-7110

Desjardins Hallandale Beach
1001 E. Hallandale Beach Blvd.
☏ 954-454-1001

Natbank Hollywood
Oakwood Plaza
4031 Oakwood Blvd.
☏ 954-922-9992

Natbank Pompano Beach
Pompano Marketplace
1231 S. Federal Hwy.
☏ 954-781-4005

Cartes de crédit

Les cartes de crédit, outre leur utilité pour retirer de l'argent, sont acceptées à peu près partout. Il est primordial de disposer d'une carte de crédit pour effectuer une location de voiture, et la carte doit être au nom du conducteur. Les cartes les plus facilement acceptées sont, par ordre décroissant, Visa, MasterCard, Diners Club et American Express.

Change

La plupart des banques changent facilement les devises européennes et canadienne, mais presque toutes demandent des **frais de change**. En outre, vous pouvez vous adresser à des bureaux ou comptoirs de change qui, en général, n'exigent aucune

Taux de change

1$US	=	1,05$CA
1$US	=	0,74€
1$US	=	1,08FS
1$CA	=	0,95$US
1€	=	1,35$US
1FS	=	0,92$US

N.B. Les taux de change peuvent fluctuer en tout temps.

commission. Ces bureaux ont souvent des heures d'ouverture plus longues. La règle à retenir : **se renseigner et comparer**.

Avis Currency Exchange
760-A Ocean Dr.
Miami Beach
☏ 305-534-2847

Chèques de voyage

Les chèques de voyage peuvent être encaissés dans les banques sur simple présentation d'une pièce d'identité (avec frais) et sont acceptés par la plupart des commerçants comme du papier-monnaie.

➤ Assurances

Annulation

Cette assurance est normalement offerte par l'agent de voyages au moment de l'achat du billet d'avion ou du forfait. Elle permet le remboursement du billet ou forfait, dans le cas où le voyage devrait être annulé en raison d'une maladie grave ou d'un décès. Les gens n'ayant pas de problèmes de santé n'ont pas vraiment besoin de recourir à une telle protection. Elle demeure par conséquent d'une utilité relative.

Maladie

Sans doute la plus utile pour les voyageurs, l'assurance maladie s'achète avant de partir en voyage. La couverture de cette police d'assurance doit être aussi complète que possible car, à l'étranger, le coût des soins peut s'élever rapidement. Au moment de l'achat de la police, il faudrait veiller à ce qu'elle couvre bien les frais médicaux de tout ordre, comme l'hospitalisation, les services infirmiers et les honoraires des médecins (jusqu'à concurrence d'un montant assez élevé, car ils sont chers). Une clause de rapatriement, pour le cas où les soins requis ne peuvent être administrés sur place, est précieuse. En outre, il peut arriver que vous ayez à débourser le coût des soins en quittant la clinique. Il faut donc vérifier ce que prévoit la police en pareil cas. Durant votre séjour, vous devriez toujours garder sur vous la preuve que vous avez contracté une assurance maladie, ce qui vous évitera bien des ennuis si par malheur vous en avez besoin.

Renseignements généraux - Renseignements utiles, de A à Z

Vol

La plupart des assurances habitation au Québec protègent une partie des biens contre le vol, même si celui-ci a lieu à l'étranger. Pour faire une réclamation, il faut avoir un rapport de police. Comme tout dépend des montants couverts par votre police d'assurance habitation, il n'est pas toujours utile de prendre une assurance supplémentaire. Les visiteurs européens, pour leur part, doivent vérifier si leur police protège leurs biens à l'étranger, car ce n'est pas automatiquement le cas.

➤ Boissons alcoolisées

Les *liquor stores* sont les meilleurs endroits pour trouver de la variété. Mais vous aurez un bon choix de vins et de bières dans les épiceries. L'âge légal pour consommer de l'alcool en Floride est de 21 ans.

➤ Climat

Quand visiter Miami?

Miami fait partie de la Floride, surnommée le *Sunshine State* ou, si vous préférez, l'État du soleil. La température demeure clémente presque toute l'année, et y règne une agréable atmosphère semi-tropicale. Même si le mercure peut parfois monter ou descendre au-delà de ce qu'on espère, la température y demeure en fait idéale tout au long de l'année.

Dans l'ensemble, les étés ont tendance à être chauds et humides. Les hivers sont plus secs, doux et ensoleillés. Durant les mois de septembre, octobre et novembre, il arrive qu'un ouragan se manifeste soudainement et passe au large. Les ouragans, qui peuvent parfois être dévastateurs, ne doivent pas vous empêcher de visiter la région en automne. La Floride ne compte en effet pas plus de tempêtes que les autres États du golfe du Mexique ou du sud de la côte Atlantique. Survenant généralement en septembre, les ouragans ont souvent démontré qu'ils pouvaient se former beaucoup plus tard dans la saison. Contrairement à plusieurs autres phénomènes atmosphériques, ils sont toujours précédés de nombreux avertissements, ce qui donne amplement de temps aux visiteurs de se préparer de façon adéquate ou de s'enfoncer plus à l'intérieur des terres. Dans l'ensemble, ses saisons tempérées, ses printemps frais et vivifiants, ses plages caressées par les brises du large et l'omniprésence des systèmes de climatisation contribuent tous à faire de Miami une destination agréable tout au long de l'année.

➤ Décalage horaire

Il n'y a pas de décalage horaire entre Miami et le Québec. Le décalage horaire pour la France, la Belgique ou la Suisse est de six heures. Lorsqu'il est midi dans un de ces pays, il est 6h du matin en Floride. Attention cependant aux changements d'horaire, qui ne se font pas aux mêmes dates qu'en Europe : aux États-Unis et au Canada, l'heure d'hiver entre en vigueur le premier dimanche de novembre et prend fin le deuxième dimanche de mars.

➤ Drogues

Les drogues sont absolument interdites (même les drogues dites «douces»). Aussi bien les consommateurs que les distributeurs risquent de très gros ennuis s'ils sont trouvés en possession de drogues.

➤ Électricité

Partout aux États-Unis et en Amérique du Nord, la tension électrique est de 110 volts et de 60 cycles (Europe : 50 cycles); aussi, pour utiliser des appareils électriques européens, devrez-vous vous munir d'un transformateur de courant adéquat, à moins que vos appareils ne soient équipés d'un convertisseur interne. En effet, de plus en plus de petits appareils électroniques (ordinateurs de poche, téléphones portables, appareils photo, rasoirs, etc.) sont équipés de chargeurs acceptant les tensions de 110 à 240 volts. Après vous en être assuré, il vous suffira alors de vous munir de l'adaptateur de prise de courant.

Les fiches d'électricité sont plates, et vous pourrez trouver des adaptateurs sur place ou, avant de partir, vous en procurer dans une boutique d'accessoires de voyage ou une librairie de voyage.

➤ Enfants

Voici quelques conseils qui vous permettront de profiter au maximum de votre séjour en compagnie de vos enfants.

Faites vos réservations à l'avance en vous assurant que l'établissement où vous désirez loger accepte les enfants. S'il vous faut un berceau ou un petit lit supplémentaire, n'oubliez pas d'en faire la demande au moment de réserver. Un bon agent de voyages peut vous être très utile à cet égard, de même que pour vos différents projets de vacances.

Si vous vous déplacez en avion, demandez des sièges en face d'une cloison; vous y aurez plus d'espace. Transportez, dans vos bagages à main, couches, vêtements de rechange, collations et jouets ou petits jeux. Si vous vous déplacez en voiture, tous les articles que nous venons de mentionner sont également indispensables. Assurez-vous en outre de faire des provisions d'eau et de jus; la déshydratation peut en effet occasionner de légers problèmes.

Ne voyagez jamais sans une trousse de premiers soins. Outre les pansements adhésifs, la pommade antiseptique et un onguent contre les démangeaisons, n'oubliez pas les médicaments recommandés par votre pédiatre contre les allergies, le rhume, la diarrhée ou toute autre affection chronique dont pourrait souffrir votre enfant.

Si vous comptez passer beaucoup de temps au soleil, soyez particulièrement prudent les premiers jours. La peau des enfants est généralement plus fragile que celle des adultes, et une grave insolation peut survenir plus tôt que vous ne le croyez. Enduisez vos enfants de crème solaire et songez même à leur faire porter un chapeau. Inutile de vous dire qu'il faut toujours surveiller vos tout-petits lorsqu'ils se trouvent près de l'eau.

Plusieurs villages, parcs et sites touristiques proposent des activités spécialement conçues pour les enfants.

> Femmes voyageant seules

Miami ne pose pas de problèmes majeurs aux femmes voyageant seules. Les quelques désagréments que vous risquez peut-être proviendront de la gent masculine qui cherchera à prouver sa virilité en sifflant. Gardez votre sens de l'humour et ne vous laissez pas intimider. Votre meilleure arme demeure l'indifférence.

Ajoutons que les femmes voyageant seules ne devraient pas éprouver de difficultés en prenant les précautions d'usage quant à leur sécurité (voir p. 59). Sachez toutefois

qu'il est imprudent de faire de l'autostop et qu'il vaut sans doute mieux éviter les lieux d'hébergement peu coûteux établis à la périphérie des villes, car l'argent ainsi épargné ne vaut pas les risques encourus. Les *bed and breakfasts*, les auberges de jeunesse et les YWCA s'avèrent en général plus sûrs et offrent par ailleurs un environnement rêvé pour qui désire rencontrer d'autres voyageurs.

> Heures d'ouverture

Bureaux de poste
Les bureaux de poste sont ouverts du lundi au vendredi de 9h à 17h (parfois jusqu'à 18h) et le samedi de 8h à 12h.

Magasins
Les magasins sont généralement ouverts du lundi au samedi de 10h à 17h (parfois jusqu'à 18h). Les supermarchés ferment en revanche plus tard ou restent même, dans certains cas, ouverts 24 heures sur 24, sept jours sur sept. Certains grands centres commerciaux sont ouverts jusqu'à 21h du lundi au samedi, et de midi à 18h le dimanche.

> Jours fériés
Voici la liste des jours fériés aux États-Unis. Notez que la plupart des magasins, services administratifs et banques sont fermés pendant ces jours.

New Year's Day (jour de l'An)
1ᵉʳ janvier

Martin Luther King Day
troisième lundi de janvier

President's Day (anniversaire de George Washington et d'Abraham Lincoln)
troisième lundi de février

Memorial Day
dernier lundi de mai

Independence Day (fête nationale)
4 juillet

Labor Day (fête du Travail)
premier lundi de septembre

Columbus Day (jour de Colomb)
deuxième lundi d'octobre

Veterans Day (jour des Vétérans et de l'Armistice)
11 novembre

Thanksgiving Day (action de Grâce)
quatrième jeudi de novembre

Christmas Day (Noël)
25 décembre

➤ Médias

Presse écrite

Le grand quotidien de Miami est le *Miami Herald*. Ceux qui préfèrent lire leur journal en espagnol choisiront son pendant hispanique *El Nuevo Herald*.

Le *News Time*, un hebdomadaire gratuit publié le jeudi, propose un bon aperçu de la vie culturelle de Miami. De plus, vous y trouverez de bonnes adresses où sortir et manger, ainsi que des critiques de spectacles et des chroniques sur l'actualité.

Parmi les journaux francophones disponibles en Floride figurent l'hebdomadaire *Le Francophone International* et les mensuels québécois *Le Soleil de la Floride* et *Carrefour Floride*.

Voici quelques endroits où l'on peut se procurer *Le Francophone International*.

Alliance française
423 SE 19th St.
Fort Lauderdale

Barnes & Nobles
152 Miracle Mile
Coral Gables

Ramada Hollywood Beach Resort
101 N. Ocean Dr.
Hollywood

News Café
800 Ocean Dr.
Miami Beach

Télévision

Tous les grands réseaux nationaux (**ABC**, **CBS**, **NBC**, **Fox**) possèdent leurs antennes dans les villes de Floride, de même que le réseau de télévision public **PBS**. Des chaînes locales s'ajoutent à celles affiliées aux réseaux nationaux.

De nombreuses chaînes spécialisées sont quant à elles accessibles sur le câble : **HBO** (cinéma), **CNN** (information continue), **ESPN** (sport), **MTV** (vidéoclips). La chaîne francophone internationale **TV5** est également disponible en Floride sur le câble.

➤ Personnes à mobilité réduite

Miami s'efforce de rendre de plus en plus de destinations accessibles aux personnes à capacité physique restreinte. Pour de plus amples renseignements sur les régions que vous projetez de visiter, adressez-vous à la **Florida Paraplegic Association** *(℡ 305-868-3361)*.

Les organismes suivants sont aussi en mesure de fournir des renseignements utiles aux voyageurs handicapés : **Deaf Services Bureau** *(1250 NW Seventh St., local 207, Coral Gables, ℡ 305-560-2866)* et **Miami-Dade Transit Agency Special Transportation Service** *(2775 SW 74th Ave., Miami, ℡ 786-469-5000)*. Au Québec, **Kéroul** *(4545 av. Pierre-De Coubertin, C.P. 1000, succursale M, Montréal, H1V 3R2, ℡ 514-252-3104, www.keroul.qc.ca)* propose également ce genre de service.

➤ Poste

Les bureaux de poste sont en général ouverts du lundi au vendredi de 9h à 17h. Il est également possible de se procurer des timbres dans les hôtels.

➤ Pourboire

En général, le pourboire s'applique à tous les services rendus à table, c'est-à-dire dans les restaurants ou autres endroits où l'on vous sert à table (la restauration rapide n'entre donc pas dans cette catégorie). Il est aussi de rigueur dans les bars, les boîtes de nuit et les taxis.

Selon la qualité du service rendu, il faut compter environ 15% de pourboire sur le montant avant les taxes. En général, il n'est pas inclus dans l'addition, comme c'est le cas en Europe, et le client doit le calculer lui-même et le remettre à la serveuse ou au serveur; service et pourboire sont une même et seule chose en Amérique du Nord. Il y a toutefois des exceptions importantes à cette règle (à Miami notamment). Prenez donc le temps de bien examiner l'addition qui vous sera remise à la fin de votre repas, car il arrive que le pourboire soit déjà calculé (jusqu'à 18% dans certains restaurants branchés de Miami!).

> Quoi emporter?

À moins que vous ne projetiez de passer votre temps dans les restaurants de grand luxe, votre valise sera beaucoup moins volumineuse que vous ne pourriez le croire. Pour la plupart des types de séjour, vous n'aurez en effet besoin que de bermudas, de chemises légères ou de t-shirts, de pantalons de sport, de un ou deux maillots de bain, d'un gilet ou d'une petite veste, et d'une tenue «très» décontractée en prévision d'une éventuelle sortie.

Il ne vous reste plus qu'à prévoir quelques lectures faciles pour la plage et certains articles essentiels que vous ne voudriez pas oublier (sauf si vous préférez vous les procurer sur place). Il s'agit des écrans solaires (préférablement sans huiles), de verres fumés de qualité et d'un bon insectifuge, surtout si vous voyagez en été (ou même en hiver dans les régions les plus au sud). Si vous prévoyez passer beaucoup de temps à l'extérieur et que vous êtes préoccupé par les fourmis rouges et les méduses, apportez également un petit récipient d'attendrisseur à viande du genre papaïne. Une telle substance n'éloignera certes pas les intrus, mais elle vous soulagera si jamais vous vous faites piquer.

Pensez également à prendre un parapluie ou un imperméable léger pour parer à toute averse soudaine. Si vous visitez Miami en hiver, un gilet serait parfois bienvenue certains jours.

Pour vos visites, des chaussures flexibles, confortables et légères s'imposent. En dépit de son climat tropical, le sol de Miami n'est guère clément pour les pieds nus, si ce n'est sur les plages ou autour des piscines. De bonnes sandales feront l'affaire. Par contre, si vous prévoyez faire de la randonnée en région marécageuse (et le sol est souvent humide aux endroits où l'on s'y attend le moins), apportez également des souliers en toile que vous pouvez mouiller sans crainte.

Les vrais amateurs de plongée-tuba voudront sans doute transporter leur propre équipement, mais il importe de savoir que cela n'est pas du tout nécessaire. Vous pouvez en effet louer à bon prix de l'équipement partout où la plongée a une

certaine popularité. Plusieurs entreprises louent même des jouets de plage et des pneumatiques pour descendre les rivières. De plus, on trouve un peu partout de l'équipement de pêche.

Apporter son appareil photo est aussi une bonne idée (les couchers de soleil sont fantastiques), et de bonnes jumelles permettront de mieux apprécier la vie dans la nature et à la plage.

> Renseignements touristiques

Au Canada
Visit Florida
☏ 888-352-4636
www.visitflorida.com
Service téléphonique d'information pour les voyageurs canadiens, en français et en anglais.

À Miami et dans ses environs
Pour toute demande de renseignements touristiques, de brochures ou de cartes, adressez-vous au **Greater Miami Convention & Visitors Bureau** *(701 Brickell Ave., local 2700,* ☏ *305-539-3000 ou 800-933-8448, www.gmcvb. com).* Leur pochette d'information gratuite peut être commandée sur leur site ou en communiquant avec eux par téléphone.

Voici d'autres endroits où vous pouvez vous procurer des brochures ou des cartes :

Miami Beach Visitor Center
1920 Meridian Ave.
Miami Beach
☏ 305-672-1270
www.miamibeachchamber.com

Bayside Marketplace
401 N. Biscayne Blvd.
Miami Beach
☏ 305-577-3344
www.baysidemarketplace.com

Sunny Isles Beach Resort Association
18070 Collins Ave., local 219
Sunny Isles Beach
☏ 305-947-5826
www.sunnyislesbeachmiami.com

Alliance française
618 SW Eighth St.
Miami
☏ 305-859-8760
www.afmiami.org

En France

Visit USA Committee

☎ 08 99 70 24 70 (frais d'appel)

www.office-tourisme-usa.com

Cette association est en charge de la promotion des États-Unis sur le marché français.

› Santé

Pour les personnes en provenance d'Europe, du Québec ou du Canada, aucun vaccin n'est nécessaire. D'autre part, il est vivement recommandé, en raison du prix élevé des soins, de contracter une bonne assurance maladie-accident. Il existe différentes formules, et nous vous conseillons de les comparer. Emportez vos médicaments, surtout ceux qui exigent une ordonnance. Sauf indication contraire, l'eau est potable partout aux États-Unis.

Insectes

Si vous prévoyez visiter les Everglades, sachez que les insectes abondent et s'avèrent souvent fort désagréables. Ils sont particulièrement nombreux durant la saison des pluies. Dans le but de minimiser le risque d'être piqué, couvrez-vous bien, évitez les vêtements de couleurs foncées, ne vous parfumez pas et munissez-vous de bons insectifuges. Pour vous protéger contre ces bestioles, vous aurez besoin d'un bon insectifuge contenant au moins 35% de DEET. N'oubliez pas que les insectes sont plus actifs au coucher du soleil. De plus, des chaussures et chaussettes protégeant les pieds et les jambes seront certainement très utiles. Vous pouvez aussi vaporiser votre t-shirt d'insectifuge si vous pouvez en supporter l'odeur. Il est aussi conseillé d'apporter des pommades pour calmer les irritations causées par les piqûres. Si vous comptez dormir dans le parc national des Everglades, des spirales insectifuges permettront de passer les soirées plus agréables sur la terrasse et dans la chambre, surtout si les fenêtres sont ouvertes ou si votre moustiquaire est trouée...

Le soleil

Le soleil de Miami, en hiver surtout, est bien apprécié des voyageurs venant de régions plus au nord. Il faut toutefois se méfier des risques de coups de soleil, et ce, même par temps couvert. Aussi, lorsque souffle le vent, il arrive fréquemment qu'on

---

Les drapeaux de plage

Si un drapeau rouge flotte dans le vent, dirigez-vous vers la piscine, car cela signifie que la baignade est hélas interdite à la plage. Un étendard jaune veut dire de faire attention, tandis que le drapeau vert vous donne le feu vert pour batifoler dans l'eau.

---

ne ressente pas les brûlures causées par le soleil.

Apportez toujours une crème solaire qui protège des rayons nocifs du soleil. Plusieurs crèmes en vente dans le commerce n'offrent pas de protection adéquate. Avant de partir, demandez à votre pharmacien de vous indiquer les crèmes qui protègent réellement des rayons dangereux. Puis, souvenez-vous que, pour une plus grande efficacité, il est recommandé d'appliquer la crème solaire de 20 à 30 min avant de s'exposer au soleil.

Une trop longue période d'exposition peut provoquer une insolation (étourdissements, vomissements, fièvre...). Les premières journées surtout, il est nécessaire de bien se protéger et de ne pas prolonger les périodes d'exposition, car on doit d'abord s'habituer au soleil. Par la suite, il faut éviter les abus. Le port d'un chapeau et de verres fumés vous aidera également à contrer les effets néfastes du soleil.

Les vêtements de couleurs foncées sont vivement déconseillés (gardez-les pour vos sorties nocturnes). Habillez-vous donc de blanc ou de couleurs claires avec des tissus qui évacuent l'humidité. Les vêtements de coton sont confortables, mais ils absorbent facilement la transpiration et sèchent très lentement.

Quand on dit « *Buvez beaucoup de liquide* », on fait manifestement référence à l'H_2O, les boissons alcoolisées ne comptant évidemment pas. Selon votre tolérance à la chaleur, prévoyez boire de deux à six litres d'eau par jour afin de vous réhydrater. N'hésitez pas à prendre une douche plusieurs fois par jour pour vous rafraîchir.

> Sécurité

Miami est-elle une ville dangereuse? Il va sans dire que Miami ne fait plus la une des journaux pour des raisons scabreuses. Toutefois, il est souvent préférable de s'enquérir, dès son arrivée, des quartiers qu'il vaut mieux s'abstenir de visiter à n'importe quelle heure du jour et de la nuit. En prenant les précautions courantes, il n'y a pas lieu d'être inquiet outre mesure pour sa sécurité. Si toutefois la malchance était avec vous, n'oubliez pas que le numéro de secours est le *911*, ou le *0* en passant par le téléphoniste.

Le centre-ville de Miami devient un *no man's land* une fois le soleil couché. Inutile de vous dire qu'il y a beaucoup de rues et de ruelles désertes parfois hantées d'ombres mystérieuses qui s'arrêtent, puis disparaissent pour surgir soudainement à l'angle d'une autre allée... Par ailleurs, le quartier interlope de Little Haiti est aussi à éviter.

Sachez que les pickpockets agissent parfois en groupe. Ainsi, pendant que certains se chargent de vous distraire un moment de votre attention, d'autres en profitent pour fuir en catimini avec vos biens personnels.

La plupart des bons hôtels sont équipés de coffrets de sûreté dans lesquels vous pouvez placer vos objets de valeur, ce qui vous procurera une certaine tranquillité d'esprit. Soyez discret en public lorsque vous transigez commercialement. En effet, n'exposez pas à la vue d'autrui une liasse de billets de banque quand vous faites un achat.

> Soins médicaux

Aventura Hospital and Medical Center
20900 Biscayne Blvd.
Aventura
☏ 305-682-7000
www.aventurahospital.com

Jackson Memorial Hospital
1611 NW 12th Ave.
Miami
☏ 305-585-1111
www.jhsmiami.org

South Shore Hospital & Medical Center
630 Alton Rd.
Miami Beach
☏ 305-532-7246

> Taxes

La taxe de vente s'élève à 6%, mais chaque municipalité a la possibilité de prélever une taxe additionnelle. De plus, des taxes spéciales dédiées à la promotion touristique peuvent s'ajouter dans certains cas (pour l'hébergement, entre autres). De manière générale, attendez-vous donc à devoir payer entre 8% et 12,5% de taxe au restaurant et à l'hôtel.

> Télécommunications

Internet

De nombreux hôtels et cafés offrent gratuitement ou à prix raisonnable l'accès Internet sans fil. Dans les zones urbaines, on peut parfois trouver un accès libre au réseau Internet (Wi-Fi).

Pour ceux qui n'ont pas avec eux d'ordinateur portable, il y a bien sûr des cybercafés, mais ils ne sont pas si nombreux qu'on pourrait le croire. Par contre, dans la majorité des bibliothèques municipales, vous trouverez des terminaux accessibles gratuitement ou à des tarifs vraiment bas.

Téléphone

Pour téléphoner à Miami depuis le Québec, il faut composer le 1, suivi de l'indicatif régional et du numéro de sept chiffres. Depuis l'Europe, composez *00*, puis le *1*, l'indicatif régional et le numéro de sept chiffres.

Pour téléphoner au Québec depuis Miami, il faut composer le *1*, suivi de l'indicatif régional et du numéro de sept chiffres. Pour atteindre la France, faites le *011-33* puis le numéro complet en omettant le premier chiffre. Pour téléphoner en Belgique, composez le *011-32*, l'indicatif régional puis le numéro de votre correspondant en omettant le premier zéro. Pour appeler en Suisse, faites le *011-41*, l'indicatif régional puis le numéro de votre correspondant.

Les voyageurs canadiens peuvent également joindre le Canada par le biais de **Canada Direct** *(www.infocanadadirect.com)*. Ainsi, leurs appels sont facturés selon les tarifs canadiens. Pour accéder à ce service depuis Miami, faites le ☎ 800-555-1111.

Les numéros de téléphone commençant par 800, 866, 877 ou 888 sont gratuits peu importe d'où l'on appelle. À noter toutefois que certains de ces numéros sans frais (*toll-free numbers*) ne fonctionnent qu'à l'intérieur des États Unis continentaux ou de l'Amérique du Nord, ou encore sont accessibles depuis l'Europe mais sont facturés comme des appels outre-mer réguliers.

Indicatifs régionaux
L'indicatif régional de Miami est le *305*. Plus au nord, le préfixe est le *954* pour la région de Dania, d'Hollywood et de Fort Lauderdale.

➤ Vie gay
Miami est considérée comme l'une des villes les plus homophiles du globe, la convivialité étant plus qu'évidente à South Beach. Ce quartier est particulièrement réputé pour sa vie nocturne effervescente et extravagante. Si peu d'hôtels et de restaurants sont exclusivement destinés aux homosexuels, ceux-ci n'auront aucun problème à trouver une chambre ou un restaurant. Les gays et lesbiennes à la recherche d'une ambiance plus relâchée et moins superficielle que celle de South Beach se dirigeront plutôt vers Fort Lauderdale.

À Miami, la plage gay la plus populaire est située au niveau de 12th Street. Haulover Beach est une autre plage de prédilection pour les homosexuels, et plus particulièrement pour ceux qui préfèrent un bronzage intégral. Cette plage nudiste est située tout juste au nord de Bal Harbour. Haulover Beach accueille autant les gays que les hétéros, mais la section gay est située à l'extrémité nord de la plage.

Chaque année, trois événements placent Miami sur l'échiquier mondial du tourisme gay : le **Winter Party Festival** *(www.winterparty. com)*, le **White Party** *(www.whiteparty.org)* et **Aqua Girl** *(www.aquagirl.org)*.

Pour en savoir davantage sur les événements ponctuels, l'hebdomadaire gratuit *Miami New Times* constitue une bonne source.

Quelques liens utiles :

www.gogaymiami.com
www.lgbtgiving.org
www.outinmiami.com

➤ Visites guidées
De nombreuses possibilités de visites guidées sont proposées au voyageur désireux d'entreprendre sa découverte de la ville au moyen d'un circuit guidé. Nous en mentionnons ici quelques-unes en vous invitant, compte tenu des changements fréquents, à communiquer directement avec chacun des organismes pour en connaître les programmes détaillés, les horaires et les tarifs.

Dragonfly Expeditions *(1825 Ponce de Leon Blvd., local 369, Coral Gables, ☎ 305-774-9019 ou 888-992-6337, www.dragonflyexpeditions.com)* est une agence qui offre un survol complet de la région. Elle propose des excursions écologiques en tout genre comprenant entre autres des tours de ville, des excursions aux Everglades, des balades en vélo et des escapades en kayak. Les guides polyglottes assurent un service d'excellente qualité.

L'**Electrowave** est une navette touristique qui suit un parcours intéressant comprenant plusieurs arrêts dans le quartier Art déco de South Beach. Il n'en coûte que 0,25$ par personne, pour chaque embarquement.

Des **Art Deco District Self-Guided Audio Tours** sont disponibles en anglais, en espagnol, en allemand et en français à l'**Art Deco District Welcome Center** *(15$; location entre 9h30 et 17h; 1001 Ocean Dr., ☎ 305-672-2014)*. Au départ de la même adresse, la **Miami Design Preservation League** *(www.mdpl.org)* organise des visites commentées à pied du quartier, d'une durée d'environ 90 min. Comptez 20$ par personne.

Une façon originale bien qu'un brin ringarde de visiter les environs sur terre et sur mer consiste à vous inscrire à une visite guidée de **Duck Tours Miami** *(adultes 32$, enfants 18$; ☎ 786-276-8300, www. ducktoursmiami.com)*. La visite en question dure 90 min et se fait à bord d'un véhicule amphibie qui a la forme d'un canard et qui peut accueillir environ 50 personnes. Départs à South Beach, au 1665 Washington Avenue, non loin de Lincoln Road.

Attraits touristiques

Architecture fantaisiste, plages sablonneuses et vie nocturne effervescente : Miami brille par son caractère cosmopolite et son côté extravagant. Difficile de croire que, dans les années 1980, s'y trouvait une ville interlope fourmillant d'individus à la mine patibulaire prêts à braquer des banques ou à tirer à bout portant sur les touristes. À cette époque étrangement lointaine, Miami était également l'une des villes dont la population était la plus âgée des États-Unis.

Il va sans dire que ces images font partie désormais d'un chapitre clos de l'histoire de Miami, et vous serez sans doute très surpris en débarquant aujourd'hui à Miami de découvrir une ville pimpante et très animée offrant quantité d'attraits aussi surprenants qu'inattendus. Eh non, ses curiosités ne se résument pas uniquement aux plages!

Si Julia Tuttle est la mère fondatrice de Miami, John Collins revendique l'honneur d'avoir donné vie à Miami Beach. Peut-être influencé par la vision de Tuttle, Collins décide d'acheter une bande de terre vers 1909. *Simple événement banal* dites-vous. Le hic, c'est que ce territoire émerge à l'est du continent, sans pont ni route pour s'y rendre, mis à part le bateau. Collins fait donc construire un pont afin de permettre un développement plus rapide de sa propriété, mais pas de chance, aux trois quarts des travaux de construction, il constate qu'il n'a plus d'argent pour achever son œuvre. Déterminé à poursuivre son rêve, il s'efforce de convaincre le plus de monde possible à s'associer avec lui. Personne n'ose se lancer dans une telle aventure, sauf un autre rêveur, Carl Fisher. Celui-ci accepte et choisit d'abord d'assécher Biscayne Bay afin de renforcer la structure du pont. Peu après, Miami Beach allait naître.

Circuit A:
South Beach ★ ★ ★

▲ *p. 106* **◐** *p. 129* **◆** *p. 157* **■** *p. 170*

South Beach, ou si vous préférez *SoBe*, forme la partie méridionale de Miami Beach, ville distincte de Miami qui s'étire sur une longue île-barrière. Plusieurs *causeways* (chaussées) relient le continent à Miami Beach, notamment le MacArthur Causeway, qui donne directement accès à South Beach après avoir traversé le **port de Miami ★**, où sont amarrés les immenses paquebots de croisière. Au départ de Miami, quelque 3 millions de passagers prennent part chaque année à des croisières qui les mèneront dans les Caraïbes, ce qui en fait le plus important port de croisières au monde.

South Beach constitue aujourd'hui «la» place pour danser, bronzer, manger, boire, parader, regarder et laisser tomber ses inhibitions. De nombreux hôtels sont restaurés dans le respect de leur architecture d'origine, des restaurants chics s'érigent çà et là, l'industrie du cinéma et de la télévision a pour South Beach des yeux de velours afin de se l'approprier comme lieu de tournage, les magazines de mode y délèguent leurs meilleurs photographes pour embellir leurs pages en papier glacé, les touristes optent pour flâner davantage sur la plage, et finalement les commerces qui la bordent sont florissants. De plus, South Beach s'enorgueillit d'abriter la plus grande concentration d'immeubles Art déco de la planète.

Vers la fin des années 1970, le quartier Art déco, ou **Art Deco District ★ ★ ★**, brûle littéralement sous un soleil ardent qui ternit la peinture des hôtels vétustes. Ceux-ci, sans qu'on le soupçonne alors, constituent pourtant le patrimoine de la ville. Le quartier sombre peu à peu dans la décrépitude, tant et si bien que rien alors ne peut laisser croire qu'un tout autre avenir lui est réservé. Mais grâce aux efforts répétés de Barbara Capitman, ce quartier est enfin tiré de la désuétude par de nombreux volontaires et plusieurs personnalités publiques, tous acharnés à préserver cet héritage. Ces gens de bonne volonté s'associent pour revigorer tout spécialement ce quartier en fondant un organisme non gouvernemental voué à la conservation du patrimoine architectural de l'agglomération, la Miami Design Preservation League.

Une journée dans le quotidien d'Ocean Drive

Il est 7h et vous êtes attablé sur une des nombreuses terrasses qui bordent Ocean Drive, en train de lire tranquillement le journal du matin devant un café bien corsé à l'ombre d'un parasol. Tout à coup, en baissant légèrement votre journal, vous apercevez une luxueuse limousine qui passe devant vous, suivie d'adeptes du patin à roues alignées qui défilent sur le trottoir. Puis, en portant votre regard au loin vers la plage, vos yeux s'arrêtent sur des photographes de mode ou de presse qui ajustent leurs lentilles et sur des mannequins en pleine séance de maquillage ou des éclairagistes préparant une prise de vue en extérieur, tandis qu'un peu plus loin, alors que vous scrutez toujours l'horizon du regard, des haltérophiles spartiates s'exercent. Vous ne rêvez point : Bienvenue à Ocean Drive, l'endroit chic par excellence qui jouit de la faveur des magazines de mode pour y tenir des séances de photo de tout acabit se déroulant à l'air libre, sous vos yeux, et le lieu de rencontre que la classe sociale privilégiée aime à fréquenter!

Pour vous dire à quel point Ocean Drive est synonyme de *cool*, l'un des magazines de mode américains qui hante souvent ce lieu de prédilection a choisi *Ocean Drive* comme nom générique. Mis à part les mannequins qui adorent se faire croquer ici par les photographes, plusieurs *wannabes* et *never will bes* déambulent doucement le long d'Ocean Drive ou s'installent sur une terrasse, cherchant à profiler leur silhouette le plus avantageusement possible afin d'attirer l'attention d'un agent influent qui lancera peut-être leur carrière.

Un peu plus loin, des badauds se pointent et s'esclaffent afin de se faire photographier devant l'ancienne résidence du célèbre couturier italien Gianni Versace. Au fur et à mesure que la journée avance, la place ne cesse de bourdonner sous l'effet du brouhaha de la musique d'ambiance diffusée à chaque terrasse et des mille conversations où le *spanglish* se mêle aux autres langues parlées par les visiteurs étrangers. Vers la fin de la journée, inondés d'une lumière crépusculaire, les commerces et les hôtels allument une à une leurs lumières extérieures comme pour rassembler encore davantage une foule captive de ripailleurs qui grossit toujours. De tous côtés, les visiteurs affluent, des cris fusent, le personnel brille comme un sou neuf et s'empresse de garer les luxueuses bagnoles des clients; des groupes de musiciens animent les terrasses, les touristes s'engouffrent dans la foule qui circule à pas lents sur le trottoir, et sous les faisceaux lumineux des phares des véhicules, se découpe la silhouette furtive des passants anonymes venus déambuler un soir le long d'Ocean Drive. Avant les 12 coups de minuit, une foule fringante et bigarrée se dirige vers les bars ou les boîtes de nuit pour finir en beauté la soirée et s'éclater sur les pistes de danse de ces divers antres nocturnes avant de regagner l'hôtel tard dans la nuit et de s'y endormir, fourbue et avinée, dans l'impatience du lendemain.

Ainsi, depuis 1979, le quartier Art déco figure sur la liste du patrimoine historique américain, avec environ 800 bâtiments érigés entre 1923 et 1943. À partir de là, les immeubles du quartier sont plus ou moins hâtivement retapés, mais la plupart conservent leur façade d'antan habillée de tons pastel rafraîchis et ornée de formes géométriques incongrues pour mieux séduire le visiteur nostalgique d'une époque révolue. *Bâtiments historiques?* diront certains sceptiques avec beaucoup d'ironie dans la voix et en soulevant un sourcil dubitatif. Évidemment, on ne peut pas comparer la jeune histoire de l'Amérique à celle bien plus ancienne de l'Europe, et il est vrai qu'un hôtel construit en 1940 n'a pas la même valeur historique et patrimoniale qu'une abbaye anglo-saxonne érigée au XIe siècle, par exemple. Pris individuellement, un immeuble Art déco n'a guère de prestige. Toutefois, si l'on en regroupe près de 800 dans un périmètre bien défini, c'est une autre histoire. Et c'est là précisément que réside tout le charme de South Beach. Déambuler dans les rues du quartier Art déco plonge le visiteur tout droit au début du XXe siècle.

Si South Beach est le cœur palpitant de Miami Beach, **Ocean Drive** ★★★ constitue sans nul doute sa principale artère coronaire, car la circulation fluide qui sillonne cette avenue n'arrête jamais et irrigue nuit et jour tout le quartier. En effet, cette voie de circulation est bordée par de nombreux cafés-terrasses, hôtels, restaurants, bars et autres commerces à la mode qui attirent une foule bigarrée où l'on rencontre pêle-mêle la fille en patins à roues alignées, le type aux biceps et aux pectoraux bien huilés, le simple touriste vêtu d'un t-shirt aux couleurs criardes, le mannequin grillant une cigarette, l'homme d'affaires qui parle sans arrêt dans son cellulaire et parfois même la célébrité cachée derrière ses verres fumés. L'avenue déroule son décor clinquant et ses appâts commerciaux entre First Street au sud et 14th Street au nord, et la nuit venue, elle ne semble jamais s'endormir, car elle scintille de plus belle pour achever son œuvre de charme et de séduction auprès d'une foule complice de badauds et de noctambules en goguette.

Une balade sur Ocean Drive permet aussi de contempler de magnifiques exemples de bâtiments Art déco, principalement entre les 5e et 14e rues. Vous pourrez mieux apprécier ces bijoux architecturaux en arpentant la rue sur le trottoir situé du côté de la plage (réservez l'usage de l'autre côté pour faire votre choix parmi les innombrables restaurants qui débordent, littéralement, sur le trottoir).

L'**Amsterdam Palace**, aussi connu sous le nom de **Casa Casuarina** *(1114 Ocean Dr., www.casacasuarina.com)*, est l'ancienne résidence de Gianni Versace, ce célèbre couturier italien assassiné ici même par un désespéré en 1997. Il paraît que les plans de la demeure sont basés sur ceux de l'ancienne maison du fils de Christophe Colomb à Santo Domingo, en République dominicaine. Remarquez l'observatoire sur le toit, qui abrite un télescope géant. La Casa Casuarina a été acquise par Barton G. en 2009, qui l'a renommée **The Villa by Barton G**. Au moment de mettre sous presse, on a appris qu'il comptait y ouvrir un hôtel et un restaurant au printemps 2010.

Faites un arrêt à l'**Art Deco District Welcome Center** *(dim-jeu 10h à 22h, ven-sam 10h à 24h; 1001 Ocean Dr., ☏ 305-627-2014, www.mdpl. org)*, où loge la **Miami Design Preservation League**, qui organise des visites guidées à pied du quartier. On y trouve une boutique de souvenirs qui vend entre autres des livres sur l'Art déco. Remarquez à droite de l'immeuble le monument qui indique l'heure, la date et la température, ainsi que la plaque à la mémoire des vétérans de la Seconde Guerre mondiale. Celle-ci comprend de saisissantes photos d'époque qui rappellent que South Beach a abrité des milliers de soldats alors à l'entraînement. À l'arrière se trouve le **poste de police**, qui arbore lui aussi des lignes Art déco inspirées des grands paquebots. D'ailleurs, même les postes d'observation des sauveteurs, sur la plage qui longe Ocean Drive, présentent les tons pastel et les formes typiques de l'Art déco version South Beach (Tropical Art Deco).

Situé entre Ocean Drive et la plage, le **Lummus Park** ★ *(entre Fifth St. et 15th St.)* est

★ **ATTRAITS TOURISTIQUES**

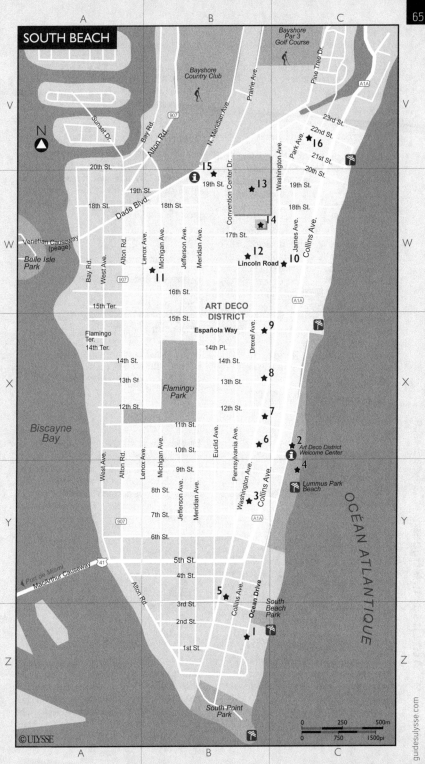

fréquenté assidûment par les amateurs de patin à roues alignées, de jogging et de volley-ball, ainsi que par tous ceux qui veulent profiter du généreux soleil de la Floride pour se promener tout bonnement le long de la plage.

››› 🚶 *Poursuivez par Ocean Drive en direction sud jusqu'à Third Street. Puis tournez à droite et marchez jusqu'à Washington Avenue.*

Ce n'est pas un hasard si le **Sanford L. Ziff Jewish Museum of Florida** ★★ *(adultes 6$; mar-dim 10h à 17h, lun fermé; 301 Washington Ave., ☎ 305-672-5044, www.jewishmuseum.com)* se niche à l'intérieur de la plus ancienne synagogue orthodoxe de Miami Beach et se dresse à la hauteur de Third Street. Jusqu'en 1940, les Juifs ne sont pas les bienvenus au nord de Fifth Street. Ce triste chapitre de l'intolérance face à la présence juive à Miami Beach est désormais clos, mais le Stanford L. Ziff Jewish Museum of Florida perpétue, depuis son inauguration comme musée au milieu des années 1990, le souvenir de ce peuple et de sa culture en relatant, à l'aide de photographies, de tableaux et de vidéos, l'histoire de la communauté juive locale depuis son arrivée en Floride.

››› 🚶 *En sortant du musée, tournez à droite et montez Washington Avenue jusqu'à 10th Street.*

Envie...

... de vous offrir une petite pointe de pizza à l'européenne? Profitez-en car la terrasse du sympathique restaurant **Pizza Rustica** (voir p. 130) se trouve sur votre chemin.

De l'extérieur, la façade du **Wolfsonian-Florida International University** ★★ *(adultes 8$, enfants 5$; lun-mar et sam-dim 12h à 18h, jeu 11h à 21h, ven 12h à 21h, mer fermé; 1001 Washington Ave., ☎ 305-531-1001, www.wolfsonian.org)* laisse apparaître le style faste et pompeux de l'art baroque. Au début du siècle dernier, cette noble demeure sert à entreposer les biens et effets personnels de la riche bourgeoisie qui vit près de là. De nos jours, elle s'est métamorphosée en musée où le visiteur peut observer sur trois niveaux près de 70 000 objets d'arts décoratifs, livres anciens, affiches et autres bibelots reliés aux divers designs à la mode qui se sont succédé pendant la période allant de 1885 à 1945.

››› 🚶 *En sortant du Wolfsonian, tournez à droite et arrêtez-vous au World Erotic Art Museum.*

Dans un quartier où les mœurs sexuelles sont ostentatoirement frivoles, le **World Erotic Art Museum** ★ *(15$; lun, mer et jeu 11h à 22h, ven-dim 11h à 24h; 1205 Washington Ave., ☎ 305-532-9336, www.weam.com)* est un attrait qui retrace l'universalité du thème érotique depuis 200 av. J.-C. jusqu'à nos jours à travers diverses expressions artistiques de la sexualité: peintures, gravures et sculptures. Le musée se targue d'exhiber l'une des plus importantes collections d'art érotique du globe avec plus de 4 000 pièces à son actif.

››› 🚶 *Une rue plus au nord à votre gauche, toujours sur Washington Avenue, vous remarquerez le bureau de poste de South Beach.*

Le **bureau de poste** *(1300 Washington Ave.)* loge à l'intérieur d'un immeuble plutôt effacé, érigé vers 1939. Toutefois, si vous avez quelques minutes, poussez-donc la porte et jetez un coup d'œil pour admirer sa jolie rotonde, où entre la lumière à profusion, ainsi que sa peinture murale qui évoque une scène de l'histoire coloniale de la région.

››› 🚶 *En sortant du bureau de poste, continuez sur Washington Avenue jusqu'à la sympathique Española Way.*

Española Way ★★ égrène ses cafés-terrasses et ses boutiques de mode entre les avenues Drexel et Washington. Cette charmante rue prend des allures méditerranéennes grâce aux élégants balcons en fer forgé qui enjolivent les façades des belles maisons qui la bordent.

››› 🚶 *Après avoir parcouru Española Way, empruntez Meridian Avenue pour aboutir au cœur de Lincoln Road.*

Envie...

... de vous rafraîchir tout en vous sucrant le bec? Faites un arrêt à la **Gelateria Parmalat** (voir p. 129) pour déguster une savoureuse glace à l'italienne.

Lincoln Road ★★★ est une artère commerciale inaugurée au début de 1920 par Carl Fisher, magnat de l'automobile (on lui doit le Speedway d'Indianapolis) et important promoteur immobilier de l'époque. Mais elle connaît un certain déclin à la suite de la dépression des années 1930 et de la Seconde Guerre mondiale. Puis, autour de 1960, Morris Lapidus, l'architecte des hôtels Fontainebleau et Eden Roc, reprend le flambeau et insuffle un regain d'intérêt à cette voie en y pilotant des travaux de revitalisation. Lincoln Road devient alors une artère piétonne et est entièrement repaysagée par l'architecte. Après un nouveau déclin au cours des années 1970, la rue est à nouveau rénovée vers le milieu des années 1980, et de nos jours elle resplendit de plus belle grâce aux nombreuses boutiques de mode, aux restaurants branchés et aux estaminets qui y sont installés. On y remarque également le **Colony Theater** *(1040 Lincoln Rd.)* et le **Lincoln Theatre** *(541-555 Lincoln Rd.)*, magnifique construction Art déco, deux institutions qui viennent aussi contribuer au standing de l'artère, devenue au cours des dernières années l'une des plus chics et des mieux fréquentées de la ville.

››› ⚡ *Dirigez-vous vers l'est jusqu'à Washington Avenue, puis tournez à gauche et rendez-vous à la hauteur de 18th Street.*

Le **Miami Beach Convention Center** *(entrée principale: 1901 Convention Center Dr., ☎ 305-673-7311, www.miamibeachconvention.com)* est le plus grand centre de congrès de la région de Miami. Situé juste à côté sur Washington Avenue, **The Fillmore Miami Beach at The Jackie Gleason Theater** *(1700 Washington Ave., ☎ 305-673-7300, www.gleasontheater.com)* doit son nom au célèbre comédien américain, car la salle de spectacle d'aujourd'hui servit jadis à la production de l'émission de télévision fétiche qu'il anima jusqu'en 1970. Son extérieur arbore une architecture Art déco, tandis que l'intérieur peut accueillir près de 3 000 spectateurs qui viennent assister aux représentations des productions de Broadway ainsi qu'à des concerts de musique symphonique et populaire. Devant l'immeuble se trouve une sculpture de l'artiste Roy Lichtenstein intitulée *Mermaid*.

››› ⚡ *Rendez-vous du côté ouest du centre de congrès, sur Convention Center Drive. Marchez vers le nord jusqu'à 19th Street et tournez à gauche, puis à droite dans Meridian Avenue.*

Loin du tape-à-l'œil et de l'activité frivole qui s'étalent le long de la plage, le **Holocaust Memorial** ★★★ *(entrée libre; tlj 9h à 21h; 1933-1945 Meridian Ave., ☎ 305-538-1663, www.holocaustmmb.org)* est un monument qui rend un hommage particulièrement émouvant et vibrant aux victimes du régime nazi au cours de la Seconde Guerre mondiale. Là, au milieu d'un étang, on peut y voir une sculpture, œuvre de l'artiste Kenneth Treister représentant une main géante à demi ouverte qui semble s'élancer, comme dans un ultime effort, vers l'éternité avant de se refermer à tout jamais. Cette main semble se mouvoir au milieu de nombreux êtres faméliques, hagards et désemparés qui cherchent désespérément une protection en tentant de s'y accrocher. On accède à ce mémorial par un long couloir en demi-cercle dont les murs sont tapissés d'innombrables noms et de photos de Juifs ayant péri durant ce triste épisode inscrit à jamais sous le nom d'Holocauste à l'un des chapitres les plus troublés de l'histoire de l'humanité. Pour achever de créer l'atmosphère et compléter le tout, une musique classique très émotive qui vient vous chercher au tréfonds de votre être baigne l'ensemble des lieux. On ressort de là ému, troublé et profondément différent de l'état dans lequel on se trouvait en entrant.

››› ⚡ *Si vous n'êtes pas trop fatigué de marcher, tournez à droite dans le Dade Boulevard et continuez jusqu'au Bass Museum of Art. Le musée est situé à environ 10 min de marche du mémorial.*

Le **Bass Museum of Art** ★ *(adultes 8$; mar-sam 10h à 17h, dim 11h à 17h, lun fermé; 2121 Park Ave., ☎ 305-673-7530, www.bassmuseum.org)* doit son nom à un couple d'Autrichiens, John et Johanna Bass. Né à Vienne en 1891, John Bass déménage en Amérique du Nord en 1914. Il s'installe à New York et devient un important promoteur. Au milieu des années 1960, il lègue à la ville de Miami la collection d'œuvres d'art comprenant tableaux, sculptures et meubles anciens du XVe siècle au XVIIe siècle, constituée au fil des ans à l'aide de sa femme Johanna.

Circuit B: Le centre et le nord de Miami Beach ★

⛰ *p. 113* 🍴 *p. 139* 🛍 *p. 163* 🛏 *p. 171*

Le centre et le nord de Miami Beach n'ont guère d'attraits touristiques pour les visiteurs, mis à part bien sûr les impressionnantes plages de sable qui ont fait la réputation de l'endroit. Copropriétés, hôtels

MIAMI BEACH le centre et le nord

N

- NE 135th St.
- Biscayne Blvd
- Haulover Beach
- BAY HARBOUR ISLANDS
- BAL HARBOUR
- NE 123rd St.
- Broad Causeway
- 96th St.
- Biscayne Shores Park
- Collins Ave.
- 91st St.
- INDIAN CREEK VILLAGE
- SURFSIDE
- North Shore State Rec. Area
- Surfside Beach
- Intracoastal Waterway
- 71st St.
- NORTH BAY VILLAGE
- Normandy Waterway
- 71st St.
- JFK Causeway
- Collins Ave.
- 63rd St.

OCÉAN ATLANTIQUE

- Beach View Park
- Indian Beach Park

Design District

- NE 42nd St.
- NE 41st St.
- NW 40th St.
- North Miami Ave.
- NE 40th St.
- NE 1st Ave.
- NE 2nd Ave.
- N. Federal Hwy.
- NE 39th St.
- NE 36th St.
- NE 36th St.

N

0   100   200m
0   200   400pi

Design District

- Biscayne Bay
- Julia Tuttle Causeway
- Arthur Godfrey Rd.
- Alton Rd.
- Pine Tree Dr.
- Collins Ave.
- Dade Blvd.
- MIAMI BEACH
- Venetian Causeway (péage)
- Alton Rd.

0   750   1500m
0   3000   6000pi

© ULYSSE

★ ATTRAITS TOURISTIQUES

1.	BY	Fontainebleau Hotel
2.	BV	Bal Harbour Shops
3.	AV	Museum of Contemporary Art
4.	AV	Spanish Monastery

Design District

| 5. | AX | The Living Room |

de luxe et résidences secondaires s'alignent ici, sur ce que plusieurs surnomment la «Riviera américaine».

Le **Fontainebleau Hotel** ★ *(4441 Collins Ave.)* constitue un bel exemple des vastes établissements hôteliers construits à partir des années 1950 sur la Riviera américaine. C'est à l'architecte Morris Lapidus que l'on doit les plans de l'immense palace en forme de demi-lune qui ouvre ses portes en 1954. Il sera fréquenté dans les années qui suivent par des personnalités comme Frank Sinatra, John F. Kennedy, Elvis Presley et bien d'autres. Des scènes du film de James Bond *Goldfinger* y seront également tournées. Une importante rénovation y a été réalisée au cours des dernières années. N'hésitez pas à entrer pour aller jeter un coup d'œil: sa spectaculaire piscine vaut le détour.

Les très chics **Bal Harbour Shops** *(9700 Collins Ave., Bal Harbour Village, ♪ 305-866-0311, www.balharbourshops.com)* ont été aménagés parmi des aires ouvertes où pousse une végétation luxuriante parsemée de palmiers. Ce centre commercial abrite une foule de boutiques qui sauront sûrement satisfaire les goûts les plus divers et les plus extravagants.

Envie...

... de vous mettre au goût du jour? La boutique du **Museum of Contemporary Art** vend des bijoux design réalisés par des artistes joailliers.

Le **Museum of Contemporary Art** *(adultes 5$, enfants gratuit; mar-sam 11h à 17h, dim 12h à 17h, lun fermé; 770 NE 125th St., ♪ 305-893-6211, www.mocanomi.org)*, surnommé *MoCA*, se veut une vitrine fraîche et moderne pour les diverses formes d'art contemporain. Des concerts de jazz y sont présentés à l'occasion.

Le **Spanish Monastery** ★★ *(adultes 5$, enfants 2$; lun-sam 9h à 17h, dim 13h à 17h; 16711 W. Dixie Hwy., angle NE 167th St., ♪ 305-945-1462, www.spanishmonastery.com)* est l'édifice le plus ancien situé à l'ouest de l'Atlantique... mais il fut d'abord érigé en Espagne vers 1141. Ce magnifique cloître espagnol médiéval est acheté au début du XXᵉ siècle par le magnat de la presse

William Randolph Hearst. On le démonte alors minutieusement, pierre par pierre, en identifiant soigneusement chacune des pièces avant de les ranger précieusement dans des boîtes qui sont acheminées vers les États-Unis en 1925. Diverses mésaventures feront en sorte qu'il faudra attendre plus de 25 ans avant que le cloître ne soit enfin reconstruit à son emplacement actuel et entouré de splendides jardins.

Circuit C: Design District

🕐 *p. 141*   🍴 *p. 163*   🛏 *p. 170*

Le **Design District** est l'un des quartiers de Miami dont la cote ne cesse de monter. Grosso modo, il est délimité au sud par NE 36th Street, au nord par NE 41st Street, à l'ouest par North Miami Avenue et à l'est par Biscayne Boulevard (US 1). Cet ancien quartier populaire, qui abritait de nombreux entrepôts et des logements bon marché, se transforme en effet progressivement grâce à l'engouement fulgurant provoqué par la foire annuelle qu'est l'**Art Basel Miami Beach** (voir p. 167), qui attire chaque année le fleuron du design international et une ribambelle de designers atypiques qui ne demandent qu'à se faire connaître.

Le Design District renferme aussi nombre de galeries d'art, des immeubles résidentiels chics, quelques restos et des boîtes de nuit à la mode. À moins d'être un aficionado de boutiques et de galeries d'art très pointues, quelques heures à peine suffisent pour en faire le tour. L'un de ses attraits principaux, **The Living Room** ★, se trouve à l'intersection de NW 40th Street et de North Miami Avenue. Comme son nom l'indique, cette pièce d'art moderne est un salon ouvert avec des murs de papier peint pastel de 30 m de hauteur qui protègent un canapé rouge surdimensionné. Celui-ci est flanqué de deux lampadaires qui s'allument une fois la nuit tombée. L'œuvre est signée par un couple d'Argentins, l'architecte Roberto Behar et la peintre Rosario Marquardt. Hélas, cet œuvre d'art est clôturé, et ses murs extérieurs sont souvent zébrés de graffitis. Pour de plus amples renseignements sur le Design District, visitez le site *www.miamidesigndistrict.net*.

Attraits touristiques – Design District

Circuit D: Le centre-ville de Miami ★

⛰ *p. 115* 🍽 *p. 142* 🛍 *p. 163* 🏨 *p. 170*

De simple bourgade érigée autour de la Miami River, Miami s'est rapidement développée avec la vague d'immigration cubaine en 1959, puis avec l'érection de plusieurs gratte-ciel. Aujourd'hui, le soir venu, la majorité des gens délaissent le quartier du centre-ville pour aller se réfugier dans les banlieues, mais les gratte-ciel s'illuminent tandis que le Metrorail et le Metromover poursuivent inexorablement leur trajet aérien afin d'offrir au regard des passants un spectacle de toute beauté qui donne l'impression de se retrouver dans un environnement irréel avec des airs futuristes.

Le **Metro-Dade Cultural Center** *(101 W. Flagler St., angle NW First Ave., ☎ 305-375-1700)* regroupe trois immeubles d'architecture méditerranéenne : l'Historical Museum of Southern Florida, la Metro-Dade Public Library et le Miami Art Museum. Comme son nom l'indique, l'**Historical Museum of Southern Florida** ★★ *(adultes 8$, enfants 5$; mar-ven 10h à 17h, 3e jeudi du mois jusqu'à 21h, sam-dim 12h à 17h; ☎ 305-375-1492, www.hmsf.org)* retrace l'histoire du sud de la Floride à l'aide de maquettes, de photos anciennes et de produits artisanaux d'antan, depuis l'époque des premières tribus séminoles jusqu'à l'avènement des exilés cubains dans les années 1960, en passant par l'ère coloniale et l'arrivée des Juifs. La **Metro-Dade Public Library** *(☎ 305-375-2665)* est ouverte à tous ceux qui veulent prendre le temps de lire un bon roman ou de faire un peu de recherche. Le **Miami Art Museum** ★ *(adultes 8$, enfants gratuit; mar-ven 10h à 17h, sam-dim 12h à 17h; ☎ 305-375-3000, www.miamiartmuseum.org)* présente diverses œuvres d'art contemporain (de 1945 à aujourd'hui) et accueille dans ses salles différentes expositions temporaires.

La frétillante **Brickell Avenue** rappelle le rôle de pionnier joué par la riche famille Brickell alors que Miami n'est encore qu'une petite bourgade. Cette large avenue est aujourd'hui bordée de banques étrangères et nationales qui gardent derrière leurs façades de verre les capitaux détenus par de nombreuses multinationales. S'y trouvent aussi quelques immeubles à l'architecture inusitée, élevés au cours des années 1970 et 1980, comme l'**Atlantis** ★ *(2025 Brickell Ave.)*, le **Palace** *(1541 Brickell Ave.)* et l'**Imperial** *(1627 Brickell Ave.)*. L'Atlantis se distingue par sa façade vitrée qui comporte une ouverture en son centre, par laquelle on peut observer un palmier et un escalier rouge en spirale.

Les plans de la **NationsBank Tower** *(angle SE First Ave. et SE Second St.)* furent conçus par l'architecte I. M. Pei et sa firme. Les travaux furent achevés en 1983. Son illumination nocturne retient l'attention en raison de la palette de faisceaux lumineux aux couleurs changeantes qui la fait chatoyer à intervalles réguliers durant toute la nuit.

De loin, on repère facilement le **Bayside Market Place** ★ *(401 Biscayne Blvd., ☎ 305-577-3344, www.baysidemarketplace.com)* à cause de la prétendue réplique de la guitare d'Eric Clapton qui est juchée sur le toit du très populaire **Hard Rock Cafe** (voir p. 142). Le Bayside Market Place est un centre commercial où fourmille une foule grouillante de touristes et de curieux qui viennent écumer les chics boutiques de mode, grignoter un brin ou simplement regarder le va-et-vient des nombreux bateaux qui accostent à la marina voisine.

Envie...

... de vous procurer une meilleure paire de lunettes de soleil pour vous protéger les yeux ou un parfum pour faire tourner les têtes? Le **Bayside Market Place** (voir p. 170) vous en propose dans ses boutiques spécialisées.

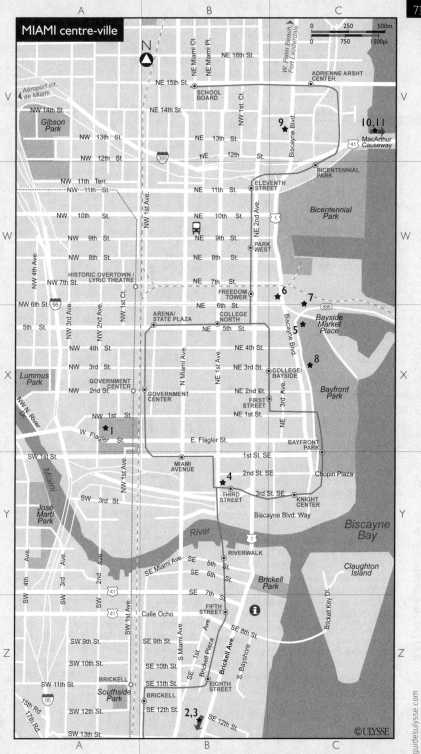

MIAMI centre-ville

N

Érigée en 1925, et à l'instar du **Biltmore Hotel** (voir p. 74), la **Freedom Tower** ★ *(600 Biscayne Blvd.)* présente une architecture s'inspirant de la *Giralda*, la célèbre tour de la cathédrale de Séville, en Espagne. Cet édifice de couleur pêche fut d'abord occupé par les locaux de l'ex-journal *Miami Daily News*, avant d'être utilisé par le département de l'Immigration pour servir de bureaux et de logements collectifs à des exilés cubains ayant fui leur pays lors de la prise du pouvoir par Fidel Castro. Pour cette raison, on nomma l'ensemble «la tour de la Liberté».

Envie...

... de tâter le pouls de la population? Achetez-vous un ticket pour assister à l'un des événements culturels, sportifs ou familiaux qui ont lieu à l'**American Airlines Arena**.

En face, on ne peut manquer l'**American Airlines Arena** ★ *(601 Biscayne Blvd.)*, stade sportif moderne où sont présentés les matchs de l'équipe professionnelle de basket-ball de la ville, le Heat de Miami, ainsi que des concerts rock et autres.

La **Torch of Friendship Wall** ★ *(angle NE Third St. et Biscayne Blvd., www.aaarena.com)* est un monument du Souvenir où trône une flamme vacillante qui brûle en permanence en mémoire de l'ex-président des États-Unis, John F. Kennedy, assassiné le 22 novembre 1963 dans des circonstances encore mal définies, ainsi que pour signaler les liens d'amitié qui unissent les États-Unis à certains pays d'Amérique latine.

Inauguré en grande pompe en octobre 2006 au coût de 500 millions de dollars, le prestigieux **Adrienne Arsht Center for the Performing Arts** ★ ★ *(1300 Biscayne Blvd., ☎ 305-949-6722, www.arshtcenter.org)* est le troisième centre des arts d'interprétation en importance aux États-Unis après le Lincoln Center à New York et le Denver Center for the Performing Arts à Denver. Conçu par l'architecte de renommée mondiale César Pelli, à qui l'on doit les tours jumelles Petronas de Kuala Lumpur en Malaisie, il abrite le Florida Grand Opera, le Miami City Ballet et le New World Symphony.

Ouvert en 1936 sous le nom de Parrot Jungle, le **Jungle Island** ★ *(adultes 30$, enfants 24$, stationnement 7$; tlj 10h à 18h; 1111 Parrot Jungle Trail, du côté nord du MacArthur Causeway, ☎ 305-400-7000, www.parrotjungle.com)* a depuis déménagé ses pénates sur Watson Island, du côté nord du MacArthur Causeway, qui relie le centre-ville de Miami et South Beach. Il abrite toujours des légions d'oiseaux colorés dans un environnement luxuriant. L'endroit est idéal pour passer la journée avec des enfants, qui ne manqueront pas de s'émerveiller devant tant de créatures ailées dont le plumage se couvre d'une infinité de coloris, et devant les crocodiles, orangs-outans et autres animaux.

Le **Miami Children's Museum** ★ *(adultes 15$, gratuit pour les enfants de moins de 12 ans; 10h à 18h; 980 MacArthur Causeway, ☎ 305-373-5437, www.miamichildrensmuseum.org)* a vu le jour récemment. La curiosité proverbiale des enfants sera comblée par ce musée avec ses nombreuses expositions interactives qui les initient aux arts, à la culture et à la science. Les gamins pourront y percer les mystères des océans, libérer leur créativité, découvrir la planète et apprendre à s'y retrouver dans leur propre univers en jouant franc jeu et en respectant les autres. Adoré autant par les adultes que par les enfants.

Circuit E: Little Havana ★

🔵 *p. 144* 🔷 *p. 164* 📕 *p. 170*

La prise du pouvoir par Fidel Castro en 1959 provoque un exode de la bourgeoisie cubaine vers Miami, où se forme bientôt une enclave à prédominance cubaine que d'autres expatriés d'origine latino-américaine choisiront par la suite comme terre d'asile. De part et d'autre de la Calle Ocho (Eighth Street), les Cubains s'installent dans les années 1960 dans l'espoir de retourner chez eux une fois que Castro sera délogé du pouvoir. De nos jours, certains croient toujours à cette possibilité, tandis que beaucoup d'autres ont planté ici leurs racines et décidé d'aller de l'avant, mais tous ont l'année 1959 inscrite à l'encre indélébile dans leur inconscient. À preuve, à l'angle de la Calle Ocho et du Memorial Boulevard, le **Brigade 2506** ★ ★, un monument coiffé d'une flamme éternelle, a été érigé pour immortaliser les 94 combattants cubains qui perdirent la vie le 17 avril

LITTLE HAVANA

7th Ave.

20th Rd.
21st Rd.
22nd Rd.
23rd Rd.
24th Rd.
27th Rd.
29th Rd.
30th Rd.

9th Ave.
7th Ave.
5th Ave.
4th Ave.
SW 3rd Ave.
2nd Ave.
1st Ave.

Tamiami Trail (SW 8th St.)
11th Ave.

5th St.
6th St.
7th St.

Cuban Memorial Blvd.

SW 12th Ave.
SW 13th Ave.
14th Ave.

15th Ave.

12th St.
13th St.
14th St.
16th Ave.
17th St.
20th St.
21st St.

SW 17th Ave.

4th St.

18th Ave.

19th Ave.

Calle Ocho

16th St.
19th St.

21st Ave.

Shenandoah Park

SW 22nd Ave.

9th St.
10th St.

23rd Ave.

SW 22nd St.

Beacon Blvd.

Tamiami Trail (SW 8th St.)

24th Ave.

25th Ave.

16th St.
17th St.
19th St.
20th St.
21st St.

SW 27th Ave.

4th St.
5th St.
6th St.
7th St.

11th St.
12th St.
13th St.
14th St.

29th Ave.

0   150   300m
0   500   1000pi

ATTRAITS TOURISTIQUES

1. DX Brigade 2506
2. DX Domino Park
        (Máximo Gómez Park)
3. CX Plaza de la Cubanidad
4. DX El Credito Cigar Factory

©ULYSSE

guidesulysse.com

1961 pendant l'intervention militaire américano-cubaine dans la baie des Cochons à Cuba.

Le **Domino Park** ★ *(angle Calle Ocho et SW 15th St.)*, également appelé **Máximo Gómez Park**, sert de lieu de rassemblement aux vieux Cubains qui viennent y boire un café corsé, fumer un cigare maison et deviser avec nostalgie des avatars de la vie, tout en jouant une partie de dominos à l'ombre des palmiers qui agrémentent cet endroit pittoresque.

Envie...

... de vous régaler de mets cubains typiques? Rendez-vous au restaurant **Versailles** (voir p. 144), où les serveurs s'expriment surtout en espagnol.

La **Plaza de la Cubanidad** *(angle 17th St. et W. Flagler St.)* est le site d'un monument commémoratif entourant une fontaine en mémoire de l'écrivain, patriote et révolutionnaire cubain José Martí. Sur un des murs sont gravés des vers de Martí tirés du poème *Las palmas son novias que esperan* (Les palmiers sont des amis de cœur qui attendent).

El Credito Cigar Factory ★ *(entrée libre; lun-ven 8h30 à 17h, sam-dim 9h à 16h; 1106 SW Calle Ocho, ☎ 305-324-0445, www.elcreditocigars. com)*, une institution cubaine qui vit le jour en 1907 à La Havane, s'installe à son emplacement actuel vers la fin des années 1960. Cette pittoresque fabrique de cigares à l'arôme distingué permet aux curieux d'observer des employés cubains perpétuer leur savoir-faire ancestral en roulant les cigares à la main comme cela s'est toujours fait à Cuba.

Circuit F: Coral Gables ★★

△ *p. 117* ● *p. 144* ➔ *p. 164* ▣ *p. 170*

Contrairement à ce qu'un premier coup d'œil peut laisser croire, le caractère espagnol et européen du très chic quartier de Coral Gables n'est pas un riche héritage de l'ère des conquistadors. Malgré ses rues sinueuses aux noms de consonance espagnole et ses édifices à l'architecture coloniale, Coral Gables est l'aboutissement du

rêve d'une seule personne qui eut le courage de croire en sa vision, George Merrick. Avocat de profession, Merrick s'entoure au cours des années 1920 de nombreuses personnes influentes et douées pour l'architecture et l'urbanisme afin de construire une ville opulente conçue d'après un modèle européen, suivant les enseignements du mouvement «City Beautiful».

Parmi les plus belles réalisations de Merrick, citons le superbe Biltmore Hotel et la splendide Venetian Pool (voir ci-dessous). La **Coral Gables Merrick House** ★ *(5$; les visites durent environ 45 min, mer et dim 13h, 14h et 15h; 907 Coral Way, ☎ 305-460-5361)* est la demeure construite par le père de George Merrick, Solomon Merrick, lors de son arrivée dans la région. Érigée entre 1899 et 1906, puis partiellement rénovée vers 1920, elle abrite aujourd'hui des meubles, des tableaux et des effets personnels ayant appartenu à plusieurs membres de cette illustre famille.

À la fois fleuron de l'industrie hôtelière du chic quartier de Coral Gables et chef-d'œuvre architectural, le **Biltmore Hotel** ★★★ *(1200 Anastasia Ave., ☎ 305-445-8066, voir p. 118)* voit le jour en 1926 grâce à la vision de George Merrick et aux plans de la firme d'architectes Schultze & Weaver. De l'extérieur, son imposante façade et son splendide clocher haut de 100 m, modelé sur celui de la *Giralda*, cette fameuse tour accolée à la cathédrale qui fait l'orgueil de Séville en Espagne, ne peuvent faire autrement que d'impressionner le visiteur. Son immense piscine – qui serait la plus grande des États-Unis – contient 2,3 millions de litres d'eau et s'étale sur plus de 2 000 m². Entouré de terrains de golf, ce fastueux hôtel devient rapidement après son inauguration le lieu de rencontre des têtes couronnées et des personnalités bien en vue de la haute société. Hélas, trois ans à peine après son ouverture, le krach boursier suivi de la Grande Dépression freine peu à peu son essor. Puis en 1942, le Biltmore cesse complètement ses activités purement hôtelières pour devenir un hôpital militaire, rôle qu'il maintiendra jusqu'à la fin des années 1960 et qui lui vaudra en 1972 d'être déclaré site historique. Après d'importants travaux de rénovation, cet hôtel de grande classe rouvre enfin ses portes en 1992.

En 1923, une simple carrière de pierre calcaire devient la **Venetian Pool** ★★★ *(adultes*

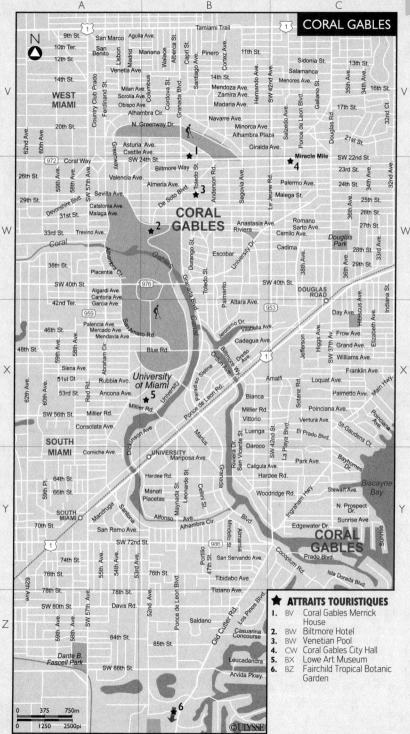

CORAL GABLES

N

WEST MIAMI

CORAL GABLES

Miracle Mile

Douglas Park

DOUGLAS ROAD

University of Miami

SOUTH MIAMI

Biscayne Bay

CORAL GABLES

Dante B. Fascell Park

©ULYSSE

0   375   750m
0   1250   2500pi

guidesulysse.com

11$, enfants 6$; avr, mai et août à oct mar-ven 11h à 17h30, sam-dim 10h à 16h30; nov à mars mar-dim 10h à 16h30; juin et juil lun-ven 11h à 19h30, sam-dim 10h à 16h30; 2701 De Soto Blvd., ☎ 305-460-5356, www.venetianpool.com), une attrayante piscine aux eaux cristallines enclavée dans un cadre distingué d'allures européennes qui correspond bien à la vision de George Merrick pour le quartier de Coral Gables. Ce cadre séraphique est rendu possible grâce aux idées combinées de Merrick, de l'artiste Denman Fink et de l'architecte Phineas Paist. Avec ses cascades, les ponts qui l'enjambent et ses terrasses et arches de calcaire méditerranéen, la Venetian Pool devient le théâtre de concours de beauté et de rencontres mondaines où il fait bon boire dans des verres élancés en s'échangeant des sourires et des poignées de main. La piscine est aujourd'hui ouverte au public, et l'on peut s'y rendre pour en apprécier le spectaculaire décor. Bien sûr, la baignade est aussi permise moyennant quelques dollars.

Envie...

... de bouquiner dans le quartier? Coral Gables compte plusieurs librairies, entre autres **Barnes & Noble** (voir p. 173) et **Books & Books** (voir p. 173), où vous trouverez des ouvrages qui feront sûrement votre bonheur.

Miracle Mile est un nom auquel il ne faut prêter aucune connotation miraculeuse particulière. Il s'agit d'un tronçon de rue de **Coral Way**, limité par LeJeune Road et Douglas Road, qui fait un *mile* (mille) de long aller-retour (1,6 km). Y sont regroupés de nombreux commerces qui s'adressent presque exclusivement à une clientèle de futurs mariés. On y trouve en effet tout ce qu'il faut pour convoler en justes noces: du jonc aux fleurs colorées, en passant par la robe extravagante de madame ou le complet de coupe sobre mais soignée de monsieur. En poursuivant plus loin votre balade, profitez-en pour admirer au passage la superbe rotonde en marbre adjacente au Westin Colonnade Coral Gables.

Érigé en 1928, le **Coral Gables City Hall** *(lun-ven 9h à 17h; 405 Biltmore Way)* mérite un détour pour sa façade semi-circulaire d'architecture néoclassique.

Situé sur le campus de l'université de Miami, le **Lowe Art Museum** ★ *(10$; mar-mer et ven-sam 10h à 17h, jeu 12h à 19h, dim 12h à 17h, lun fermé; 1301 Stanford Dr., ☎ 305-284-3535, www.lowemuseum.org)* abrite une collection de quelque 8 000 œuvres d'art. En font partie de nombreux tableaux de style baroque et de la Renaissance italienne, ainsi que des peintures de Roy Lichtenstein et des sculptures polychromes de l'artiste Duane Hanson. Ces dernières sont des œuvres grandeur nature d'un réalisme saisissant.

Sur une superficie de 33 ha, le **Fairchild Tropical Botanic Garden** ★ ★ *(adultes 20$, enfants 10$; tlj 9h30 à 16h30; 10901 Old Cutler Rd., angle SW 101st St., ☎ 305-667-1651, www. fairchildgarden.org)* a aménagé des sentiers qui serpentent au milieu de palmiers, de fougères et de nombreuses sous-espèces tropicales, certaines étant d'ailleurs menacées d'extinction, qu'on a plantés autour de plusieurs lacs artificiels. Grâce aux nombreuses espèces de plantes qu'il recèle, le Fairchild Tropical Botanic Garden compte parmi les plus grands jardins botaniques des États-Unis.

Envie...

... d'acheter un bouquet chez le fleuriste? Le personnel du **Coral Gables Florist** (voir p. 172) vous en fera un à votre goût, sans oublier de vous montrer sa collection de vases.

Circuit G: Coconut Grove ★

▲ p. 119   🍴 p. 145   🛍 p. 164   🏨 p. 170

Coconut Grove voit le jour bien avant que Miami ne défraie les chroniques de la mode. Vers la fin du XIXᵉ siècle, on trouve déjà ici un petit bourg peuplé de Bahamiens, de chasseurs d'épaves et de marins en herbe qui sillonnent les eaux à la recherche de trésors oubliés. Dans les années 1920 et 1930, Coconut Grove se voit adopté par des écrivains griffonnant des idées dans leur calepin, des artistes rêveurs et des intellectuels distraits. Au cours des années 1960 et 1970, ceux-ci sont remplacés par des gens aux allures plutôt bohèmes de l'ère du *flower power*, qui font

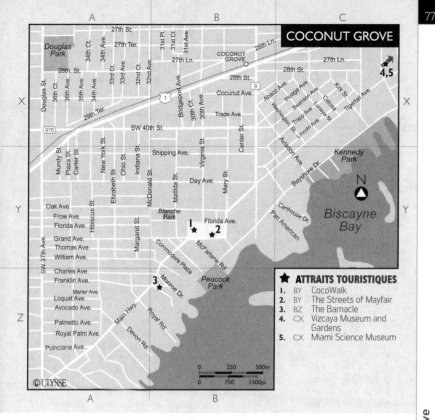

COCONUT GROVE

4,5

Biscayne Bay

★ **ATTRAITS TOURISTIQUES**
1. BY CocoWalk
2. BY The Streets of Mayfair
3. BZ The Barnacle
4. CX Vizcaya Museum and Gardens
5. CX Miami Science Museum

©ULYSSE

à leur tour place à des *yuppies* et à des gens riches et célèbres qui habitent désormais ce quartier. Aujourd'hui, Coconut Grove, également appelé *The Grove*, ressemble un peu à une sorte de Greenwich Village du Sud avec ses rues où les piétons déambulent, ses cafés en plein air et ses boutiques hétéroclites aux objets insolites. Certaines rues sont même illuminées par des réverbères à gaz. Au cœur de Coconut Grove se trouvent deux complexes commerciaux: CocoWalk et The Streets of Mayfair.

Ayant bénéficié d'un *facelift* au cours des années 1990, le centre commercial **CocoWalk** *(3015 Grand Ave., www.cocowalk.net)* s'apparente aujourd'hui à une grande villa espagnole articulée autour d'une cour intérieure éclairée par des lampadaires de style victorien, laquelle constitue la continuation naturelle de Grand Avenue. Chacun de ses trois niveaux possède ses propres boutiques, bars, cafés et restaurants, dont quelques-uns avec terrasses qui donnent sur Grand Avenue.

The Streets of Mayfair *(2911 Grand Ave., www. mayfairinthegrove.net)* sont situées tout juste à côté de CocoWalk. Originalement construit en 1977-1978 sous l'appellation de Mayfair Mall, ce centre commercial est constitué de boutiques exclusives qui donnent sur une terrasse centrale couverte. Rénové en 1995 au coût de 10 millions, l'ensemble se transforme alors en un complexe en plein air plus propice à l'activité piétonnière. Il est composé de quatre bâtiments principaux bordés par Grand Avenue au sud, Virginia Street à l'ouest, Oak Street au nord et Mary Street à l'est.

Envie...

... de boire une bonne bière froide? Faites votre choix entre le **CocoWalk** et **The Streets of Mayfair** (voir p. 170), deux centres commerciaux à la mode qui abritent quelques bars et brasseries.

Attraits touristiques – Coconut Grove

La pose de la première pierre de ce qui est aujourd'hui l'une des plus anciennes demeures du Dade County, **The Barnacle** ★ *(2$; ven-lun 9h à 17h, mar-jeu fermé; 3485 Main Hwy.,* ☎ *305-442-6866)*, a lieu en 1891, mais les travaux de construction ne s'achèvent qu'aux alentours de 1928. Cette maison appartient alors à l'un des pionniers de Coconut Grove, l'architecte naval Ralph Middleton Munroe. L'histoire raconte que ce New-Yorkais d'origine, séduit par la beauté du site et la douceur de son climat, y émigre vers la fin du XIXe siècle avec l'intention d'y faire construire une maison. Celle-ci, de style bahamien, est aujourd'hui protégée par **The Barnacle Historic State Park** et abrite toujours de vieux meubles et des photos ayant appartenu à son ancien propriétaire.

Envie...

...d'un daïquiri? Le **Fat Tuesday** (voir p. 164) offre une sélection impressionnante de *frozen daiquiris.*

Au début du XXe siècle, alors qu'il approche rapidement de la soixantaine, l'industriel James Deering, magnat de la machinerie agricole, décide de se faire construire une résidence sous le lumineux soleil de la Floride, aux abords de Biscayne Bay. Il prend alors le temps de dénicher soigneusement, aux quatre coins du monde, les éléments décoratifs et les matériaux de qualité nécessaires à l'érection d'un palace qui lui convienne parfaitement; il a pour décorateur Paul Chalfin, ex-conservateur du Boston Fine Arts Museum. Finalement, en 1916, une splendide et opulente villa d'inspiration Renaissance italienne dessinée par l'architecte new-yorkais F. Burrall Hoffman voit le jour sous les traits de ce qui est aujourd'hui devenu la **Vizcaya Museum and Gardens** ★★★ *(adultes 15$, enfants 6$; tlj 9h30 à 16h30; 3251 S. Miami Ave.,* ☎ *305-250-9133, www.vizcayamuseum.org)*. Malheureusement pour Deering, son état de santé se détériore rapidement, et il meurt en 1925, un avant qu'un terrible ouragan ne s'abatte sur la région et cause de sévères dommages à sa propriété. Incapables d'entretenir convenablement la demeure, ses héritiers sont bientôt contraints de s'en départir, et elle devient propriété du Dade County en 1952. De nos jours, les visiteurs peuvent admirer à la Villa Vizcaya non seulement quelque 35 pièces garnies de tableaux remarquables, d'antiquités de qualité, de tapis somptueux et de miroirs resplendissants, mais aussi de superbes jardins classiques méticuleusement entretenus qui s'étendent sur 4 ha pour former un domaine d'allure véritablement princière.

Gardien d'un riche patrimoine scientifique, le **Miami Science Museum** ★★ *(adultes 15$, enfants 11$; tlj 10h à 18h; 3280 S. Miami Ave.,* ☎ *305-646-4200, www.miamisci.org)* fait découvrir l'univers fascinant du monde de la science et de son histoire grâce à une technologie multimédia très élaborée.

Circuit H: Key Biscayne ★

⛰ *p. 120*   🍴 *p. 147*   🛍 *p. 168*   🛏 *p. 171*

Key Biscayne est une île résidentielle qui abrite de nombreuses maisons cossues et quelques hôtels de luxe fréquentés par des pensionnaires bien nantis à la recherche de calme, d'anonymat et de farniente près de la mer.

Le **Miami Seaquarium** ★★ *(adultes 38$, enfants 28$; tlj 9h30 à 18h; 4400 Rickenbacker Causeway,* ☎ *305-361-5705, www. miamiseaquarium.com)* abrite plus de 10 000 créatures issues du monde fascinant du silence et les fait connaître au public grâce à différents bassins où certaines espèces tiennent la vedette. Des spectacles accompagnés d'explications ont lieu toute la journée. Citons le spectacle donné par les sympathiques dauphins qui font irrésistiblement rire petits et grands, celui des énormes mais inoffensifs lamantins, celui des inquiétants requins et enfin celui des imposantes baleines ou autres cétacés. Quelques restaurants se trouvent sur place pour calmer une fringale.

Envie...

... de vous restaurer dans un décor maritime? **The Rusty Pelican** (voir p. 147) est le lieu tout choisi: sa salle à manger offre une vue splendide sur les eaux de Biscayne Bay.

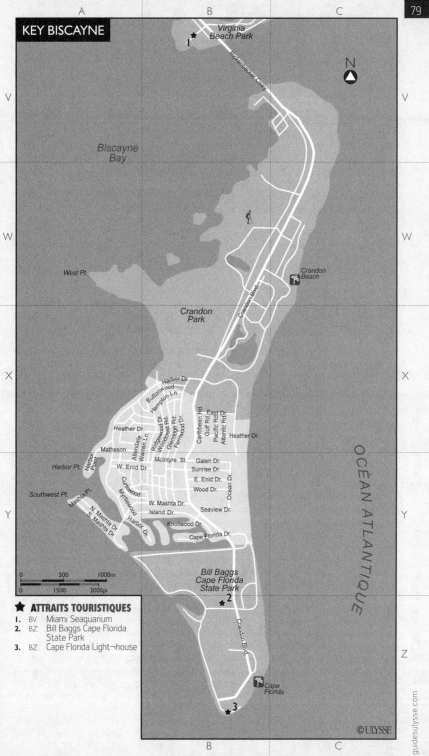

KEY BISCAYNE

Virginia Beach Park

1

Rickenbacker Cswy.

N

Biscayne Bay

West Pt.

Crandon Beach

Crandon Blvd.

Crandon Park

OCÉAN ATLANTIQUE

Harbor Dr.
Buttonwood
Hampton Ln.
Caribbean Rd.
Gulf Rd.
Pacific Rd.
East Dr.
Atlantic Rd.
Heather Dr.
Ridgewood Dr.
Woodcrest Rd.
Glenridge Rd.
Fernwood Dr.
Heather Dr.
Matheson
Allendale
Warren Ln.
McIntyre St.
Galen Dr.
Sunrise Dr.
Harbor Pt.
Harbor Point
W. Enid Dr.
E. Enid Dr.
Wood Dr.
Ocean Dr.
Southwest Pt.
Mashta Pt.
Chriswood
Myrtlewood
W. Mashta Dr.
Island Dr.
N. Mashta Dr.
S. Mashta Dr.
Harbor Dr.
Knollwood Dr.
Seaview Dr.
Cape Florida Dr.

| 0 | 500 | 1000m |
| 0 | 1500 | 3000pi |

Bill Baggs Cape Florida State Park

2

Crandon Blvd.

Cape Florida

3

©ULYSSE

guidesulysse.com

Le **Bill Baggs Cape Florida State Park** ★ *(8$/ véhicule, 2$/piéton ou cycliste; tlj 8h au crépuscule; 1200 S. Crandon Blvd., ☎ 305-361-5811, www.stateparks.com)* est situé au sud de Key Biscayne et porte ce nom en l'honneur de l'ancien rédacteur en chef du défunt journal *The Miami News*, qui déploie bien des efforts de son vivant pour préserver cette aire naturelle reconnue pour faire partie du patrimoine écologique américain. Ce parc d'une superficie de 363 ha réserve aux visiteurs des aires de pique-nique, des sentiers pédestres et des plages. L'attrait principal est cependant le **Cape Florida Lighthouse** ★, érigé en 1825. Onze ans plus tard, en 1836, au cours de la deuxième guerre séminole, le phare est saccagé et finalement incendié. En 1845, il est cependant reconstruit, et c'est ainsi qu'aujourd'hui on peut encore admirer sa silhouette gracile s'élever au-dessus de la ligne d'horizon.

Circuit I: Au sud de Miami ★

Au sud de Miami, on trouve une poignée d'attraits intéressants, mais difficilement accessibles. Principalement résidentielle, la région est parsemée de quelques centres commerciaux. En vous dirigeant davantage vers le sud, la végétation prend peu à peu le dessus sur l'urbanisation. D'ailleurs, passé le Fruit & Spice Park, vous êtes pratiquement arrivé aux Everglades.

Ouvert depuis 1981, le **Miami Metrozoo** ★★★ *(adultes 16$, enfants 12$; tlj 9h30 à 17h30; 12400 SW 152nd St., ☎ 305-251-0400, www. miamimetrozoo.com)* a rapidement acquis assez de renom pour figurer aujourd'hui sur la liste des jardins zoologiques les plus importants des États-Unis. Avec une superficie de 117 ha, il abrite près de 1 000 animaux capables de se mouvoir facilement à l'air libre dans un milieu tropical où l'on a tenté de recréer le plus fidèlement possible un environnement naturel qui permet à chaque espèce d'évoluer sur une parcelle de terre individualisée séparée des autres par des fossés. Un train sur rails surélevés effectue un circuit panoramique en forme de boucle autour du zoo en un peu moins de 30 min, mais s'arrête à des endroits précis pour que les visiteurs qui le désirent puissent descendre et observer plus longuement les animaux exotiques

qui y vivent en semi-liberté. Parmi les vedettes du zoo, mentionnons le fascinant tigre du Bengale qui circule autour d'une réplique d'une partie du temple d'Angkor du Cambodge, les somnolents mais charmants koalas d'Australie qui nichent dans les branches d'une mini-forêt d'eucalyptus et bien d'autres créatures animales qui enchanteront petits et grands. Il est préférable de s'y rendre très tôt le matin, car les rayons du soleil sont si intenses en milieu de journée qu'ils peuvent rendre la visite épuisante et désagréable.

La **Monkey Jungle** *(adultes 30$, enfants 24$; tlj 9h30 à 17h; 14805 SW 216th St. ou Hainlin Mill Rd., 5 km à l'ouest de la US 1 / South Dixie Hwy.; ☎ 305-235-1611, www.monkeyjungle.com)* reçoit les visiteurs qui veulent marcher dans des chemins grillagés tout en observant de nombreuses espèces de primates, surtout des singes, en train de s'élancer de branche en branche, de grimacer ou de pousser des cris stridents au milieu des 12 ha de végétation luxuriante que compte ce parc animalier.

Le **Fruit & Spice Park** ★ *(adultes 8$, enfants 1,50$; tlj 9h à 17h; 24801 SW 187th Ave., Homestead, ☎ 305-247-5727, www.fruitandspicepark. org)* se consacre à préserver et à faire connaître sur 14 ha de culture les nombreux fruits tropicaux et les différentes épices qui existent sur la planète. La meilleure période pour visiter ces merveilles de la nature va de mai à octobre.

Mélange d'étrangeté, de passion et de beauté minérale, le **Coral Castle** ★★ *(adultes 10$, enfants 5$; dim-jeu 8h à 18h, ven-sam 8h à 20h; 28655 Dixie Hwy., Homestead, ☎ 305-248-6344, www.coralcastle.com)* résulte de l'obstination et de la volonté déconcertante d'un seul homme, Edward Leedskalnin, à vouloir triompher d'un destin qui se rebellait contre lui. Souvent surnommé le «Stonehenge de l'Amérique», ce lieu historique national demeure une énigme aux yeux des historiens comme du grand public et continue d'étonner autant les simples touristes que les scientifiques. Épris éperdument d'une jeune femme qui lui refuse son amour, ce Letton de très petite stature (1,52 m; 45 kg) consacre 28 ans de sa vie à déplacer, façonner et sculpter inlassablement d'énormes pierres coralliennes sans aucune aide mécanique ou humaine. Le résultat de ce travail opiniâtre autant que colossal apparaît aujourd'hui tout simplement prodigieux. Parmi quelques-unes de ses réalisations fantastiques, mentionnons le télescope, immense, et le croissant de lune.

Envie...

... de plonger? Le **Biscayne National Park**, dont 95% du territoire se trouve sous l'eau, est l'un des meilleurs endroits pour la plongée sous-marine dans les environs de Miami.

Pour oublier pendant quelque temps le tumulte de la ville, rendez-vous au **Biscayne National Park** ★★ *(entrée libre; tlj 8h à 17h30; 9700 SW 328th St., Homestead,* ☎ *305-230-1100, www.nps.gov/bisc),* un parc marin particulier dont près de 95% de la superficie se trouve sous l'eau. Au sud de Biscayne Bay, des bateaux au plancher vitré sillonnent les eaux du parc, ce qui permet d'admirer une multitude de poissons colorés, des lamantins aux allures préhistoriques, des tortues marines et des coraux de formes et de tailles très diversifiées (comptez environ 20$ pour ces excursions). Si vous disposez encore d'un peu de temps, la meilleure façon de découvrir le merveilleux monde du silence est de vous munir de palmes, d'un masque et d'un tuba, et de folâtrer librement dans l'onde claire où vivent et se reproduisent ces mille et une créatures si étranges mais si belles.

Circuit J: Everglades National Park ★★★

⛺ *p. 121* 🍴 *p. 147*

Réserve de la biosphère, site inscrit sur la Liste du patrimoine mondial de l'UNESCO et troisième réserve naturelle en importance aux États-Unis, l'**Everglades National Park** *(10$/véhicule, 5$/piéton ou cycliste, valide pour 7 jours;* ☎ *305-242-7700, www.nps.gov/ ever)* jouit aujourd'hui d'une renommée internationale. Mais il n'en fut pas toujours ainsi car les Everglades n'ont longtemps été considérées par plusieurs que comme un enchevêtrement inextricable de rivières boueuses, de cours d'eau fétides infestés de moustiques voraces et de créatures bizarres qui folâtrent dans le dédale d'un des derniers fragments (restés à l'état sauvage) des vastes forêts tropicales situées au nord du tropique du Cancer.

Fermant la péninsule floridienne au sud, les Everglades voient les Tequestas s'installer sur la côte sud-est et les Calusas en faire autant au sud-ouest à peu près à la même époque, soit il y a 11 000 ans. La colonisation espagnole, à partir du milieu du XVIᵉ siècle, en viendra à éliminer presque entièrement ces nations autochtones dès le début du XIXᵉ siècle.

Entre-temps, d'autres peuplades amérindiennes chassées des Caroline, de la Géorgie et de l'Alabama, s'établissent dans les parages vers la fin du XVIIIᵉ siècle. Il s'agit des Creeks et des Muskogee Creeks, collectivement appelés les Séminoles. En 1830, le Congrès américain décide de relocaliser toutes les tribus amérindiennes établies à l'est du Mississippi, en les forçant à se déplacer vers l'ouest. Les Séminoles refusent alors de quitter leurs terres, ce qui conduit bientôt aux guerres séminoles de 1835-1842 et de 1855-1858. Une poignée d'entre eux survivront aux conflits et se réfugieront dans les Everglades, dans ce lieu sauvage alors nimbé de mystère où les Blancs n'osent s'aventurer à leur poursuite. Leurs descendants, les Miccosukees, vivent toujours dans les Everglades aujourd'hui.

Au cours du XIXᵉ siècle et de la première moitié du XXᵉ siècle, les Everglades sont en grande partie asséchées afin de permettre l'extension de l'agriculture. Des dommages irréparables sont alors causés à cet environnement naturel par le développement urbain sur de vastes terrains ainsi conquis sur la forêt. La bataille visant à protéger cet écosystème unique en sera une de longue haleine. Ernest F. Coe, un paysagiste originaire du Connecticut que l'on considère aujourd'hui comme le père du parc national des Everglades, s'établit dans le sud de la Floride dès 1920. Il entreprend dès lors la lutte qui conduira à l'adoption par le Congrès américain d'un projet de loi visant la création d'une réserve naturelle en 1934. Pourtant, ce n'est finalement qu'en 1947 qu'est créé le parc national des Everglades, afin de mettre un terme au développement effréné et de protéger les 606 000 ha encore à l'état sauvage.

Attraits touristiques – Everglades National Park

D'autres visionnaires participent à l'époque aux efforts pour que soit enfin reconnue l'importance écologique des Everglades. C'est le cas tout particulièrement de la légendaire Marjorie Stoneman Douglas, auteure de l'ouvrage *The Everglades: River of Grass*, esprit libre et environnementaliste avant la lettre. Elle siégera sur le comité de création du parc national des Everglades, puis sur celui du **Biscayne National Park** (voir p. 81). Elle s'éteint en 1998 à l'âge vénérable de 108 ans.

Décrits comme un immense fleuve d'herbes (*river of grass*) prenant sa source dans le lac Okeechobee, au sud d'Orlando, et coulant lentement vers la baie de Floride et le golfe du Mexique, les Everglades forment un sanctuaire naturel ponctué de mangroves et de *hardwood hammocks* (îlots couverts d'arbres) qui donne refuge à de nombreuses espèces animales et végétales dont certaines menacées de disparition, comme la panthère de Floride et le lamantin.

Mieux vaut vous lever très tôt si vous souhaitez voir la faune qui vit dans le parc. Dans les brumes du matin qui s'effilochent lentement, vous aurez peut-être la chance de voir glisser silencieusement sur l'eau des alligators ou de surprendre l'envolée acrobatique de quelques-unes des 300 espèces d'oiseaux aquatiques qui nichent dans les marais. Sachez toutefois que les animaux de grande taille se donnent rarement en spectacle, car ils préfèrent fuir à la moindre alerte. De plus, durant l'après-midi, le soleil est tout simplement brûlant et rend la visite tout à fait insupportable, surtout en été. Pour apprécier une visite dans le mystérieux monde des Everglades, il faut prévoir s'enfoncer plus profondément à l'intérieur du parc. Finalement, les créatures les plus voraces du parc ne sont pas nécessairement les alligators ou les serpents venimeux, mais plutôt les insectes de tout acabit qui vous rendront sûrement fou si vous n'appliquez pas d'insectifuge. Rappelez-vous aussi que la baignade dans les étangs d'eau douce est à proscrire; l'eau n'y est guère limpide... et la faune très présente.

De Homestead à Flamingo ★★★

La meilleure façon d'être absolument sûr de pouvoir observer des alligators est sans doute de s'arrêter à l'**Everglades Alligator Farm** *(adultes 23$, enfants 15$, incluant la visite en hydroglisseur; tlj 9h à 18h; 40351 SW 192nd Ave., Florida City, ☎ 305-247-2628, www.everglades. com)*. Ici, dans cette ferme d'élevage, il y en a des centaines. Des spectacles sont souvent présentés, et des excursions d'une trentaine de minutes dans les Everglades à bord d'hydroglisseurs font partie du forfait.

L'entrée principale du parc national des Everglades, qui se trouve au sud-ouest de la ville de **Homestead**, à seulement quelques heures de route de Miami, mène au **Ernest F. Coe Visitor Center** *(tlj 8h à 17h en hiver, tlj 9h à 17h en été; ☎ 305-242-7700)*. Ce centre d'accueil des visiteurs offre plusieurs brochures informatives sur le parc. De plus, on y diffuse un film éducatif sur les Everglades. La location de canots et des visites à bord d'hydroglisseurs sont également proposées ici.

À peine 7 km plus loin, le **Royal Palm Visitor Center** *(tlj 8h à 16h15; ☎ 305-242-7700)* présente une exposition interactive qui explique l'écosystème du parc. Deux sentiers de randonnée pédestre partent de ce centre d'accueil: l'**Anhinga Trail** et le **Gumbo-Limbo Trail** (voir p. 100).

La route qui conduit ensuite jusqu'à l'extrême sud des Everglades fait environ 65 km. Plusieurs arrêts sont possibles en chemin afin de mieux apprécier les richesses du parc. Ainsi, à 10 km de l'entrée principale, se trouvent le terrain de camping et l'accès au sentier de randonnée pédestre dénommé le **Pineland Trail**. À 20 km de l'entrée, un court sentier permet d'atteindre le **Pa-hay-okee Overlook ★★**, une tour d'observation d'où la vue de la **Shark River**, cette immense rivière d'herbes, est saisissante. Le mot *Pa-hay-okee*, d'origine amérindienne, signifie d'ailleurs «eaux herbeuses».

La route donne plus loin accès à d'autres sentiers de randonnée ainsi qu'à des voies canotables. Tout au bout du trajet, vous atteindrez le village de **Flamingo**, qui s'ouvre sur la baie de Floride. S'y trouvent un autre centre d'accueil des visiteurs, le **Flamingo Visitor Center** *(tlj 8h30 à 17h; ☎ 239-695-2945)*, et une marina.

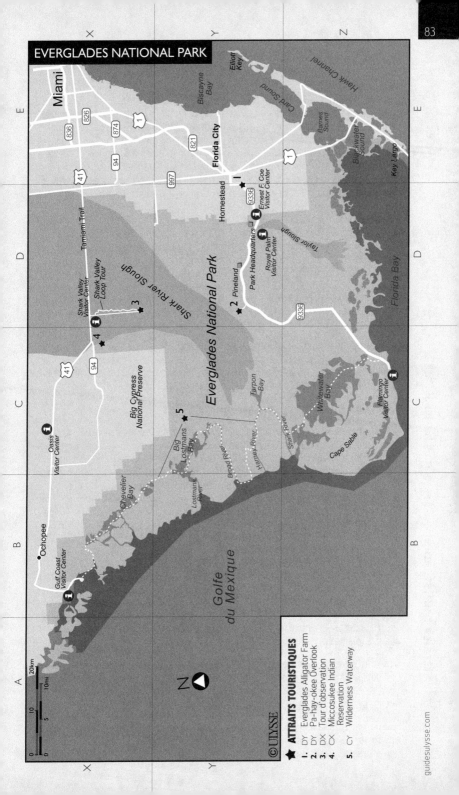

EVERGLADES NATIONAL PARK

Miami

Biscayne Bay

Elliott Key

Card Sound

Hawk Channel

Barnes Sound

Florida City

Blackwater Sound

Key Largo

Homestead

9336

Ernest F. Coe Visitor Center

Park Headquarters

Royal Palm Visitor Center

Taylor Slough

2 Pineland

Everglades National Park

Florida Bay

9336

Tamiami Trail

Shark Valley Visitor Center

Shark Valley Loop Tour

3

4

Shark River Slough

94

41

Big Cypress National Preserve

Oasis Visitor Center

Ochopee

Gulf Coast Visitor Center

Chevelier Bay

Big Lostmans Bay

5

Lostmans River

Broad River

Harney River

Tarpon Bay

Shark River

Whitewater Bay

Flamingo Visitor Center

Cape Sable

Golfe du Mexique

©ULYSSE

★ ATTRAITS TOURISTIQUES

1. DY Everglades Alligator Farm
2. DY Pa-hay-okee Overlook
3. DX Tour d'observation
4. CX Miccosukee Indian
      Reservation
5. CY Wilderness Waterway

20km

10mi

10

5

N

Sauvons les Everglades!

Sauvons les Everglades! Cette phrase répétée à maintes reprises et avec obstination n'est pourtant pas vide de sens. La survie de la faune et de la flore des Everglades est directement liée au cycle naturel des eaux. Depuis l'empiétement du monde moderne, ses frontières furent considérablement réduites, et ce qui en restait fut horriblement lacéré par des routes qui mènent à des terrains convertis en champs labourés. Par conséquent, des canaux furent creusés pour drainer les marécages et alimenter en eau les régions cultivées. Afin de pouvoir survivre, beaucoup d'animaux ont adapté leur rythme de vie à la saison sèche et à la saison des pluies. À titre d'exemple, les alligators construisent leur nid lorsque l'eau atteint son niveau le plus élevé. Si, pour les besoins agricoles, on déverse plus d'eau dans le parc, les nids et les œufs seront détruits. Un autre problème alarmant est l'utilisation d'engrais chimiques et de pesticides qui se déversent ensuite dans les eaux du parc. Des substances chimiques comme le phosphate, le nitrate ou même le mercure se retrouvent alors dans l'alimentation des animaux et bouleversent ainsi la chaîne alimentaire. Des autopsies ont révélé que des dépôts de mercure sont directement liés à la mort de certains animaux.

Quelques règles de base à suivre

Si vous apercevez un alligator, ne vous en approchez pas trop car ces reptiles se déplacent étonnamment vite hors de l'eau. N'oubliez pas que vous êtes à l'intérieur d'un parc national et que les animaux sont en liberté. Il est strictement interdit de nourrir les alligators ou toute autre espèce qui vit dans le parc.

Quelques spécimens de la faune des Everglades

L'alligator et le crocodile: la région du sud de la Floride constitue le seul endroit au monde où l'on retrouve à la fois l'alligator et le crocodile. Ces deux reptiles amphibiens ont tous deux un regard et des crocs inquiétants. C'est cependant l'une des caractéristiques visibles qui les distingue. Chez les crocodiles en effet, on aperçoit les crocs que portent leurs deux mandibules, inférieure et supérieure, lorsqu'ils ferment la gueule, tandis que, chez les alligators, seuls les crocs que porte la mandibule supérieure apparaissent. Les alligators sont plus gros que les crocodiles et se retrouvent communément dans les lacs, les rivières et les zones marécageuses.

Les alligators sont des carnivores qui s'empiffrent d'à peu près n'importe quoi, par exemple des poissons, des tortues, des oiseaux, des insectes, des serpents ainsi que des carcasses d'animaux. Si l'alligator identifie une proie de taille respectable, il plongera doucement dans l'eau, glissera près de sa victime et surgira brusquement la gueule grande ouverte afin de noyer sa victime. Pour les amateurs de statistiques, sachez que le plus grand alligator trouvé en Floride atteignait la taille très respectable d'un peu plus de 5 m.

La panthère de Floride: les probabilités que vous puissiez apercevoir ce félidé au pelage flamboyant et aux yeux perçants sont très, très minces. En effet, il n'en reste seulement qu'une trentaine, peut-être moins. Ces prédateurs peuvent parcourir une distance de près de 200 milles par jour, soit plus de 300 km.

Le lamantin: le moins que l'on puisse dire, c'est que le lamantin a une drôle de mine. Ce mammifère aquatique de l'ordre des siréniens prend des allures de créature préhistorique avec son museau court, sa tête ronde et sa queue ovale en

85

forme de raquette. Malgré tout, le lamantin est un sympathique animal herbivore tout à fait inoffensif, presque aveugle et sans défense, qui vit exclusivement là où il trouve à se nourrir, c'est-à-dire en bordure des côtes ou près des rives des fleuves côtiers des mers chaudes, et qui, de ce fait, constitue une proie facile pour ses prédateurs, les humains. Les lamantins sont malheureusement souvent les victimes d'accidents de bateaux. Ils entrent souvent en collision avec les embarcations et parfois ils se font mutiler par les hélices des bateaux. Il arrive aussi que les lamantins se blessent en se faisant emberlificoter dans les lignes des pêcheurs. Ces blessures ne sont évidemment pas soignées et l'infection s'installe, allant jusqu'à parfois provoquer la mort.

La spatule rose : comme son nom l'indique, cet oiseau au plumage rose possède un long bec en forme de spatule lui permettant de pêcher en eaux peu profondes.

Shark Valley ★★

La route 41, ou Tamiami Trail, qui traverse l'État d'une côte à l'autre à travers la Big Cypress National Preserve, puis en suivant la limite nord de l'Everglades National Park, donne accès au **Shark Valley Visitor Center** *(tlj 8h30 à 17h en hiver, tlj 9h à 17h en été ; ☎ 305-221-8776)*. On peut y louer un vélo ou prendre part à une visite guidée à bord du tramway sur pneus de l'entreprise **Shark Valley Tram Tours ★** *(adultes 16,25$, enfants 10$; ☎ 305-221-8455, www. sharkvalleytramtours.com)*. Il s'agit de deux bons moyens pour explorer la **Shark Valley Loop Road ★★**, un sentier en boucle asphalté qui serpente à travers la végétation (*sawgrass* et îlots couverts d'arbres que l'on nomme *hardwood hammocks*) sur 25 km. À mi-parcours, une **tour d'observation** permet d'embrasser du regard toute cette partie du parc. À noter que les crocodiles sont très nombreux dans cette portion du parc, et il y a de fortes chances, surtout en hiver, d'en apercevoir.

Située un peu à l'ouest de l'entrée du parc, la **Miccosukee Indian Reservation** est une petite bourgade peuplée de descendants de Séminoles et d'autres tribus qui se réfugièrent dans les Everglades à l'époque des guerres séminoles. Bien que ces Amérindiens y vivent depuis des lustres, il leur a fallu attendre l'année 1962 pour que le gouvernement américain leur accorde le statut officiel de nation. On trouve aujourd'hui dans cette réserve un petit musée, ainsi que des boutiques d'artisanat (quelquesunes) et de t-shirts (nombreuses). Parmi les objets intéressants, mentionnons les vêtements en patchwork colorés, les bijoux et

les paniers de fabrication artisanale. Des spectacles au cours desquels est expliquée la technique qu'utilisaient les anciens pour maîtriser les alligators sans les tuer sont aussi présentés.

Envie...

... de manger à l'amérindienne ? Le **Miccosukee Restaurant** (voir p. 147), qui appartient à la nation Miccosukee, sert entre autres des cuisses de grenouille et des queues d'alligator frites.

Encore plus à l'ouest, le Tamiami Trail permet d'atteindre l'**Oasis Visitor Center** *(tlj 9h à 16h30 ; ☎ 941-695-4111, www.nps.gov/ bicy)*, centre d'accueil des visiteurs de la **Big Cypress National Preserve**. Une exposition et un film expliquent l'importance de cette région marécageuse d'environ 290 000 ha protégée depuis 1974 parce que son bassin hydrographique est indispensable à la survie des Everglades. Certaines espèces animales en voie d'extinction sont aussi protégées par cette réserve naturelle, comme la panthère de Floride. Des sentiers de randonnée pédestre sont accessibles à l'arrière du centre d'accueil des visiteurs.

Ten Thousand Islands Gateway ★★

À **Everglades City**, le **Gulf Coast Visitor Center** *(tlj 8h à 16h30 en hiver, tlj 9h à 16h30 en été ; ☎ 941-695-3311)* marque l'entrée ouest de l'Everglades National Park. On peut y voir une exposition interactive, y louer un canot ou s'y inscrire à une visite en bateau.

Attraits touristiques – Everglades National Park – Ten Thousand Islands Gateway

guidesulysse.com

Cette partie du parc ne peut être explorée que par voie navigable, à bord de bateaux à moteur ou de canots. Everglades City marque d'ailleurs l'une des extrémités du **Wilderness Waterway**, une route canotable de 165 km qui mène jusqu'à Flamingo, tout au sud des Everglades (voir le chapitre «Plein air» sous «Canot et kayak»). On peut aussi y explorer les nombreuses îles de la région côtière (Ten Thousand Islands signifie «dix mille îles») où vivent lamantins et dauphins. Des **visites organisées en bateau** ★ ★ *(adultes 20$, enfants 10$; départs toutes les 30 min;* ♪ *239-695 2591), d'une durée de 90 min, rendent facile cette exploration.*

Dans les environs se trouve **Ochopee**, un petit village effacé que vous croiserez rapidement si vous n'êtes pas attentif. Il se targue de posséder le plus petit bureau de poste des États-Unis, sans doute avec raison!

Circuit K: Fort Lauderdale et ses environs ★ ★

⛺ *p. 121* 🍴 *p. 148* 🛍 *p. 164* 🏨 *p. 170*

Fort Lauderdale ★ ★

La «Venise d'Amérique», voilà le titre pompeux que s'est fait attribuer Fort Lauderdale en raison de ses quelque 500 km de canaux navigables bordés de maisons cossues. Bien qu'on ne risque évidemment pas de confondre Fort Lauderdale avec la célèbre ville italienne, il faut tout de même lui reconnaître un charme certain. Plus importante ville du Broward County, Fort Lauderdale, grâce à sa situation géographique à l'embouchure de la New River, qui croise à sa hauteur l'Intracoastal Waterway avant de se jeter dans l'océan Atlantique, est devenue une sorte de paradis pour les amateurs de navigation de plaisance, de pêche et de farniente. Qui plus est, son économie diversifiée et vigoureuse a favorisé le développement d'un agréable centre-ville, pourvu d'attraits culturels de qualité, et la revitalisation du *Strip*, cette artère à vocation touristique qui longe la plage.

L'histoire moderne de la ville remonte à 1838, alors que le major William Lauderdale fait construire un fortin pour protéger contre les Séminoles la poignée de colons établie dans les environs. D'autres pionniers viennent s'installer aux abords de la New River au cours des décennies suivantes, dont Frank Stranahan en 1893. Stranahan ouvre alors un poste de traite avec les Amérindiens et met sur pied un service de traversier. On peut toujours admirer sa maison (voir p. 88) et celles de certains autres de ses contemporains dans ce qui est considéré comme le quartier historique de la ville.

La venue du chemin de fer de Henry Flagler en 1896 contribue, comme partout ailleurs sur la côte est de la Floride, au développement économique des environs. Puis arrive en scène un promoteur immobilier visionnaire du nom de Charles Rodes, qui imagine l'augmentation de la superficie utilisable de Fort Lauderdale par la création d'un réseau de canaux et la formation de péninsules sur lesquelles pourront être construites de belles résidences au bord de l'eau. La «Venise d'Amérique» voit alors le jour.

Aujourd'hui la ville est devenue une station touristique de premier plan grâce à sa belle plage sablonneuse, son imposant port de croisières, Port Everglades, son centre de congrès moderne et ses nombreux établissements hôteliers.

Au sud et au nord de la ville, à l'intérieur des limites du Broward County, d'autres stations balnéaires appréciées des vacanciers se succèdent dans ce qui constitue la partie sud de la Gold Coast, un autre titre pour le moins ronflant qui désigne la côte est de la Floride entre Miami et Palm Beach. Ainsi, tout juste au nord de Miami Beach, les villes de Hallandale, Hollywood et Dania précèdent Fort Lauderdale. Puis, au nord de cette dernière, se trouvent Lauderdale-by-the-Sea, Pompano Beach, Hillsboro Beach et Deerfield Beach.

Si vous êtes né dans les années 1950, les mœurs débridées de jeunes étudiants en semaine de relâche printanière, telles que dépeintes dans le film *Where the Boys Are*, tourné à Fort Lauderdale en 1960, vous donnent peut-être une image quelque peu

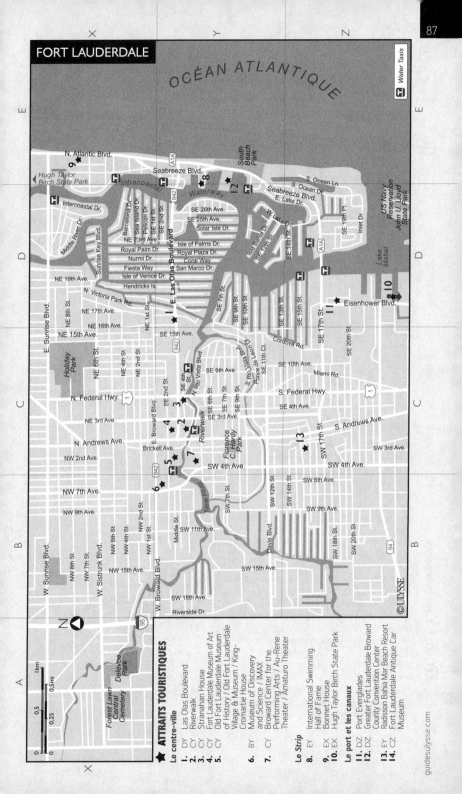

FORT LAUDERDALE

OCÉAN ATLANTIQUE

Water Taxis

ATTRAITS TOURISTIQUES

Le centre-ville

1. DY Las Olas Boulevard
2. CY Riverwalk
3. CY Stranahan House
4. CY Fort Lauderdale Museum of Art
5. CY Old Fort Lauderdale Museum of History / Old Fort Lauderdale Village & Museum / King-Cromartie House
6. BY Museum of Discovery and Science / IMAX
7. CY Broward Center for the Performing Arts / Au-Rene Theater / Amaturo Theater

Le Strip

8. EY International Swimming Hall of Fame
9. EX Bonnet House
10. EX Hugh Taylor Birch State Park

Le port et les canaux

11. DZ Port Everglades
12. DZ Greater Fort Lauderdale Broward County Convention Center
13. EY Radisson Bahia Mar Beach Resort
14. CZ Fort Lauderdale Antique Car Museum

guidesulysse.com

négative de cette localité. En effet, à cette époque, Fort Lauderdale se voit envahir annuellement par les étudiants qui viennent bruyamment y faire la fête pendant leur *Spring Break*.

Vers le milieu des années 1980, la ville commence toutefois à élaborer des stratégies pour éloigner cette clientèle dissipée afin de redorer son image. Aussi Fort Lauderdale est-elle aujourd'hui redevenue une station balnéaire plutôt paisible, fréquentée par une clientèle familiale.

Le centre-ville ★★

Situé en bordure de la New River, entre l'autoroute I-95 et l'Intracoastal Waterway, le centre-ville de Fort Lauderdale est fort agréable et regroupe des institutions culturelles d'intérêt. Son artère principale est **Las Olas Boulevard** ★, élégante rue bordée de plusieurs boutiques, cafés-terrasses et restaurants. On y remarque aussi une agréable promenade baptisée **Riverwalk** ★, qui longe la rivière.

Frank Stranahan, l'un des premiers citoyens de la ville, érige au début du XXᵉ siècle la **Stranahan House** ★ *(adultes 15$, enfants 8$; mer-dim 10h à 15h, les visites guidées durent entre 45 min et 60 min, départs à 13h, 13h30, 14h, 14h30, 15h et 15h30; 335 SE Sixth Ave., ♪ 954-524-4736, www.stranahanhouse.org)*. Elle succède à un poste de traite que Stranahan avait construit ici en 1893. Rénovée au milieu des années 1980, cette maison est devenue aujourd'hui un musée historique. Les antiquités et les boiseries finement ouvragées qu'on peut admirer en visitant l'intérieur de ce bel édifice ancien reconstituent admirablement bien le cadre de vie de l'époque.

Non loin de là, le **Fort Lauderdale Museum of Art** ★★ *(adultes 15$, enfants 9$; sam et mar-mer 11h à 17h, jeu 11h à 20h et dim 12h à 17h; 1 E. Las Olas Blvd., ♪ 954-525-5500, www. moafl.org)* présente la plus importante collection hors d'Europe d'œuvres réalisées par les artistes expressionnistes du mouvement CoBrA, originaire de *C*openhague, *B*ruxelles et *A*msterdam, qui s'est manifesté au milieu du XXᵉ siècle. Le musée abrite en outre plusieurs tableaux de l'impressionniste américain William Glackens, ainsi que des œuvres de Picasso, des canevas étranges de Dalí et même quelques peintures contemporaines d'Andy Warhol.

Envie...

... de vous défouler? Devenue au fil des ans une véritable institution, **Copa** (voir p. 164) est la plus ancienne discothèque de Fort Lauderdale.

Installé dans ce qui fut autrefois le New River Inn, un hôtel construit en 1905, l'**Old Fort Lauderdale Museum of History** *(10$; mar-dim 12h à 16h; 219 SW Second Ave., ♪ 954-463-4431, www.oldfortlauderdale.org)* raconte les origines de la ville. Il fait partie de l'**Old Fort Lauderdale Village & Museum**, qui comprend aussi la **King-Cromartie House** (1907) et la reconstitution d'une école de 1899, la première du Broward County.

Le **Museum of Discovery and Science** ★★ *(adultes 11$, enfants 9$; lun-sam 10h à 17h, dim 12h à 18h; 401 SW Second St., ♪ 954-467-6637, www.mods.org)* constitue l'une des attractions les plus visitées de la ville. On y trouve toute sorte d'expositions visant à intéresser jeunes et moins jeunes au monde des sciences. Un cinéma **IMAX** *(adultes 9$, enfants 7$)*, dont l'écran sur lequel sont projetés des films en trois dimensions fait cinq étages de haut, se trouve également sur place. Réductions sur billet combinant l'accès au musée et au cinéma IMAX *(adultes 16$, enfants 12$)*.

Water Taxis

Un séjour dans la région métropolitaine de Fort Lauderdale ne serait pas complet sans faire une balade en **Water Taxi** *(www.watertaxi.com)*. Il s'agit d'une façon originale de découvrir la ville et de sillonner ses dédales. À partir de la marina de Fort Lauderdale, les visiteurs peuvent également emprunter un bateau-taxi pour se rendre jusqu'à South Beach.

Plus loin, le **Broward Center for the Performing Arts** *(201 SW Fifth Ave., ☏ 954-462-0222, www.browardcenter.org)* se veut le cœur de la vie culturelle locale, dans ce que l'on appelle le **Riverwalk Arts & Entertainment District**. Il renferme deux salles de spectacle : l'**Au-Rene Theater** (2 700 places) et l'**Amaturo Theater** (590 places), ainsi que des boutiques et des cafés-terrasses.

Le *Strip* ★

Le *Strip* est cette artère très animée à vocation touristique qui borde l'océan Atlantique sur 8 km entre le 17th Street Causeway et le Sunrise Boulevard. On y remarque boutiques, cafés, hôtels, ainsi qu'une agréable promenade qui longe la jolie plage publique. Ici les établissements hôteliers et autres constructions n'obstruent pas l'accès à la mer puisqu'ils s'alignent sur le côté opposé du *Strip*.

L'**International Swimming Hall of Fame** *(adultes 8$, étudiants 6$, enfants moins de 6 ans entrée libre; tlj 9h à 17h; 1 Hall of Fame Dr., ☏ 954-462-6536, www.ishof.org)* rend hommage aux athlètes de tous les pays qui se sont signalés dans le monde de la natation et du plongeon, d'Esther Williams à Johnny *Tarzan* Weissmuller, en passant par Christine Caron, Gerard Blitz, Sylvie Bernier, Sylvie Fréchette, Alex Baumann, Mark Spitz, Greg Louganis et autres. Il abrite aussi deux piscines olympiques ouvertes au public, où se tiennent occasionnellement diverses compétitions.

Tout juste au sud de Sunrise Boulevard, la **Bonnet House** ★ ★ *(adultes 20$, enfants 16$; mar-sam 10h à 14h, dim 12h à 16h, lun fermé; 900 N. Birch Rd., ☏ 954-563 5393, www.bonnethouse.org)* se dresse près de la plage au milieu d'un terrain de 14 ha couvert de végétation tropicale, incluant de nombreux nénuphars jaunes. Construite en 1920 à partir de coraux et de pins, cette vieille demeure, ornée de jolis balcons en fer forgé, appartient alors à l'artiste muraliste de Chicago Frederic Clay Bartlett. Avec sa seconde épouse, Helen Birch, celui-ci fait l'acquisition de nombreux tableaux au cours de ses voyages en Europe. À la mort d'Helen, en 1925, il lègue ces trésors à l'Art Institute of Chicago. Parmi ceux-ci figure la célèbre toile *Un dimanche après-midi à l'île de la Grande-Jatte* de Georges Seurat. Bartlett se remariera plusieurs années plus tard, avec l'artiste Evelyn Fortune Lilly, et ensemble ils réaliseront quelques œuvres d'art qui viendront rehausser leur demeure hivernale et que l'on peut toujours admirer aujourd'hui.

Envie...

... de vous rafraîchir? Le **BankAtlantic Center** (voir p. 168) présente les matchs de hockey des Panthers d'octobre à avril.

Le port et les canaux ★ ★

Port Everglades ★ *(☏ 954-523-3404, www.broward.org/port)* est un des plus importants ports de croisières au monde. On peut y voir en même temps jusqu'à 50 paquebots appartenant à diverses compagnies de croisières. Ces navires emmènent plus d'un million de vacanciers chaque année vers les différentes îles des Caraïbes.

C'est dans ce secteur que se trouve le **Greater Fort Lauderdale Broward County Convention Center** *(1950 Eisenhower Blvd., ☏ 954-765-5900, www.ftlauderdalecc.com)*, le vaste centre de congrès ultramoderne de la ville.

Au **Bahia Mar Beach Resort and Yachting Center** *(801 Seabreeze Blvd.)*, on peut prendre part à des croisières commentées sur les **canaux de la ville** ★ ★ ainsi qu'à des excursions de pêche ou de plongée (voir p. 99).

Un peu à l'intérieur des terres, le petit **Fort Lauderdale Antique Car Museum** *(adultes 10$, enfants gratuit; lun-ven 9h à 15h; 1527 SW First Ave., ☏ 954-779-7300, www.antiquecarmuseum.org)* présente une collection de quelques dizaines de voitures de la première moitié du XXe siècle.

La Venise d'Amérique

À l'embouchure de la New River, à la hauteur de l'Intracoastal Waterway, Fort Lauderdale compte près de 500 km de canaux bordés par de riches propriétés, ce qui a donné l'idée aux autorités locales de proclamer la ville la « Venise d'Amérique », rien de moins...

C'est à un certain Charles Rodes, promoteur immobilier de son état, que l'on doit cette particularité de Fort Lauderdale. C'est lui qui a dessiné les canaux de la ville de manière à former des péninsules sur lesquelles il pourrait aménager des lots pour la construction résidentielle. Sa stratégie ne tarde pas à attirer une clientèle fortunée séduite par la possibilité de s'installer au bord de l'eau dans d'opulentes demeures.

Ces voies navigables sont de nos jours sillonnées quotidiennement par des milliers de bateaux. On dit d'ailleurs que les riverains posséderaient pas moins de 40 000 yachts dûment enregistrés!

Pour les visiteurs qui ne possèdent pas d'embarcation, les **Water Taxis** (voir p. 88) et les Water Bus constituent les moyens les plus économiques pour se balader sur les canaux de la Venise d'Amérique. Il y a aussi de nombreuses possibilités d'excursions commentées (Jungle Queen, Carrie B, Riverfront Cruises et autres). Celles-ci s'avèrent un brin « voyeuses », puisqu'on s'y amuse à montrer du doigt les somptueuses résidences des gens riches et célèbres établis le long des canaux.

Au sud de Fort Lauderdale

Au sud de Fort Lauderdale s'égrènent les villes de Dania, Hollywood et Hallandale. À l'instar de Fort Lauderdale, la moyenne d'âge est un peu plus élevée qu'à Miami, et les lieux semblent auréolés d'une ambiance de parfum d'école buissonnière. Ici, résidants et touristes musardent au bord de l'eau tout en savourant chaque rayon du soleil. Des aînés vont leur train ou lisent leurs journaux derrière leurs lunettes de soleil, tandis que des mamans poussent leur landau et des adolescents papotent entre eux avec un rien d'insouciance.

Dania

Une visite de la ville de Dania permet d'assister au *fastest game on earth*, c'est-à-dire à une partie de pelote basque (*jaï alaï*) au **Dania Jaï Alaï** (*301 E. Dania Beach Blvd., ☎ 954-920-1511, www.betdania.com*).

La plage de Dania attire également de nombreux amateurs de soleil, tandis que le **John U. Lloyd Beach State Park** (*6503 N. Ocean Dr., Dania Beach, ☎ 954-923-2833, www.stateparks. com*) reçoit les amants de la nature.

Hollywood ★

La ville d'Hollywood est située à près de 10 km au sud de Fort Lauderdale. Non, Hollywood n'est pas le pendant côtier est-américain de la délurée localité ouest-américaine du même nom, célèbre quartier de Los Angeles devenue la Mecque du cinéma américain. On pourrait toutefois dire qu'elle ressemble davantage à une enclave québécoise greffée sur la côte est de la Floride. En effet, préférant s'envoler pour le *Sunshine State* que d'affronter les rigueurs des durs et longs hivers québécois, plusieurs *snowbirds*, originaires ou résidants du Québec, louent des copropriétés ou possèdent des résidences secondaires près de la mer. Ici la plage est plus calme et plus propre qu'à South Beach. Les nouveaux résidants sont également plus âgés, et certains sont même parvenus à l'âge de la retraite. L'infrastructure hôtelière est surtout composée de petits établissements qui se dressent à deux pas de la plage.

L'activité est centrée sur le **Broadwalk ★**, une artère d'un peu plus de 3 km de long qui est bordée de commerces de tout acabit et parcourue tranquillement par des adeptes du patin à roues alignées, des coureurs ainsi que par les résidants et les touristes.

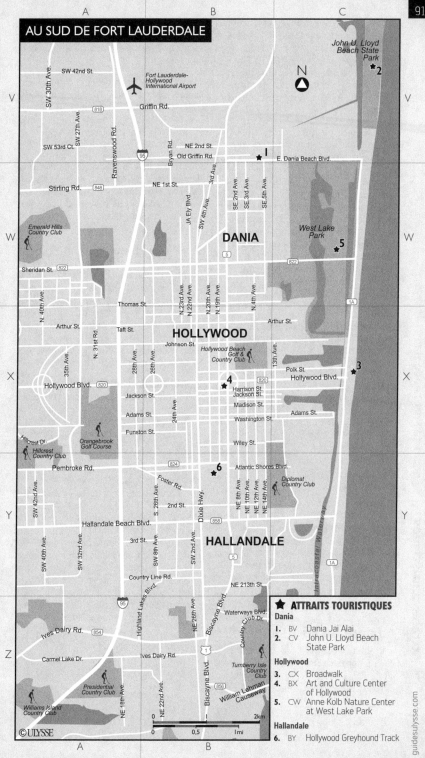

AU SUD DE FORT LAUDERDALE

John U. Lloyd Beach State Park
★ 2

N

Fort Lauderdale-Hollywood International Airport

SW 42nd St.
SW 30th Ave.
SW 27th Ave.
Griffin Rd.
818
SW 53rd Ct.
95
Ravenswood Rd.
Bryan Rd.
NE 2nd St.
Old Griffin Rd.
3rd Ave.
SW 4th Ave.
JA Ely Blvd.
NE 1st St.
Stirling Rd.
848
SE 2nd Ave.
SE 3rd Ave.
SE 5th Ave.
★ 1
E. Dania Beach Blvd.

Emerald Hills Country Club

West Lake Park
★ 5

DANIA
5
922
Sheridan St.
922
1A

N. 40th Ave.
N. 31st Rd.
N. 23rd Ave.
N. 22nd Ave.
N. 20th Ave.
N. 19th Ave.
N. 4th Ave.
Thomas St.
Arthur St.
Arthur St.
Taft St.
HOLLYWOOD
Johnson St.
Hollywood Beach Golf & Country Club
35th Ave.
28th Ave.
26th Ave.
24th Ave.
13th Ave.
Polk St.
★ 3
Hollywood Blvd.
820
Hollywood Blvd.
820
★ 4
Harrison St.
Jackson St.
Jackson St.
Madison St.
Adams St.
Adams St.
Washington St.
Funston St.
Wiley St.

Hillcrest Dr.
Hillcrest Country Club
Orangebrook Golf Course

Pembroke Rd.
824
★ 6
Atlantic Shores Blvd.
Diplomat Country Club
Foster Rd.
S. 26th Ave.
2nd St.
Dixie Hwy.
858
NE 8th Ave.
NE 10th Ave.
NE 12th Ave.
NE 14th Ave.

SW 42nd Ave.
SW 40th Ave.
SW 32nd Ave.
Hallandale Beach Blvd.
3rd St.
SW 8th Ave.
SW 2nd Ave.
HALLANDALE
5
Country Line Rd.
NE 213th St.

95
Ives Dairy Rd.
854
Highland Lakes Blvd.
Biscayne Blvd.
NE 26th Ave.
Waterways Blvd.
Turnberry Isle Country Club
Ives Dairy Rd.
Carmel Lake Dr.
1
Club Dr.

Presidential Country Club
NE 22nd Ave.
NE 18th Ave.
856
William Lehman Causeway

Williams Island Country Club

© ULYSSE

0   1   2km
0   0,5   1mi

★ ATTRAITS TOURISTIQUES

Dania
1. BV Dania Jai Alai
2. CV John U. Lloyd Beach State Park

Hollywood
3. CX Broadwalk
4. BX Art and Culture Center of Hollywood
5. CW Anne Kolb Nature Center at West Lake Park

Hallandale
6. BY Hollywood Greyhound Track

guidesulysse.com

Dans le petit centre-ville, vous remarquerez l'**Art and Culture Center of Hollywood** ★ *(adultes 10$; lun-sam 10h à 17h, dim 12h à 16h; 1650 Harrison St., ♪ 954-921-3274, www.artandculturecenter.org)*, où l'on présente des œuvres contemporaines d'artistes du sud de la Floride et des expositions d'art amérindien.

Pour découvrir l'univers particulier que constitue une mangrove, rendez-vous au **Anne Kolb Nature Center at West Lake Park** *(entrée libre; tlj 9h à 17h; 751 Sheridan St., ♪ 954-926-2410)*. Parmi les nombreux services et équipements proposés aux visiteurs, mentionnons la tourelle d'observation, les excursions commentées en bateau, la location de canots et de kayaks, les pistes cyclables et les sentiers de randonnée pédestre qui permettent l'observation de plusieurs espèces d'oiseaux (héron bleu, aigrette et martin-pêcheur).

Envie...

... de jouer? Le **Seminole Hard Rock Hotel & Casino** (voir p. 166) abrite un casino ouvert 24 heures sur 24.

Hallandale

La ville voisine, Hallandale, prolongement naturel d'Hollywood, compte aussi de nombreux hôtels économiques et immeubles résidentiels alignés le long d'une belle plage.

Les amateurs de courses de lévriers se donnent quant à eux rendez-vous au **Hollywood Greyhound Track** *(angle Federal Hwy. et Pembroke Rd., ♪ 954-454-9400, www.hollywoodgreyhound.com)*, une institution locale. Les courses ont lieu tous les soirs à 19h au cours des mois de décembre à mai. Un programme en après-midi qui débute à midi est également proposé les mardis, jeudis et samedis.

Au nord de Fort Lauderdale

À la limite nord de Ford Lauderdale, le **Hugh Taylor Birch State Park** *(3109 E. Sunrise Blvd., ♪ 954-564-4521, www.statepark.com)* s'étend au pied de Sunrise Boulevard entre l'Intracoastal Waterway et l'océan Atlantique. Il forme une enclave naturelle bienvenue dans un secteur à l'urbanisation croissante.

Tout juste au nord de Fort Lauderdale, **Lauderdale-by-the-Sea** constitue un autre pôle touristique comprenant quelques hôtels de villégiature le long de la plage et de plus petits établissements quelque peu en retrait.

Plus loin, **Pompano Beach** abrite le **Pompano Harness Track** *(Powerline Rd., au sud d'Atlantic Rd., Pompano Beach, ♪ 954-972-2000)*, où sont présentées des courses de chevaux sous harnais du mois d'octobre au début du mois d'août.

Situé à **Coconut Creek**, à seulement 16 km au nord de Fort Lauderdale, **Butterfly World** *(adultes 25$, enfants 20$; lun-sam 9h à 17h, dim 11h à 17h; 3600 W. Sample Rd., Coconut Creek, ♪ 954-977-4434, www.butterflyworld.com)* est une serre où virevoltent une ribambelle de jolis papillons. Une adresse idéale pour faire une incursion dans le merveilleux monde des lépidoptères. S'y trouve également un petit sanctuaire de colibris.

Hillsboro Beach, plus au nord, est un joli quartier résidentiel qui comprend plusieurs belles demeures donnant directement sur la plage. Ce secteur se prolonge jusqu'à une autre belle plage paisible: **Deerfield Beach**.

Parc thématique consacré aux enfants, le **Wannado City** *(40$ enfants de 2 à 14 ans, 15 ans et plus 10$, enfants moins de 2 ans gratuit; 12801 W. Sunrise Blvd., Anchor D, Sunrise, ♪ 954-838-7100, www.wannadocity.com)* leur demande la sempiternelle question: *Qu'est-ce que tu veux faire lorsque tu seras grand?* Ce parc, situé dans la ville de **Sunrise**, organise de nombreuses activités qui permettent aux gamins de mener une enquête policière, d'apprendre le métier de journaliste ou de s'initier à l'univers féerique du cirque. Chacune dure entre 15 min et 40 min.

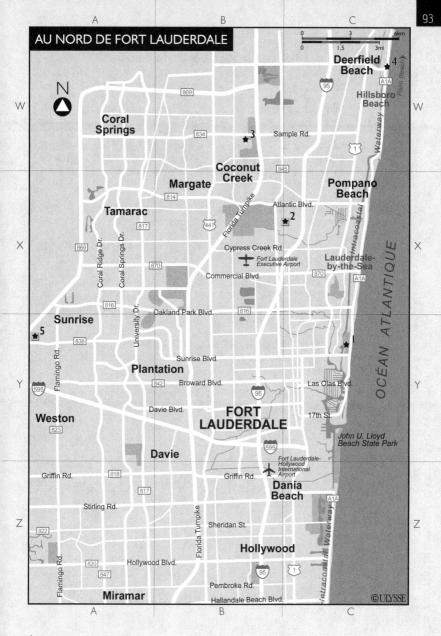

★ **ATTRAITS TOURISTIQUES**

1. CY Hugh Taylor Birch State Park
2. CX Pompano Harness Track
3. BW Butterfly World
4. CW Deerfield Beach
5. AY Wannado City

guidesulysse.com

Les favoris des enfants

Voici une liste d'attraits qui sauront plaire particulièrement aux enfants :

Le **Miami Children's Museum** (voir p. 72) présente nombre d'expositions qui interpellent petits et grands.

Le **Jungle Island** (voir p. 72) est un parc animalier qui permet aux enfants de découvrir une ribambelle d'oiseaux colorés ainsi que des singes, un alligator et quelques serpents. Les tout-petits apprécient particulièrement la ferme des petits animaux qui abrite des lamas et des chèvres.

La visite du **Miami Metrozoo** (voir p. 80) plaît généralement aux enfants. Il s'agit d'un des plus importants parcs animaliers des États-Unis.

Au **Miami Seaquarium** (voir p. 78), les prouesses et les acrobaties des orques et des dauphins ne pourront que ravir un public de tous les âges.

Si vos enfants en ont marre de l'eau salée, faites un saut à Coral Gables pour nager dans la **Venetian Pool** (voir p. 74). Contenant environ 2,3 millions de litres d'eau, cette magnifique piscine comporte des ponts et abrite des grottes. Toutefois, les enfants de moins de trois ans n'y sont pas admis.

Situé tout près de Fort Lauderdale, le **Wannado City** (voir p. 92) est un parc thématique qui permet aux enfants de s'initier au métier de journaliste, de s'adonner aux arts plastiques et même de mener une enquête policière.

N'oubliez pas de sauter dans un **Water Taxi** (voir p. 88) pour découvrir avec les enfants Fort Lauderdale sous un angle nouveau.

Attraits touristiques – Les favoris des enfants

Plein air

M iami et ses alentours possèdent de multiples endroits pour les activités de plein air. Les plages sont évidemment à l'honneur, mais sachez qu'entre autres les amateurs de golf, de tennis, de marche, de patin à roues alignées et de kayak seront ravis.

Plages

South Beach

Depuis South Beach, plus on se dirige vers le nord de Miami Beach, plus les plages sont tranquilles et, par le fait même, moins achalandées. **Miami Beach** est une longue bande de terre sablonneuse reliée à Miami par des *causeways* qui enjambent Biscayne Bay. Les plages de Miami voient déferler chaque année des milliers de touristes à la recherche de soleil et des bienfaits de la mer. En effet, ces plages ont de quoi satisfaire presque tout le monde, mais il n'y a aucune ambiguïté qui plane sur «la» plage la plus populaire de Miami : **South Beach**, également appelée *SoBe*. Elle s'étire de First Street à 24th Street. Dans la partie plus méridionale de South Beach se trouve le **South Point Park**, où les vagues ne se comparent nullement aux vagues spectaculaires et bouillonnantes d'Australie, mais conviendront aux véliplanchistes pas trop difficiles qui s'y donnent parfois rendez-vous.

Un peu plus au nord, **Lummus Park Beach** longe Ocean Drive et attire une foule bigarrée qui vient se tremper les orteils, batifoler dans les vagues, s'allonger sur le sable ou tout simplement observer les gens derrière des lunettes de soleil. Il n'y a pas de palmiers qui projettent de l'ombre, mais on y loue des chaises longues et des parasols. Même les cabines des sauveteurs arborent des tons pastel aux lignes Art déco.

De plus, pour ajouter à l'ambiance joyeuse, il n'est pas rare d'y observer des séances de photo ou des tournages de messages publicitaires.

Même s'il y a une grande population gay à South Beach qui se retrouve un peu partout sur les plages de Miami Beach, la plage située aux alentours de 17th Street est considérée comme «la» **plage gay** de South Beach.

Le centre et le nord de Miami Beach

South Beach s'achève au sud de 23rd Street. Au nord de South Beach, l'activité est un peu plus tranquille derrière les multiples copropriétés. Puis, à la hauteur de 44th Street, derrière les méga-complexes d'hébergement comme le Fontainebleau, l'Eden Roc et l'Alexander Luxury Suite Hotel, se trouvent des plages moins courues par la noria de touristes de South Beach, mais qui sont surtout fréquentées par les clients de ces établissements hôteliers. Étant donné qu'il n'y a aucune plage privée à Miami, libre à vous de vous y rendre. De plus, entre 21th Street et 46th Street, se trouve un *boardwalk* où les visiteurs peuvent se balader à leur guise.

En poussant toujours plus au nord, entre 72th Street et 95th Street, **Surfside Beach** est une enclave québécoise où des retraités ont élu domicile, en permanence ou en haute saison.

Haulover Beach est quant à elle située à la hauteur de 10800 Collins Avenue et se veut particulièrement propre et sans boucan. De plus, dans le même coin, un peu plus au nord, on peut s'y pointer en tenue d'Adam et Ève sans susciter le moindre étonnement. Vous l'avez deviné, il s'agit d'un tronçon de plage réservé au naturisme.

Coral Gables

Ce n'est pas une plage mais, pour la baignade à proprement parler, difficile de trouver cadre plus spectaculaire que celui de la **Venetian Pool** (*11$ adultes, 6$ enfants; 2701 DeSoto Blvd., ☎ 305-460-5356, www.venetianpool.com*).

Key Biscayne

Les plages du **Bill Baggs Cape Florida State Park** (*1200 S. Crandon Blvd., ☎ 305-361-5811*) et **Crandon Park Beach** plairont aux familles et aux vacanciers. On y trouve des tables de pique-nique, et des terrains de volley-ball y ont été aménagés.

Fort Lauderdale et ses environs

Fort Lauderdale Beach, située entre Sunrise Boulevard et Las Olas Boulevard, fut le lieu de tournage du film intitulé *Where the Boys Are*. Celui-ci brossait un portrait peu reluisant des mœurs d'étudiants en vacances. Cette période est désormais révolue, mais l'endroit demeure populaire auprès des visiteurs. L'accès à cette plage de 6 km de long se fait par Ocean Boulevard, que l'on surnomme ici le *Strip*, et est facilité par l'absence de constructions du côté est du boulevard. Sauveteurs, restaurants, toilettes et douches.

Les plages d'**Hollywood** sont bordées d'innombrables motels qui donnent sur le Broadwalk sur près de 3,5 km. Elles sont plutôt tranquilles et sont envahies par de nombreux *snowbirds*, ces Québécois, Canadiens et Américains à la retraite.

Activités de plein air

➤ Canot et kayak

Le centre et le nord de Miami Beach
Blue Moon Outdoor Center
3400 NE 163rd St.
North Miami
♪ 305-957-3040
www.bluemoonmiami.com
Comptez 18$ pour la location d'un kayak de mer pour une durée minimale de 90 min *(25$ pour un kayak à deux places)*. Des visites guidées d'une durée de 2h à 3h sont également organisées *(entre 35$ et 55$ par pers.)*.

Everglades National Park
Plusieurs voies canotables sillonnent l'intérieur du parc national des Everglades. Elles permettent d'explorer des zones inaccessibles autrement. Le **Nine Mile Pond Canoe Trail**, au nord-est de Flamingo, court sur 8,3 km à travers une mangrove. On peut louer des canots sur place.

Le **West Lake Trail** fait quant à lui près de 13 km. Ce circuit suit les rives du West Lake jusqu'à un site dénommé Alligator Creek et traverse trois types de mangrove et des espèces de platane occidental.

Le **Wilderness Waterway** s'adresse pour sa part aux canoteurs d'expérience. Cette route navigable s'étire sur 165 km entre **Flamingo**, à l'extrême sud du parc, et **Everglades City**, à l'entrée ouest. Elle traverse d'innombrables baies dont la grande Whitewater Bay. Il faut prévoir entre 8 et 10 jours pour parcourir la distance. Des emplacements de camping sauvage et des abris où passer la nuit sont prévus le long du parcours. Il faut obtenir un permis aux centres d'accueil des visiteurs de Flamingo ou d'Everglades City, là où l'on peut également louer des canots.

➤ Excursions en bateau

Fort Lauderdale et ses environs
Carrie B. Harbor Tours
440 North New River Dr. E.
Fort Lauderdale
♪ 954-768-9920
www.carriebcruises.com
Croisières commentées de 1h30 sur les canaux de Fort Lauderdale. Départs au Riverwalk, angle Las Olas Boulevard et SE Fifth Avenue, à 11h, 13h et 15h tous les jours, durant l'hiver seulement. Comptez 20$ par adulte et 13$ par enfant.

Jungle Queen Riverboat
Bahia Mar Beach Resort and Yachting Center
801 Seabreeze Blvd.
Fort Lauderdale
♪ 954-462-5596
www.junglequeen.com
Croisières sur l'Intracoastal Waterway et la New River à bord de splendides navires à aubes (180 ou 550 passagers). Départs à 9h30 et 13h30 *(adultes 17,50$, enfants 12,75$)*.

➤ Golf
Le golf fait sans cesse de nouveaux adeptes en Floride. Voici quelques terrains des environs de Miami:

Miami Beach Golf Club
2301 Alton Rd.
Miami Beach
♪ 305-532-3350
www.miamibeachgolfclub.com
Un 18 trous. Normale 72.

Biltmore Golf Club
1210 Anastasia Ave.
Coral Gables
☎ 305-460-5366
www.biltmorehotel.com/golf.php
Un parcours à 18 trous (normale 71) aménagé aux abords du fameux Biltmore Hotel de Coral Gables.

Don Shula's Golf Club
7601 Miami Lakes Dr.
Miami Lakes
☎ 305-820-8106
www.donshulahotel.com
Un 18 trous. Normale 72.

Doral Golf Resort & Spa
4400 NW 87th Ave.
Miami
☎ 305-592-2000
www.doralgolf.com
Cinq parcours à 18 trous dessinés par des architectes paysagistes réputés. Normale 70 à 72.

Fairmont Turnberry Isle Resort & Club
19999 W. Country Club Dr.
Aventura
☎ 305-932-6200 ou 800-327-7028
www.fairmont.com/turnberryisle
Deux terrains de golf dessinés par le réputé Raymond Floyd s'étendent aux abords de cet hôtel de luxe (voir p. 115).

➤ Jogging

Miami Beach
S'il existe un sport qui demande un minimum d'équipement et d'accoutrement, c'est bien le jogging. Des sentiers asphaltés entre la plage et Ocean Drive se prêtent bien à cet exercice. De plus, entre 21th Street et 46th Street se trouve un ***boardwalk*** où les visiteurs peuvent se balader à leur guise.

➤ Motomarine
Ce bolide de mer qu'est la motomarine connaît une popularité grandissante. Certes, il peut être amusant de voler à toute vitesse sur les vagues de l'océan, mais il est important de faire preuve de prudence. Portez une attention particulière aux nageurs ainsi qu'aux autres véhicules nautiques et embarcations.

American Watersports
300 Alton Rd.
Miami Beach
☎ 305-538-7549
www.jetskiz.com
Comptez 60$ pour une demi-journée et 110$ pour la journée.

➤ Naturisme

Miami Beach
Haulover Beach *(à la hauteur de 10800 Collins Ave.)* est une plage réservée aux naturistes.

➤ Observation des oiseaux

Everglades National Park
La faune ailée est particulièrement riche à l'intérieur des limites du parc national des Everglades. On peut y observer facilement diverses espèces d'oiseaux, comme des aigrettes, des hérons, des pélicans bruns, des frégates, des spatules rosées, des ibis, des tantales d'Amérique, des flamants, des faucons, des vautours et autres rapaces. Les sentiers de randonnée pédestre (voir p. 100) permettent de s'adonner facilement à cette activité.

➤ Patin à roues alignées

South Beach
Se déplacer sous le soleil en patins à roues alignées entre Ocean Drive et la plage est une activité fort prisée. Plusieurs entreprises, entre autres sur Ocean Drive, font la location de l'équipement ainsi que des accessoires pour se protéger (casque, gants, genouillères et protège-coudes):

Fritz's Skate Shop
1620 Washington Ave.
South Beach
☎ 305-532-1954
www.fritzsmiamibeach.com
Comptez environ 10$ l'heure ou 25$ pour la journée.

➤ Pêche

Le centre et le nord de Miami Beach
Les fonds marins de la côte Atlantique pullulent de poissons de tout acabit et ont acquis une réputation internationale pour la pêche hauturière, une agréable occasion d'aller se balader au large et d'apprécier

les beautés de la mer. Si l'expérience vous intéresse, rendez-vous au nord de Miami Beach et montez à bord du bateau *Therapy-IV (10800 Collins Ave., Haulover Park, North Miami Beach, ♪ 305-945-1578, www.therapy4. com)*.

Everglades National Park

Des excursions de pêche ont comme point de départ la marina de **Flamingo**, à l'extrémité sud des Everglades, aux abords de la baie de Floride.

Fort Lauderdale et ses environs

Toutes sortes d'excursions de pêche partent de la marina du Bahia Mar Beach Resort and Yachting Center. Voici une adresse, mais sachez qu'il y en a plein d'autres :

Flamingo Drift Fishing
adultes 35$, enfants 25$
Bahia Mar Beach Resort and Yachting Center
801 Seabreeze Blvd.
Fort Lauderdale
♪ 954-462-9194
www.flamingofishing.com
Trois excursions par jour : 8h à 12h, 13h à 17h et 19h à 23h.

Ceux qui préfèrent s'installer confortablement sur une jetée pour lancer leur ligne seront heureux d'apprendre que la région en compte plusieurs : **Dania Pier** *(Dania Beach Blvd., Dania)*, **Anglin's Pier** *(NE 50th St., Lauderdale-by-the-Sea)*, **Pompano Pier** *(Atlantic Blvd., Pompano Beach)* et **Deerfield Pier** *(Deerfield Beach)*.

➤ Plongée sous-marine

La plongée sous-marine permet de découvrir les fonds marins peuplés de bancs de poissons colorés vivant dans un milieu étonnant. Que vous soyez un plongeur expérimenté ou un simple amateur en quête d'euphorie, il n'en demeure pas moins qu'il s'agit d'une activité qui exige une certaine préparation et prudence. Il va sans dire que les personnes qui n'ont jamais pratiqué ce sport doivent **absolument** prendre un cours de certification. On vous suggère de vous acheter un appareil photo utilisable dans l'eau pour immortaliser le spectacle.

South Beach
South Beach Divers
850 Washington Ave.
South Beach
♪ 305-531-6110
www.southbeachdivers.com
Cette entreprise propose des cours de certification et organise des excursions sous-marines en tout genre aux environs de Miami et jusqu'à Key Largo.

Le centre et le nord de Miami Beach
H2O Scuba
♪ 305-956-3483
14382 Biscayne Blvd.
North Miami Beach
♪ 305-956-3483
www.h2oscuba.com
Cette boutique propose des cours de certification et loue l'équipement nécessaire pour pratiquer la plongée sous-marine.

Key Biscayne
L'un des meilleurs endroits où s'adonner à la plongée sous-marine dans les environs de Miami est le **Biscayne National Park** *(9700 SW 328th St., Homestead, ♪ 305-230-1100, www.nps.gov/bisc)*, dont 95% du territoire se trouve sous l'eau.

Fort Lauderdale et ses environs

On retrouve plusieurs sites de plongée appréciés des amateurs dans les environs de Fort de Lauderdale. On y compte notamment quelque 80 vaisseaux coulés volontairement pour en faire des épaves artificielles. Voici quelques adresses d'organisateurs d'excursions :

American Dream Dive Charters
Hyatt Regency Pier Sixty-Six
2301 SE 17th St.
Fort Lauderdale
♪ 954-577-0338
www.scubafortlauderdale.com
Comptez entre 55$ et 70$ par adulte pour une excursion.

Pro Dive
adultes 35$, enfants 21$
429 Seabreeze Blvd.
Fort Lauderdale
♪ 954-776-3483
www.prodiveusa.com
Le bateau à fond de verre de Pro Drive conduit les plongeurs vers divers sites reconnus. Départs : lun-ven à 9h et sam-dim à 14h.

➤ Plongée-tuba

Un masque, des palmes, un tuba, un maillot de bain et un peu de volonté, voilà tout ce qu'il vous faut pour explorer le fascinant monde du silence. Les centres de plongée sous-marine nommés ci-dessus louent les accessoires requis.

➤ Randonnée pédestre

Key Biscayne

Le **Bill Baggs Cape Florida State Park** *(1200 S. Crandon Blvd., ☎ 305-361-5811, www. floridastateparks.org/capeflorida)* dispose d'aires de pique-nique et de sentiers pédestres qui offrent aux visiteurs le calme et l'évasion qu'ils recherchent.

Everglades National Park

Deux sentiers de randonnée pédestre ont comme point de départ le **Royal Palm Visitor Center**, à l'entrée est du parc. L'**Anhinga Trail** est une boucle de moins de 1 km qui permet néanmoins l'observation des tortues, des lapins, de divers oiseaux et même des alligators. Cette piste facile aménagée sur des passerelles de bois est particulièrement appréciée des visiteurs accompagnés de jeunes enfants. Le second sentier est le **Gumbo-Limbo Trail**, une autre boucle de 1 km qui serpente à travers une végétation abondante composée de palmiers et d'orchidées.

Plus loin, près du Long Pine Key Campground, se trouvent les **Long Pine Key Trails**, un réseau de 45 km de sentiers serpentant à travers une forêt de pins. On peut y apercevoir des cerfs à queue blanche, des opossums et des ratons laveurs.

À 20 km de l'entrée est du parc, le court **Pa-hay-okee Overlook Trail** donne accès à une tour d'observation. De là-haut, on peut admirer la spectaculaire «rivière d'herbe» qu'est la Shark River. Des faucons et des vautours peuvent être aperçus dans les parages.

À 35 km de l'entrée, le **Mahogany Hammock Trail** sillonne une forêt d'acajous sur environ 1 km. Une quinzaine de kilomètres plus loin, le **West Lake Trail**, une autre courte piste de moins de 1 km, permet d'explorer une mangrove.

Au départ du Flamingo Visitor Center, plusieurs autres sentiers sont accessibles: le **Christian Point Trail** (6 km), le **Snake Bight Trail** (5,5 km), le **Rowdy Bend Trail** (8,5 km) et le **Coastal Prairie Trail** (25 km). Ces sentiers permettent l'exploration de la prairie côtière du sud-ouest du parc national des Everglades. On y remarque divers variétés de cactus et de yuccas.

➤ Surf

Les vagues qui se brisent sur Miami Beach et ses alentours ne sont guère propices pour s'adonner aux plaisirs du surf, mais ceux qui y tiennent vraiment peuvent se diriger vers la partie plus méridionale de South Beach, là où se trouve le **South Point Park**.

➤ Surf cerf-volant

Avis aux téméraires et aux curieux à la recherche de nouvelles sensations, le personnel de l'**East Coast Kiteboarding School** *(1841 SW 81st Ave., Fort Lauderdale, ☎ 954-295-5778, www.eastcoastkiteboarding.com)* se déplace pour donner des cours de surf cerf-volant: sur les plages de Miami, de Fort Lauderdale, de Biscayne Bay, de Dania et d'Hollywood. Le surf cerf-volant est un sport hybride qui combine le surf et le cerf-volant de traction, ce qui permet de glisser sur l'eau à très haute vitesse et de réaliser des prouesses aériennes.

➤ Tennis

Le **Sony Ericsson Open** *(www.sonyericssonopen. com)* a lieu sur Key Biscayne, au **Crandon Park Tennis Center** (voir p. 168), à la fin du mois de mars. Le reste de l'année, tout un chacun peut s'y rendre afin de s'imaginer dans la peau de Roger Federer ou de Rafael Nadal en train de frapper la balle. S'y trouvent des terrains d'argile, de gazon naturel et de surface dure.

➤ Vélo

Les visiteurs peuvent se balader sur la piste cyclable qui longe Ocean Drive et la plage à la hauteur de South Beach, ainsi que sur l'**Old Cutler Bike Path** *(entre SW 72nd St. et SW 224th St.)* et la **Snapper Creek Bikeway** *(SW 117th Ave. entre SW 16th St. et SW 72nd St.)*.

Plusieurs hôtels louent des bicyclettes, de même que quelques boutiques de vélos dont celles-ci :

Miami Beach Bicycle Center

601 Fifth St.
South Beach
☎ 305-674-0150
www.bikemiamibeach.com
Comptez 12$ l'heure ou 28$ pour la journée.

Key Cycling

Galleria Shopping Center
328 Crandon Blvd., Suite 121
Key Biscayne
☎ 305-361-0061
www.keycycling.com
Cette entreprise loue des vélos de montagne et des vélos hybrides. Comptez 15$ pour 2h ou 24$ pour la journée.

Everglades National Park

La **Shark Valley Loop Road** (voir p. 85), un sentier asphalté de 25 km formant une boucle auquel on accède par l'entrée nord du parc national des Everglades, se prête particulièrement bien à une balade à vélo. On peut louer des vélos au **Shark Valley Visitor Center** (☎ 305-221-8776). Comptez 7,25$ l'heure. Il y a aussi des visites à vélo commentées par des naturalistes qui sont organisées, et ce, sans frais supplémentaires; elles durent environ 3h.

Des vélos peuvent aussi être loués au centre d'accueil des visiteurs de **Flamingo** (☎ 239-695-2945).

➤ Visites en hydroglisseur

Everglades National Park

Les hydroglisseurs (*airboats* en anglais) sont des embarcations à fond plat mues par de grandes hélices aériennes situées à l'arrière. Ils peuvent se déplacer à grande vitesse partout dans les Everglades. De nombreuses entreprises proposent des excursions à bord de ces véhicules. En voici quelques-unes :

Everglades Alligator Farm

40351 SW 192nd Ave.
Homestead
☎ 305-247-2628
www.everglades.com
Comptez 23$ par adulte et 15,50$ par enfant, incluant la visite d'une ferme d'élevage et la présentation de spectacles.

Everglades Private Airboat Tours

Tamiami Trail (US Highway 41)
au sud de Naples
☎ 800-368-0065
www.epat.cc
Embarcations de petite taille. Comptez 40$ par adulte et 12$ par enfant pour 1h.

Captain Doug's Small Airboat Tours

State Rd. 29
Everglades City
☎ 800-282-9194
www.captaindougs.com
Embarcations de petite taille.

Hébergement

Miami propose vraiment toute la gamme de lieux d'hébergement possible, des terrains de camping aux hôtels les plus luxueux, en passant par les motels, les petites auberges sympathiques, les hôtels-boutiques et les hôtels de chaînes nationales et internationales. En plus, la formule des *bed and breakfasts* est disponible presque partout. Ces gîtes touristiques sont souvent aménagés dans de jolies maisons traditionnelles harmonieusement décorées.

À l'autre extrémité de l'échelle des prix se trouvent les hôtels de très grand luxe. Ces établissements donnent la possibilité de pratiquer plusieurs activités: golf, équitation, tennis, etc. Ils abritent aussi de très bons restaurants, des bars et même parfois des salles de spectacle. Toutes ces installations sont accessibles sur le site de l'hôtel, de sorte que les visiteurs peuvent y passer toutes leurs vacances à forfait

Si vous participez à un congrès au Miami Beach Convention Center, nous vous suggérons de loger dans un hôtel de South Beach près de 20th Street. Cela vous permettra de vous déplacer aisément à pied depuis votre hôtel jusqu'à votre congrès. South Beach abrite la plus grande concentration d'immeubles Art déco du globe et fourmille de bars, de restaurants et de boîtes de nuit. La plupart des hôtels de South Beach furent érigés autour des années 1930 et furent rénovés en raison de la soudaine popularité grandissante pour cette destination. Mis à part quelques exceptions, ces établissements sont relativement petits et sont tenus par des entreprises privées, mais procurent un confort tout à fait convenable. L'inconvénient majeur lorsque vous séjournez à Miami Beach est le manque évident de places de stationnement. En effet, rares sont les hôtels qui vous offrent la possibilité de garer votre véhicule sans défrayer les coûts de *valet parking* (entre 10$ et 50$).

➤ Les prix

Tous les prix indiqués dans le présent chapitre s'appliquent à des chambres pour deux personnes avant taxes durant la haute saison touristique, soit de décembre à mars. En effet, au cours de cette période, le taux d'occupation des hôtels est exceptionnellement élevé. Par conséquent, si vous prévoyez loger à Miami en saison, on vous suggère vivement de réserver votre chambre quelques mois à l'avance. La majorité des hôtels exigent un numéro de carte de crédit afin qu'ils puissent garder votre chambre en réserve. Durant la saison basse, d'avril à novembre, de nombreux hôtels louent leurs chambres à la baisse et vont jusqu'à accorder des rabais de 25% à 45% selon la période et la durée du séjour.

Les établissements hôteliers sont classés ici du plus abordable au plus cher. Les taxes sur l'hébergement varient d'une ville à l'autre. À la taxe d'État de base (6%) peuvent en effet s'ajouter des taxes municipales et des taxes dédiées à la promotion touristique. Attendez-vous donc à voir apparaître sur votre note d'hôtel un supplément d'environ 10% en moyenne pour couvrir ces taxes.

$	moins de 80$
$$	de 80$ à 125$
$$$	de 126$ à 200$
$$$$	de 201$ à 300$
$$$$$	plus de 300$

Les prix sont, bien sûr, sujets à changement en tout temps. De plus, sachez qu'il peut y avoir une grande variation de prix entre les chambres d'un même hôtel. Souvenez-vous de bien vous informer des forfaits proposés et des rabais offerts aux corporations, membres de diverses associations, etc.

➤ Les symboles

Les divers services offerts par chacun des établissements hôteliers sont indiqués à l'aide d'un petit symbole qui est expliqué dans la liste des symboles se trouvant dans les premières et dernières pages de ce guide. Rappelons que cette liste n'est pas exhaustive quant aux services offerts par chacun des établissements hôteliers, mais qu'elle représente les services les plus demandés par leur clientèle. Attention, la présence d'un symbole ne signifie pas que toutes les chambres sont pourvues de ce service; il vous faudra parfois débourser un supplément au prix indiqué pour obtenir par exemple un foyer ou une baignoire à remous. Par contre, si le petit symbole n'est pas apposé à un établissement, c'est probablement parce que l'établissement ne peut pas vous offrir ce service. Il est à noter que, sauf indication contraire, tous les établissements hôteliers inscrits dans ce guide offrent des chambres avec salle de bain privée.

➤ Le label Ulysse

Le label Ulysse est attribué à nos établissements favoris (hôtels et restaurants). Bien que chacun des établissements inscrits dans ce guide s'y retrouve en raison de ses qualités ou particularités, en plus de son rapport qualité/prix, de temps en temps un établissement se distingue parmi d'autres. Ainsi il mérite qu'on lui attribue un label Ulysse. Les labels Ulysse peuvent se retrouver dans n'importe lesquelles des catégories d'établissements: supérieure, moyenne-élevée, petit budget. Quoi qu'il en soit, dans chacun de ces établissements, vous en aurez pour votre argent. Repérez-les en premier!

Les favoris d'Ulysse

➤ Pour l'accueil
Acqualina Resort
& Spa on the Beach 124
Fairmont Turnberry Isle Resort
& Club 115
The Setai 112

➤ Pour l'ambiance branchée
Sanctuary South Beach 110
Shore Club 112
Townhouse 108
W Fort Lauderdale 122
W South Beach 113

➤ Pour les amateurs d'histoire
Biltmore Hotel 118

➤ Pour l'ambiance délurée
Pelican Hotel 109

➤ Pour l'ambiance romantique
Hotel Ocean 110

➤ Pour la piscine
Biltmore Hotel 118
Fontainebleau Miami Beach 113
National Hotel 112
Raleigh Hotel 112

➤ Pour le spa
Eden Roc A Renaissance Beach
Resort & Spa 113
The Setai 112
The Standard Miami 110

➤ Pour les amateurs de golf
Fairmont Turnberry Isle
Resort & Club 115

➤ Pour les amateurs de design
Delano Hotel 111
Hotel Victor 111

➤ Pour l'atmosphère méditerranéenne
Blue Moon Hotel & Bar 109
Casa Tua 111

➤ Pour faire la fête
Chesterfield Hotel,
Suites & Day Spa 108
Clevelander Hotel 106

➤ Pour le meilleur rapport qualité/prix
Aqua Hotel 106
Villa Paradiso 106

Hébergement - Introduction

South Beach

Clay Hotel
$ dortoir
$$ chambre
♨ ≡ ☜ ❋

1438 Washington Ave.
☎ 305-534-2988 ou 800-379-2529
www.clayhotel.com

Ouvert à ceux qui ont des contraintes budgétaires, le Clay Hotel, très bien situé, est à la fois un hôtel et une auberge de jeunesse qui se dresse à l'angle de Washington Avenue et de la charmante Española Way. Ancienne demeure du musicien cubain Desi Amaz, qui lança la mode de la rumba, l'établissement propose des chambres privées simples, mais qui procurent un confort tout à fait honorable, et des dortoirs à des prix qui défient toute concurrence. Ce lieu d'hébergement est très populaire auprès des globe-trotters venus des quatre coins du monde pour profiter du soleil floridien et pour s'échanger des histoires de voyage. Choisissez une chambre qui s'ouvre sur un balcon.

Aqua Hotel
$$ ☜ ≡ @ ☜ 🔒 @

1530 Collins Ave.
☎ 305-538-4361
www.aquamiami.com

Situé tout près de Lincoln Road et à quelques minutes de marche de la plage, l'Aqua est un petit hôtel-boutique qui pratique des tarifs abordables. L'établissement est surtout populaire auprès des Européens en vacances. Les 45 chambres sont joliment décorées et offrent tout le confort moderne. Accès Internet et lecteur CD dans toutes les chambres. Accueil très courtois et service soigné.

South Beach Plaza Villas
$$-$$$ ≡ ❋ ☜ @

1411 Collins Ave.
☎ 305-531-1331
www.brighamgardens.com

Le South Beach Plaza Villas est une petite oasis de tranquillité nichée juste à côté de la Villa Paradiso (voir ci-dessous). On y loue des chambres et des suites réparties dans deux bâtiments de style Art déco et méditerranéen, ainsi que des bungalows. Après une journée à la plage, installez-vous au sein du jardin à l'aspect bucolique, enfoncez-vous dans le hamac, écoutez le pépiement des oiseaux qui se mêle au tintement des carillons éoliens et laissez la brise vous caresser le visage, le temps d'oublier le brouhaha qui règne sur Ocean Drive.

Villa Paradiso
$$-$$$ ☜ ≡ ❋ @

1415 Collins Ave.
☎ 305-532-0616
www.villaparadisohotel.com

Située à une rue de la plage, la Villa Paradiso dispose de chambres et de studios tranquilles au plancher de bois franc qui s'organisent autour d'une cour intérieure ombragée. Une cuisinette, avec service de couverts et machine à café, se trouve dans chaque chambre. L'hôtel plaira à tous ceux qui cherchent un peu de tranquillité, mais qui souhaitent se déplacer aisément jusqu'aux restaurants ou être près de l'animation nocturne. L'établissement propose aussi un service de blanchisserie.

Island House South Beach
$$-$$$$ ☜ ≡ 🔒

1428 Collins Ave.
☎ 305-864-2422 ou 800-382-2422
www.islandhousesouthbeach.com

L'Island House South Beach revendique le titre du plus grand établissement hôtelier gay de South Beach. On y loue des chambres, des studios et des suites bien équipées. L'hôtel est bien situé près de la plage et de l'animation nocturne. Accueil sympathique et service empressé.

The Kent Hotel
$$-$$$$ ☜ ≡ 🔒 ♨ @

1131 Collins Ave.
☎ 305-604-5068 ou 866-826-5368
www.thekenthotel.com

La réception du Kent Hotel est agrémentée de couleurs vives qui se déclinent sous des tons de rose, d'orange et de mauve, et est garnie d'un mobilier aux formes géométriques stylisées. Chaque chambre est pourvue d'un plancher de bois franc et équipée d'un grand téléviseur à écran plat ainsi que de lecteurs CD et DVD. Fierté de l'hôtel, la suite Lucite couvre près 75 m² et s'orne d'un ameublement rétro qui plonge le visiteur dans les années 1950. Bon rapport qualité/prix.

Clevelander Hotel
$$$ ≡ ≋ ♨ ☜ @

1020 Ocean Dr.
☎ 305-532-4006 ou 877-532-4006
www.clevelander.com

Ceux qui aiment faire la fête toute la nuit plutôt que de s'endormir dans l'impatience du lendemain peuvent opter pour le Clevelander Hotel. En effet, non seulement l'établissement se trouve-t-il en plein cœur de l'animation nocturne, mais aussi la musique tonitruante de son bar du rez-de-chaussée mêlée au bruit des conver-

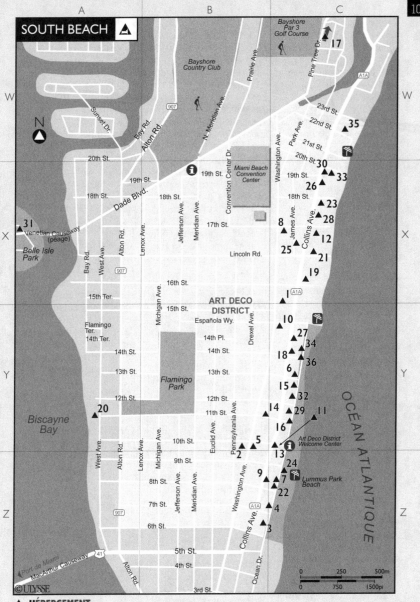

▲ HÉBERGEMENT

1. CX Aqua Hotel	**13.** CY Essex House	**25.** CX Sanctuary South Beach
2. BY Astor Hotel	**14.** BY Hotel Nash	**26.** CX Shore Club
3. BZ Avalon Hotel	**15.** CY Hotel Ocean	**27.** CX South Beach Plaza Villas
4. CZ Beacon Hotel	**16.** CY Hotel Victor	**28.** CX South Seas Hotel
5. BY Blue Moon Hotel & Bar	**17.** CW Indian Creek Hotel	**29.** CY The Kent Hotel
6. CY Cardozo Hotel	**18.** CY Island House South Beach	**30.** CX The Setai
7. CZ Casa Grande Suite Hotel	**19.** CX Loews Miami Beach Hotel	**31.** AX The Standard Miami
8. CX Casa Tua	**20.** AY Mondrian	**32.** CY The Tides Hotel
9. BZ Chesterfield Hotel, Suites & Day Spa	**21.** CX National Hotel	**33.** CX Townhouse
10. CY Clay Hotel	**22.** CZ Pelican Hotel	**34.** CY Villa Paradiso
11. CY Clevelander Hotel	**23.** CX Raleigh Hotel	**35.** CW W South Beach
12. CX Delano Hotel	**24.** CZ Room Mate Waldorf	**36.** CY Winter Haven

guidesulysse.com

sations résonne jusqu'aux petites heures du matin. Les 60 chambres, quant à elles, sont bien équipées et propres, mais bruyantes. Parmi les autres installations que l'établissement propose à sa clientèle jeune et fringante, notons son gymnase qui surplombe le bar et la piscine.

Room Mate Waldorf
$$$ ≡ ❄ 🔒 ♨ @
860 Ocean Dr.
☎ 305-531-7684 ou 800-933-2322
www.waldorftowers.com
Construit en 1937 dans le plus pur style Art déco, le Room Mate Waldorf, un élégant hôtel-boutique, compte une quarantaine de chambres de dimensions relativement modestes qui présentent aujourd'hui une décoration épurée et design.

Avalon Hotel
$$$-$$$$ 🕮 ≡ 🔒 ♨ @
700 Ocean Dr.
☎ 800-933-3306
www.avalonhotel.com
Arborant une très belle architecture profilée, l'Avalon Hotel renferme des chambres confortables garnies d'un mobilier fonctionnel. Toutes se révèlent lumineuses et agrémentées de tissus d'ameublement aux tons délicats. Location de DVD, accès Internet gratuit près de la réception, bar et *valet parking* complètent les services et installations de l'hôtel. Bref, le confort, la situation et l'extrême gentillesse du personnel incitent plus d'un voyageur à prolonger son séjour.

Chesterfield Hotel, Suites & Day Spa
$$$-$$$$ 🕮 ≡ 🔒 ♨ 🍴 @
855 Collins Ave.
☎ 305-531-5831
www.southbeachgroup.com
En poussant la porte du Chesterfield Hotel, le ton est donné sur le champ: la réception et le bar affichent une décoration hybride d'art africain et de matériaux modernes stylisés. Surprenant, le hall ne fait toutefois pas ombrage aux chambres qui se révèlent toutes chaleureuses et contemporaines. Situé tout près d'Ocean Drive, cet hôtel-boutique constitue une bonne adresse pour ceux qui désirent séjourner près de la plage tout en étant au cœur de l'animation nocturne de South Beach. L'établissement offre gratuitement un service de navette pour l'aéroport de Miami.

Essex House
$$$-$$$$ 🕮 ≡ ♨ 🌀 ❄ @
1001 Collins Ave.
☎ 305-534-2700
www.essexhotel.com
L'Essex House s'ajoute à la liste des hôtels à l'architecture profilée. Le hall a gardé des traces de son passé comme ses boiseries foncées, ses luminaires design et sa vieille toile illustrant les Everglades qui fut même retouchée par l'artiste original. On raconte que la salle du fond, qui sert aujourd'hui de bar, constitue un ancien repaire où Al Capone et ses complices aimaient jouer aux cartes. On y sert aujourd'hui le petit déjeuner le matin. À l'extérieur, le grand balcon est un agréable endroit où flâner. Il donne sur une minuscule mais néanmoins séduisante piscine. Certaines chambres sont dotées d'un réfrigérateur et d'une cafetière. Il y a aussi des suites avec coin salon et vaste salle de bain équipée d'une baignoire à remous. Le service est efficace et attentionné.

South Seas Hotel
$$$-$$$$ 🕮 ≡ 🔒 ♨ ♨ @
1751 Collins Ave.
☎ 800-345-2678
www.southseashotel.com
L'agréable South Seas Hotel présente une architecture Art déco. Situé à deux rues du centre des congrès et à quelques minutes de marche de Lincoln Road et d'Ocean Drive, cet établissement propose une centaine de chambres qui comportent un mobilier moderne et une décoration tout en blanc aux lignes épurées. Toutes les chambres disposent d'un coffret de sûreté, d'une planche et d'un fer à repasser. Les salles de bain scintillent de propreté et sont pourvues de planchers de céramique et de séchoirs. Choisissez l'une des chambres qui donnent sur l'arrière pour profiter de la vue de la ravissante piscine chauffée avec la mer en toile de fond. Derrière l'hôtel, un bar et une aire de repos permettent aux clients de siroter un *mojito* après une journée à la plage. Le journal est offert gratuitement le matin.

Townhouse
$$$-$$$$ 🕮 ≡ 🔒 ❄ @
150 20th St.
☎ 305-534-3800 ou 877-534-3800
www.townhousehotel.com
Situé non loin de Lincoln Road, le Townhouse est un hôtel-boutique empreint d'un esprit très contemporain qui abrite des chambres à la blancheur immaculée dégageant un esthétisme minimaliste de luxe. Non seulement le décor est tout ce qu'il y a de plus contemporain, mais elles comportent aussi un téléviseur à cristaux liquides (ACL), une station d'accueil pour iPod et un accès Internet sans fil.

Pas de spa ni de piscine, mais une terrasse sur le toit équipée de très grands lits d'eau et d'énormes parasols, ainsi qu'une vue sur la mer. Le soir venu, la terrasse est animée par une clientèle mode et jeune. Côté gastronomie, au sous-sol de l'établissement, se trouve l'un des restaurants les plus courus de South Beach, le **BONDST** (voir p. 134), qui se transforme en club très sélect la nuit.

Winter Haven
$$$-$$$$ ✆ ≡ @ 🔒
1400 Ocean Dr.
✆ 305-531-5571
www.winterhavenhotelsobe.com

Le Winter Haven jouit d'une remarquable situation face à la plage. Son hall sur deux niveaux s'avère quant à lui spectaculaire. C'est là qu'est servi le petit déjeuner continental tous les matins, que plusieurs décident toutefois d'aller prendre sur l'agréable véranda où il fait bon se détendre en regardant les passants qui déambulent sur Ocean Drive. De magnifiques photos anciennes de South Beach couvrent les murs du hall, des couloirs et des chambres. Ces dernières ont des dimensions modestes, mais sont tout de même fort agréables avec leurs stores de bois qui s'agencent délicatement avec le beige des murs de stuc. Sur le toit, une terrasse avec chaises longues permet de goûter à une vue partielle de la plage. À noter que le Winter Haven appartient aux mêmes propriétaires que le Blue Moon (voir ci-dessous). Ainsi, bien qu'il n'y ait pas de piscine ici, les clients de l'établissement sont les bienvenus à celle de l'autre maillon de la chaîne.

Astor Hotel
$$$-$$$$ ≡ ♨ ☀ ⚓ 🔒
956 Washington Ave.
✆ 305-531-8081 ou 800-270-4981
www.hotelastor.com

L'Astor Hotel fut inauguré en 1936, mais les travaux de rénovation effectués au début des années 1990 ont définitivement modernisé ses installations. Situé à deux pas du Wolfsonian Museum, l'hôtel dispose de chambres tranquilles, empreintes d'élégance et meublées avec goût. S'y trouve aussi un excellent restaurant, ouvert sur un bar installé près d'une petite piscine où clapote une cascade. Le personnel souriant fera l'impossible pour rendre votre séjour le plus agréable possible.

ULYSSE

Blue Moon Hotel & Bar
$$$-$$$$ ≡ ⚔ ≋ 🔒
944 Collins Ave.
✆ 305-673-2262 ou 800-553-7739
www.bluemoonhotel.com

Le Blue Moon était jadis connu sous le nom de Lafayette Hotel, mais il a depuis changé d'administration à quelques reprises pour devenir le très bel établissement d'aujourd'hui. On ne peut manquer sa jolie façade blanche, flanquée de grands palmiers, et ses auvents bleus et blancs. Son hall, muni de ventilateurs de plafond aux palmes de tissu, prend des allures nettement méditerranéennes, ce que confirment les environs de la jolie piscine située à l'arrière. Un ascenseur à l'ancienne mène aux quelque 75 chambres réparties en deux bâtiments distincts. Chacune des chambres est baignée de lumière naturelle, en plus d'être décorée avec goût et un brin d'audace: couleurs joyeuses, éléments

amusants comme des ventilateurs de plafond en forme d'hélice d'avion. Minibar et lecteur CD dans chaque chambre.

Indian Creek Hotel
$$$-$$$$ ≡ ≋ ♨ @ ☀
2727 Indian Creek Dr.
✆ 305-531-2727 ou 800-491-2772
www.indiancreekhotel.com

Situé légèrement au nord de South Beach, l'Indian Creek Hotel semble figé dans le souvenir de 1936 et illustre merveilleusement bien la tendance Art déco qui a marqué Miami au début du XXe siècle. En effet, les chambres, le hall et le restaurant sont garnis de meubles et de bibelots qui plongent le visiteur directement au début des années 1930. Le service est franc et souriant.

ULYSSE

Pelican Hotel
$$$-$$$$$ ✆ ≡ 🔒 ♨ ☀ @
826 Ocean Dr.
✆ 305-673-3373
www.pelicanhotel.com

Appartenant au groupe Diesel, le Pelican Hotel est le rendez-vous des habitués qui apprécient le caractère unique et déluré de ses 30 chambres. En effet, chacune s'ouvre sur un univers particulier qui varie du psychédélique (*Psychedelic Girl*) au bordélique (*Best Whorehouse*), en passant par le kitsch urbain (*Viva Las Vegas*) et le ludique (*Me Tarzan, You Vain*). Bref, un lieu résolument hors normes pour un monde adulte.

Beacon Hotel
$$$-$$$$$ ≡ @
720 Ocean Dr.
✆ 305-674-8200 ou 877-674-8200
www.beacon-hotel.com

Très bien situées en plein cœur d'Ocean Drive, les chambres du sympathique

Beacon Hotel, à l'architecture profilée, sont dallées de marbre et reluisent de propreté tout en mariant confort et élégance.

Sanctuary South Beach
$$$$ ≡ 🛁 🗑 🍴 @
1745 James Ave.
☎ 305-673-5455
www.sanctuarysobe.com
Un peu hors des sentiers battus dans une rue plutôt tranquille, mais situé à quelques minutes de marche seulement de Lincoln Road, le Sanctuary abrite 30 suites luxueuses et spacieuses équipées de grands lits douillets, d'une cuisinette, d'une machine à café et d'un téléviseur plasma. Toutes les suites donnent sur une cour intérieure enjolivée d'un jardin japonais qui distille une ambiance résolument zen. Les résidants dans le coup et les touristes de passage branchés se donnent rendez-vous au restaurant de l'hôtel, **Ola** (voir p. 138), l'une des adresses gastronomiques de Miami. Après une nuit à faire la fête, les occupants peuvent également se ragaillardir au spa de l'hôtel.

Hotel Nash
$$$-$$$$$ 🐾 ≡ 🔒 ≋ 🍴 @
1120 Collins Ave.
☎ 305-674-7800 ou 800-403-6274
www.hotelnash.com
À deux pas d'Ocean Drive, des boîtes de nuit de Miami Beach et du Lincoln Road Mall, l'Hotel Nash cultive le chic urbain et promet un séjour placé sous le signe de la classe et de la discrétion. La décoration épurée et sensuelle interprète avec intelligence le minimalisme en vogue, en jouant avec une palette de

matériaux discrets et élégants. Les portes françaises de la terrasse s'ouvrent sur trois thermes remplis d'eau douce, d'eau minérale ou d'eau salée. Autre valeur ajoutée : le restaurant de l'hôtel, **Mark's** (voir p. 136), gagne la faveur des gourmets dans le coup. Personnel professionnel et avenant.

Cardozo Hotel
$$$$-$$$$$ ≡ 🍴 @
1300 Ocean Dr.
☎ 305-535-6500 ou 800-782-6500
www.cardozohotel.com
Appartenant à la célèbre chanteuse Gloria Estefan, le Cardozo Hotel fait face à la plage et constitue un bel exemple de l'architecture déroutante dite profilée. L'établissement compte une quarantaine de chambres réparties sur trois étages. Toutes sont impeccables, coquettes et dotées de planchers de bois franc.

Casa Grande Suite Hotel
$$$$-$$$$$ ≡ 🗑 🍴 🐾 @
834 Ocean Dr.
☎ 305-672-7003
www.casagrandesuitehotel.com
De l'extérieur, la sobre élégance du Casa Grande Suite Hotel attire peu l'attention parmi la pléthore d'hôtels ayant pignon sur Ocean Drive. Pourtant il s'agit sans doute d'un des meilleurs hôtels de Miami et certes de l'un des plus invitants. La riche décoration des 34 unités, dont certaines sont des studios tandis que d'autres comportent de une à trois chambres à coucher, juxtapose avec brio des motifs Art déco au caractère antique de certains meubles et objets d'art. Le mobilier est fait d'acajou ou de teck, les lampes éclairent de

jolis batiks, et les tapis sont importés d'Indonésie.

Hotel Ocean
$$$$-$$$$$ ≡ 🗑 🍴 🔒 🐾 @
1230 Ocean Dr.
☎ 305-672-2579
www.hotelocean.com
Mieux vaut réserver à l'avance si vous prévoyez loger à l'Hotel Ocean. En effet, l'hôtel ne dispose que de 27 suites spacieuses à la décoration recherchée. Chaque suite comprend un coffret de sûreté, un minibar ainsi qu'une petite chaîne stéréo et un lecteur CD. L'accent est mis sur le confort, l'élégance et la quiétude, l'insonorisation remarquable des pièces faisant en sorte qu'il est possible de s'isoler complètement de la cacophonie d'Ocean Drive à tout moment. Le personnel, polyglotte, cordial et dévoué, offre un service personnalisé qui vous donnera davantage la sensation d'être le propriétaire d'une petite copropriété qu'un vacancier de passage. Compte tenu de son emplacement et de la qualité supérieure des chambres, les tarifs de l'hôtel sont abordables. Bref, cet établissement au style architectural tout à fait méditerranéen est un vrai petit bijou.

The Standard Miami
$$$$-$$$$$ ≡ 🔒 ❄ @ 🍴 ≋ 🍴
40 Island Ave.
☎ 305-673-1717
www.standardhotels.com/miami
Lieu de villégiature revitalisant, The Standard Miami est un hôtel-boutique niché dans une île privée reliée à South Beach par un pont. Décorées avec goût et dotées de jolis planchers de bois, les chambres procurent tout le confort

nécessaire pour profiter d'un séjour agréable. L'établissement dispose aussi d'une spectaculaire piscine à débordement, ainsi que d'un spa de 250 m² dédié au bien-être, à la détente, mais aussi à la remise en forme: on y donne des massages relaxants et tonifiants pour dénouer le stress urbain, ainsi qu'une belle gamme de soins de santé. Le personnel traite les hôtes avec égard et sollicitude.

Casa Tua
$$$$$ ≡ 🔒 ♨ @
1700 James Ave.
☎ 305-673-0973
www.casatualifestyle.com
Hôtel-boutique au style méditerranéen, la Casa Tua joue la carte de l'intimité en ne proposant que six suites élégantes et luxueuses. Des fontaines qui clapotent paresseusement et un aménagement paysager verdoyant ajoutent à la qualité de l'établissement. Qui plus est, le restaurant éponyme (voir p. 138) attire les éloges des artistes du cinéma, des mannequins et de leurs émules. L'attention porté au moindre désir conjugué au service personnalisé et courtois en fait un gage de vacances réussies.

Delano Hotel
$$$$$ ≡ ☷ ♨ ⸸ ⛴ @
1685 Collins Ave.
☎ 305-672-2000
www.delano-hotel.com
Limousines et autres bagnoles rutilantes sont souvent garées devant la porte du Delano Hotel. Malgré ses tarifs prohibitifs, l'établissement est populaire auprès du gratin qui veut «voir et être vu». Aussi est-il préférable de réserver à l'avance si vous prévoyez loger ici. Les chambres

sont immaculées de blanc et sans reproche, mais les visiteurs préfèrent passer plus de temps à déambuler à travers le rez-de-chaussée au décor délirant et captivant, signé Philippe Starck, qui les plonge en effet dans un univers unique, déroutant et fascinant, composé d'immenses colonnes séparées par de fins voiles blancs suspendus au plafond entre lesquelles se succèdent une cuisine, des recoins pour l'intimité, d'énormes miroirs, une table de billard, des meubles stylisés futuristes et un bar où l'on s'accoude pour prendre un verre et admirer le spectacle. Finalement, en poussant la porte du fond, on arrive devant un jeu d'échecs géant, installé près de la piscine, et l'on voit d'autres objets hétéroclites dispersés çà et là, le tout semblant être sorti de l'imagination débridée et étrange d'un Fellini ou d'un Dalí.

Hotel Victor
$$$$$
≡ 🔒 ☷ ♨ ♿ ⛎ ⫻ ⛴ ◎ @
1144 Ocean Dr.
☎ 305-428-1234
www.hotelvictorsouthbeach.com
Situé à côté de l'ancienne maison du défunt Gianni Versace, le Victor figure sur la liste des fleurons de l'hôtellerie contemporaine de South Beach. La décoration de cette escale urbaine est signée par le designer français Jacques Garcia, à qui l'on doit le célèbre Hôtel Costes à Paris et le restaurant Spice Market à New York. La réception aux courbes sensuelles et au mobilier stylisé ressemble davantage à un bar branché qu'à un hall d'hôtel. La décoration recherchée se

prolonge dans les chambres, équipées de téléviseurs et de lecteurs audio et vidéo dernier cri. La direction pousse le zèle jusqu'à offrir un immense appartement-terrasse doté d'une baignoire à remous et d'une cuisine privée où le chef du restaurant se fera un plaisir de concocter ses plats spécialement pour vous. Le Victor ouvre la voie à un renouveau du visage hôtelier de Miami grâce à son luxe discret et coloré qui tranche avec la pléthore d'établissements Art déco du quartier. Les esthètes seront assurément séduits.

Loews Miami Beach Hotel
$$$$$ ≡ ☷ ♨ ⛴ @
1601 Collins Ave.
☎ 305-604-1601 ou 800-235-6397
www.loewshotels.com
Mammouth de l'infrastructure hôtelière de Miami Beach, le Loews est très bien situé et propose six restaurants, un comptoir de location de voitures, un centre de conditionnement physique, une piscine et près de 800 suites luxueuses.

Mondrian
$$$$$ ≡ ☷ ♨ ⛴ @
1100 West Ave.
☎ 305-514-1500
www.mondrian-miami.com
Hôtel atypique au décor du «château de la Belle au bois dormant» version contemporaine, le Mondrian appartient au groupe hôtelier Morgan, qui gère également le Sanderson à Londres, le Royalton à New York et le Delano de South Beach (voir ci-dessus). Les chambres de l'hôtel Mondrian sont décorées de revêtements muraux personnalisés et de mobiliers

sophistiqués déclinant des tons gris, or, blanc et noir. La piscine est entourée de verdure et de cabines privées. Le spa propose des soins qui ont de quoi revigorer les plus courbatus. Le soir venu, l'hôtel s'anime grâce au restaurant **Asia de Cuba** (voir p. 136), qui prépare des plats inspirés de Cuba et de l'Asie. Situé dans le hall, le «Semi-Automatic» est une autre particularité de l'hôtel digne de mention: il s'agit d'un immense distributeur automatique unique en son genre où l'on peut tout aussi bien acheter une brosse à dents griffée qu'une Corvette décapotable de 1965...

National Hotel
$$$$$ ≡ ≈ ♨ @
1677 Collins Ave.
☎ 305-532-2311 ou 800-327-8370
www.nationalhotel.com

L'un des hôtels les plus mésestimés de l'Art Deco District, le National se trouve à seulement quelques minutes de marche d'Ocean Drive et fait revivre le charme des années 1940. La réfection a respecté le style d'origine de l'établissement et a su recréer avec fidélité l'atmosphère de ses premières années d'existence. Le bâtiment principal, garni de meubles et de bibelots d'époque, abrite des chambres aux dimensions modestes qui bénéficient cependant d'une décoration chaleureuse et soignée. À l'arrière, une étonnante et splendide piscine bordée de palmiers s'étend sur une distance de... 62 m! L'aile tropicale de l'établissement est composée de chambres plus vastes, aux coloris rose et turquoise, qui s'ouvrent sur des balcons.

Raleigh Hotel
$$$$$ ≡ ⬛ ≈ ♨ ♿ ∿ ⬷ @
1775 Collins Ave., angle 17th St.
☎ 305-534-6300
www.raleighhotel.com

À deux pas de Lincoln Road et de la plage, le Raleigh Hotel renferme une centaine de chambres et suites dotées de planchers de mosaïque et munies de téléviseurs plasma, de lecteurs DVD et de l'accès Internet. L'établissement se targue également de posséder l'une des plus belles piscines de la Floride. D'ailleurs, il n'est pas rare que des séances de photos se déroulent à ses abords. Les clients dans le coup vous diront à l'unisson que son bar prépare les meilleurs martinis en ville. Le personnel stylé assure un haut niveau de service.

Shore Club
$$$$$ ≡ ⬛ ≈ ♨ ♿ ∿ ⬷ @
1901 Collins Ave.
☎ 305-695-3100 ou 877-640-9500
www.shoreclub.com

Ian Schrager s'est associé avec l'architecte britannique David Chipperfield pour lancer un hôtel branché, sophistiqué et glamour: le Shore Club. Les chambres, étonnamment spacieuses et soigneusement décorées, affichent des lignes épurées et une élégance contemporaine. Dans les salles de bain resplendissantes, le moindre désir des clients semble avoir été devancé. La majorité des chambres offrent de jolies vues sur l'océan. Derrière l'établissement s'étalent quelques piscines qui s'entourent d'un environnement luxuriant parsemé de sentiers menant à la plage. Les *happy few* qui y séjournent peuvent se sustenter au restaurant culte **Nobu** (voir p. 139) avant de se pointer à sa discothèque

très courue, le **Skybar** (voir p. 162).

The Setai
$$$$$ ≡ ⬛ ≈ ♨ ♿ ∿ ⬷ ⓨ @
101 20th St.
☎ 305-520-6000
www.setai.com

Le très chic Setai est un établissement résolument exotique qui insuffle une nouvelle dynamique dans l'univers des cinq-étoiles. Dans cet hôtel-boutique de rêve, l'espace est très généreux: chacune des chambres couvre au moins 55 m². S'y trouvent téléviseurs plasma, lecteurs DVD avec système audio Bose, machines à espresso Lavazza et accessoires de salle de bain de luxe. Qui plus est, le Setai est l'un des rares établissements hôteliers de la région à proposer les confortables lits de marque Dux. Trois piscines, une petite plage privée et un centre de conditionnement physique sont également à la disposition des clients. Le service de conciergerie se charge de trouver des réponses à chacune des questions des visiteurs. Bref, le Setai est un hôtel merveilleux et incontournable pour tous les épicuriens exigeants qui peuvent se le permettre.

The Tides Hotel
$$$$$ ≡ ≈ ♨ @ ⬷
1220 Ocean Dr.
☎ 305-604-5070
www.thetideshotel.com

Admirablement bien situé en plein cœur d'Ocean Drive, The Tides Hotel dresse avec grâce sa façade Art déco aux couleurs pâles et crémeuses. Ses 45 suites font toutes face à la mer et s'avèrent vastes, spacieuses, impeccables et pourvues de téléviseurs plasma, de lecteurs CD et DVD et même de télescopes! S'y trouve aussi une piscine pour tous ceux qui n'aiment pas l'eau salée. Le personnel est avenant et stylé.

W South Beach
$$$$$ ≡ ⚐ ≋ ⍋ & ⫴ ⩌ ♈ @
2201 Collins Ave.
☎ 305-938-3000
www.starwoodhotels.com

Dernier-né des hôtels de luxe à South Beach, le W fait honneur à la réputation de cette chaîne hôtelière mondialement connue en affichant une personnalité très urbaine et en proposant des chambres au décor fonctionnel et chic. L'œil alerte et les cheveux bien placés, le personnel jeune, élégant et avenant, assure un service *whatever, whenever* (n'importe quoi, n'importe quand) permettant d'exaucer tous les vœux des clients. Cet écrin contemporain est situé à proximité des bars branchés et des restaurants au cœur de l'action de South Beach.

Le centre et le nord de Miami Beach

The New Casablanca on the Ocean
$$$ ⍋ ⫴ ≋ ♈ ⩌ @
6345 Collins Ave.
☎ 305-868-0010 ou 800-813-6676
www.casablancaontheocean.com

Toutes les chambres du Casablanca on the Ocean sont équipées d'une cuisinette. Les clients peuvent s'approvisionner à l'épicerie située à quelques minutes de marche de l'hôtel pour économiser sur le coût des restaurants. Une piscine est à la disposition de la clientèle de l'hôtel, tandis que la mer se trouve à deux enjambées.

Circa 39 Hotel
$$$ ≡ ⚐ ♈ ❀ @
3900 Collins Ave.
☎ 305-538-4900 ou 877-824-7223
www.circa39.com

À quelques encablures des plages de Miami, cet hôtel-boutique attire une clientèle à la recherche d'une escale chic et design à l'écart de l'effervescence de South Beach. Construit en 1939, d'où le nom de l'hôtel, et entièrement rénové, l'établissement mélange le style Art déco et contemporain afin de sauvegarder une atmosphère typique de Miami Beach. S'y trouvent une centaine de chambres au décor élégant et soigné.

The Alexander All-Suite Oceanfront Resort
$$$$-$$$$$ ≡ ≋ ⫴ ♈ ⩌ @
5225 Collins Ave.
☎ 305-865-6500 ou 800-327-6121
www.alexanderhotel.com

The Alexander All-Suite Oceanfront Resort est un autre méga-complexe hôtelier digne de mention qui se dresse tout juste au nord de l'Eden Roc et du Fontainebleau. Comme son nom l'indique, cet établissement ne loue que de vastes et luxueuses suites qui arborent un décor attrayant. Elles sont pourvues de deux salles de bain, d'une cuisinette et d'un balcon. À vous de profiter des deux piscines et du bain à remous.

Ⓤ

Eden Roc A Renaissance Beach Resort & Spa
$$$$$ ≡ ≋ ⫴ ⩌ ⚐ ♈ ⩫ ♈ @
4525 Collins Ave.
☎ 305-531-0000 ou 800-327-8337
www.edenrocresort.com

L'Eden Roc constitue sans nul doute l'un des fleurons du parc hôtelier de Miami et s'enorgueillit d'avoir reçu bon nombre de célébrités telles que Frank Sinatra, Barbara Streisand, Harry Belafonte, Sean Connery... L'ensemble fut construit en 1956 par l'architecte Morris Lapidus, le même qui imagina les plans de son compétiteur voisin, le Fontainebleau. Vous disposerez ici de tout ce que vous êtes en droit de vous attendre d'un hôtel de catégorie supérieure, et même plus. L'établissement propose plus de 600 vastes chambres et suites attrayantes, dont la plupart disposent d'un balcon. De plus, l'hôtel possède deux splendides salles victoriennes et un magnifique spa dont l'équipement est à la fine pointe de la technologie. Les clients peuvent également garder la forme en profitant du super-complexe sportif ou en s'attaquant au mur d'escalade près des deux piscines. La plage se trouve à deux pas.

Fontainebleau Miami Beach
$$$$$ ≡ ≋ ⫴ ⩌ ⚐ ⩫ @
4441 Collins Ave.
☎ 305-538-2000 ou 800-548-8886
www.fontainebleau.com

On a presque besoin d'un GPS pour se déplacer dans les dédales du Fontainebleau. Ce gigantesque palace se présente comme une véritable «ville dans une ville» en raison des nombreux services qu'il propose à sa clientèle: huit restaurants, quelques boutiques au niveau inférieur, une boîte de nuit et un *lounge*. Ceinturée par trois édifices qui renferment plus de 1 500 chambres, la place centrale met en valeur une gigantesque piscine tropicale avec une jolie cascade, qui fut fixée sur pellicule dans le film mettant en vedette l'agent secret 007 James Bond, *Goldfinger*. De plus, le Fontainebleau a sa propre plage privée située

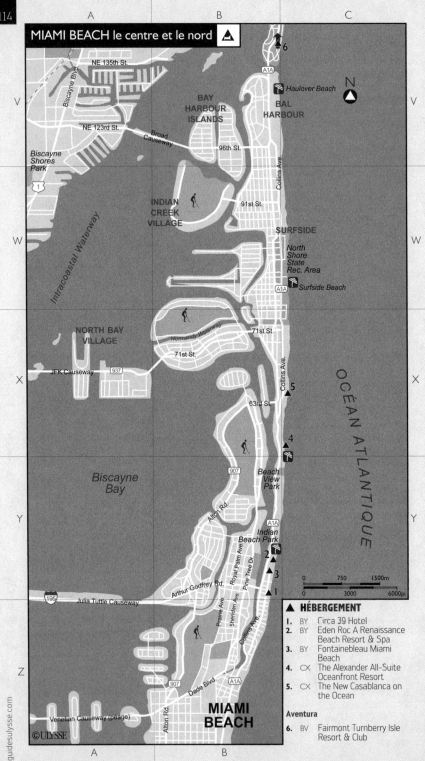

MIAMI BEACH le centre et le nord

NE 135th St.

NE 123rd St.

Biscayne Blvd

Biscayne Shores Park

Broad Causeway

BAY HARBOUR ISLANDS

96th St.

BAL HARBOUR

Haulover Beach

N

91st St.

INDIAN CREEK VILLAGE

Collins Ave.

SURFSIDE

North Shore State Rec. Area

Surfside Beach

NORTH BAY VILLAGE

Normandy Waterway

71st St.

71st St.

Intracoastal Waterway

JFK Causeway

Collins Ave.

5

63rd St.

4

O C É A N   A T L A N T I Q U E

Beach View Park

Biscayne Bay

Alton Rd.

Indian Beach Park

2

3

Royal Palm Ave.

Pine Tree Dr.

Sheridan Ave.

Prairie Ave.

Arthur Godfrey Rd.

1

Julia Tuttle Causeway

Collins Ave.

Alton Rd.

Dade Blvd.

MIAMI BEACH

Venetian Causeway (péage)

©ULYSSE

guidesulysse.com

▲ HÉBERGEMENT

1.	BY	Circa 39 Hotel
2.	BY	Eden Roc A Renaissance Beach Resort & Spa
3.	BY	Fontainebleau Miami Beach
4.	CX	The Alexander All-Suite Oceanfront Resort
5.	CX	The New Casablanca on the Ocean

Aventura

6.	BV	Fairmont Turnberry Isle Resort & Club

à proximité d'un gymnase fréquenté autant par une clientèle extérieure que par celle de l'hôtel. Après sa création en 1954, le Fontainebleau avait complètement déplacé l'activité touristique de South Beach à son profit. Aujourd'hui, ce complexe autosuffisant demeure fidèle à sa vocation initiale, soit celle d'offrir aux vacanciers toutes les commodités de la vie sans qu'ils aient à s'aventurer dans le *no man's land* piétonnier que constitue le voisinage de l'hôtel. Des suites, équipées d'un salon et d'une cuisine, s'ouvrent sur de grands balcons d'où vous pourrez admirer une vue étendue de la mer.

Aventura

Fairmont Turnberry Isle Resort & Club
$$$$$ ≡ ◎ ≋ ♨ ☎ 🔒 @
19999 W. Country Club Dr.
☎ 305-932-6200 ou 866-840-8069
www.fairmont.com/turnberryisle

Après que des gardes de sécurité auront vérifié votre identité à l'entrée, des chasseurs souriants, vêtus de blanc et coiffés de chapeaux d'explorateur colonial anglais, vous souhaiteront la bienvenue au Turnberry Isle Resort & Club, où luxe, opulence et élégance sont au rendez-vous. Qui a dit que l'argent ne faisait pas le bonheur? Ce véritable palace se dresse au sein d'un terrain de 120 ha et abrite environ 400 chambres et suites spacieuses dont la plupart offrent une vue magnifique sur un des deux parcours de golf. De plus, les chambres sont pourvues de salles de bain plus grandes qu'un logement de

Manhattan et comprennent tous les gadgets dernier cri appréciés des voyageurs d'affaires. Ceux qui s'ennuient peuvent se diriger vers le centre de conditionnement physique, les courts de tennis ou les piscines. Les normes de l'hospitalité et de la courtoisie sont appliquées avec rigueur et diligence par le personnel polyglotte. Les clients peuvent profiter de la navette gratuite pour la plage et le chic Aventura Mall.

Le centre-ville de Miami

Les hôtels du centre-ville de Miami sont généralement affiliés aux chaînes internationales et s'adressent d'abord et avant tout à une clientèle d'affaires. Ils sont situés relativement près de l'aéroport, sont dotés de salles de conférences et de chambres bien équipées, et fournissent tous les services comme la télécopie et l'accès Internet. Toutefois, sachez que ce quartier devient un *no man's land* dès la fermeture des commerces et que les bons restaurants et les boîtes de nuit sont rares aux alentours. Si vous êtes à la recherche de bars et de discothèques pour occuper vos soirées, mieux vaut loger à South Beach.

Miami River Inn
$$ ☎ ≡ ≋ ♨ 🚗
118 SW South River Dr.
☎ 305-325-0045 ou 800-468-3589
www.miamiriverinn.com

Le Miami River Inn est un charmant *bed and breakfast* qui loue des chambres sécuritaires au confort tout à fait convenable. Les 40 chambres sont réparties

dans quatre cottages situés au cœur du centre-ville. Chacune est agréablement garnie d'antiquités du début du XXe siècle.

Four Seasons Hotel Miami
$$$$-$$$$$
≡ 🔒 ✳ @ ♈ ≋ ♨ 🚗 @
1435 Brickell Ave.
☎ 305-358-3535
www.fourseasons.com/miami

Placé sous le signe de l'hyper chic contemporain, le Four Seasons est le rendez-vous d'une clientèle d'affaires, de vedettes sportives et de stars du spectacle. Cette escale urbaine affiche un confort raffiné et élégant qui plaît aux clients assurés d'y trouver des prestations à la hauteur de leurs exigences. Juchée au 7e étage, la réception est enjolivée de sculptures originales de Botero. Les chambres et suites arborent des lignes épurées. Pour ceux qui souhaitent se faire bichonner, le personnel chevronné du spa géant donne une multitude de massages relaxants ou tonifiants pour dénouer le stress urbain. L'hôtel est également pourvu d'un superbe centre de conditionnement physique équipé d'appareils dernier cri. Côté gastronomie, l'ambiance feutrée du restaurant de l'hôtel, **Acqua** (voir p. 142), invite aux plaisirs de la table. Les enfants, et leurs parents, seront choyés puisque l'établissement a conçu un programme de divertissement spécialement pour eux.

Hyatt Regency Miami
$$$$-$$$$$ ≡ ♨ 🔒 @ ≋ 🚗
400 SE Second Ave.
☎ 305-358-1234
www.miami.hyatt.com

Si vous aimez le luxe, vous ne serez pas déçu en poussant la porte de la réception

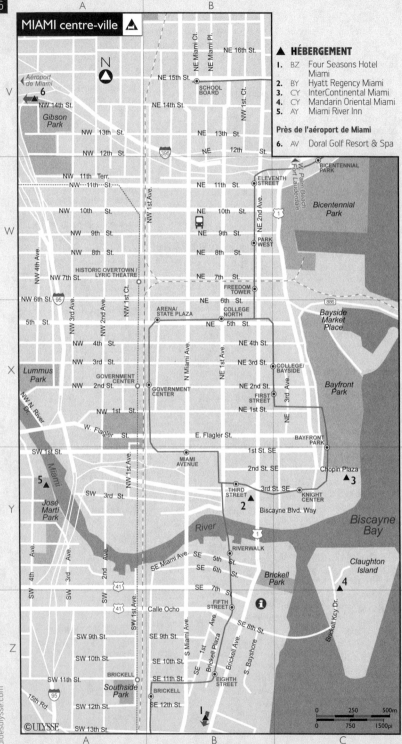

MIAMI centre-ville

N

Aéroport de Miami

6

NW 14th St.

Gibson Park

NW 13th St.
NW 12th St.
NW 11th Terr.
NW 11th St.
NW 10th St.
NW 9th St.
NW 8th St.
NW 7th St.

NE Miami Ct.
NE Miami Pl.
NE 16th St.
NE 15th St.
SCHOOL BOARD
NE 14th St.
NW 1st. St.
NE 13th St.
NE 12th St.
NE 11th St.
NE 10th St.
NE 9th St.
NE 8th St.
NE 7th St.

ELEVENTH STREET

PARK WEST

W. Palm Beach / Fort Lauderdale

BICENTENNIAL PARK

Bicentennial Park

Bayside Market Place

▲ HÉBERGEMENT

1. BZ Four Seasons Hotel Miami
2. BY Hyatt Regency Miami
3. CY InterContinental Miami
4. CY Mandarin Oriental Miami
5. AY Miami River Inn

Près de l'aéroport de Miami

6. AV Doral Golf Resort & Spa

HISTORIC OVERTOWN / LYRIC THEATRE

NW 6th St.

5th St.

NW 4th St.

NW 3rd St.

Lummus Park

GOVERNMENT CENTER

NW 2nd St.

GOVERNMENT CENTER

NW 1st St.

W. Flagler St.

SW 1st St.

Miami

José Martí Park

SW 3rd St.

River

SE Miami Ave.

SW 4th Ave.
SW 3rd Ave.
SW 2nd Ave.

SW 9th St.
SW 10th St.
SW 11th St.

BRICKELL

Southside Park

SW 12th St.
SW 13th St.

15th Rd.

ARENA / STATE PLAZA
COLLEGE NORTH
NE 5th St.
NE 4th St.
NE 3rd St.
NE 2nd St.

COLLEGE / BAYSIDE

FIRST STREET

NE 1st St.

E. Flagler St.

1st St. SE
2nd St. SE
3rd St. SE

MIAMI AVENUE

THIRD STREET
2

Biscayne Blvd. Way

KNIGHT CENTER

BAYFRONT PARK

Bayfront Park

Chopin Plaza
3

RIVERWALK

SE 5th St.
SE 6th St.
SE 7th St.

Brickell Park

Claughton Island

4

Calle Ocho

FIFTH STREET

SE 9th St.
SE 10th St.
SE 11th St.

Brickell Plaza

EIGHTH STREET

SE 12th St.

Brickell Key Dr.

Biscayne Bay

1

5

©ULYSSE

guidesulysse.com

0 250 500m
0 750 1500pi

de l'hôtel Hyatt Regency. Le hall s'avère en effet faste et bien astiqué, alors que les quelque 600 chambres de l'établissement, réparties sur 25 étages, sont à la hauteur du chic que l'on peut s'attendre d'un établissement de cette chaîne d'hôtels bien connue. À deux pas du Metrorail et du Metromover.

InterContinental Miami
$$$$-$$$$$ ≡ ≋ ᵂ ↝ 🔒 ⅄ @
100 Chopin Plaza
☎ 305-577-1000
www.icmiamihotel.com

Le hall du chic Inter-Continental Miami brille de propreté et d'élégance. Cet établissement hôtelier de catégorie supérieure propose des chambres et suites conçues pour satisfaire une clientèle d'affaires grâce à des installations modernes. Chacune des chambres et suites est bien équipée et dotée d'une penderie à l'intérieur de laquelle se trouve un coffre-fort pour garder les objets de grande valeur. Certaines chambres offrent une vue sur Biscayne Bay, tandis que d'autres font face à la ville.

Mandarin Oriental Miami
$$$$$ ≡ 🔒 ≋ ᵂ ↝ ⅋ ↝ ⅄ @
500 Brickell Key Dr.
☎ 305-913-8288
www.mandarinoriental.com/miami

Né d'un métissage raffiné entre l'Asie et l'Orient, le renommé Mandarin Oriental Miami est en tout point digne de l'empire du Milieu. Se dressant sur un site magnifique, l'hôtel propose des chambres splendides qui offrent des vues à couper le souffle sur Biscayne Bay. L'endroit est très couru par les mannequins de renom, les artistes

en vogue et les magnats de la finance qui veulent éviter le quartier animé de South Beach. L'hôtel se distingue également par son service très professionnel et pointu. Le spa exauce les vœux des clients en quête du bien-être ultime, et le restaurant **Azul** (voir p. 142) est réputé dans tout Miami.

Près de l'aéroport de Miami

Doral Golf Resort & Spa
$$$$-$$$$$ ≡ ↝ ᵂ ≋ @ ⅄
4400 NW 87th Ave.
☎ 305-592-2000 ou 800-713-6725
www.doralresort.com

Le Doral Golf Resort & Spa incarne le luxe et l'élégance. Cet établissement propose plus de 600 chambres spacieuses et raffinées. Toutes disposent d'un balcon. Entouré d'un terrain de 260 ha, ce palace représente une option paisible pour ceux qui souhaitent loger près de l'aéroport de Miami tout en se dorlotant dans le faste et l'opulence. L'hôtel s'enorgueillit de recevoir annuellement le tournoi de golf PGA Tour. S'il vous reste du temps, allez-donc vous entraîner dans la salle d'exercices ou frapper des balles sur l'un des courts de tennis.

Coral Gables

Certains d'entre vous opteront peut-être pour le chic et tranquille quartier de Coral Gables, qui recèle non seulement des établissements hôteliers de qualité mais beaucoup de magasins.

Hotel St. Michel
$$$ ↝ ≡ ᵂ @
162 Alcazar Ave.
☎ 305-441-1666 ou 800-848-4683
www.hotelstmichel.com

Érigé en 1926, l'adorable petit Hotel St. Michel fut rénové au milieu des années 1990 et loue des chambres meublées à l'ancienne et dotées de planchers de bois franc. L'établissement abrite aussi un excellent restaurant (voir p. 145), réputé pour sa cuisine fraîche et raffinée. L'accueil est chaleureux et le service empressé et sans faille.

David William Hotel
$$$-$$$$ ≡ ≋ ᵂ ↝ 🔒 @
700 Biltmore Way
☎ 305-445-7821 ou 800-757-8073
www.davidwilliamhotel.com

Tenu par les mêmes propriétaires que le Biltmore Hotel (voir ci-dessous), le David William Hotel se dresse non loin de son prestigieux confrère en plein cœur de Coral Gables. Pratiquant des tarifs nettement plus avantageux que le Biltmore, cet hôtel plaît davantage aux visiteurs qui effectuent des séjours prolongés à Miami. En effet, chaque chambre comprend un four à micro-ondes et un réfrigérateur, tandis que les suites disposent d'une cuisine complète. Si l'envie vous prend de mettre la main à la pâte, vous pouvez vous rendre au petit marché de l'hôtel situé au rez-de-chaussée, pour choisir parmi la variété de produits alimentaires et de gourmandises de qualité qui y sont vendus. En outre, l'hôtel compte plusieurs salles de conférences ainsi qu'une piscine sur le toit. Le service est souriant et courtois. Enfin, les clients peuvent jouir de tous les agréments du Biltmore grâce au service de navette qui fait le trajet entre les deux établissements.

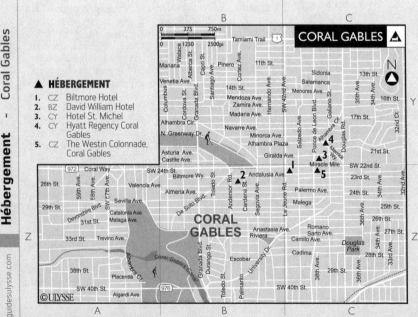

Biltmore Hotel
$$$$-$$$$$ ≡ ≈ ♨ ◀ ✕ 🔒 @
1200 Anastasia Ave.
☎ 305-445-1926 ou 800-727-1926
www.biltmorehotel.com

Érigé en 1926, le Biltmore Hotel est l'adresse de prédilection du gratin de la société attiré par le faste d'antan, les événements culturels, le golf, la fine cuisine ainsi que les vins et les cigares de qualité. Bing Crosby et Al Capone figurent en tête de la liste des pensionnaires les plus célèbres ayant fréquenté cette institution floridienne. Fait historique notable, en 1942, l'établissement délaisse son caractère hôtelier pour devenir un hôpital militaire, rôle qu'il maintiendra jusqu'à la fin des années 1960 et qui lui vaudra la désignation de site historique en 1972. Après d'importants travaux de rénovation, il déroule à nouveau le tapis rouge et rouvre enfin ses portes en 1992. Aujourd'hui, le Biltmore se classe au palmarès des grands hôtels classiques des États-Unis. De l'extérieur, impossible de rater son clocher haut de 92 m, réplique de la *Giralda* de la fameuse cathédrale de Séville, en Espagne. Impossible aussi de ne pas remarquer les couleurs soleil et pêche de ses tours. Derrière, difficile de ne pas être impressionné par le bleu de son immense piscine, qui serait la plus grande des États-Unis avec ses quelque 2 200 m². Un charme fou émane de l'immense hall aux murs lambrissés, au plafond voûté de près de 15 m et aux vitraux filtrant la lumière du jour qui baigne doucement le plancher marbré. Les chambres sont décorées avec goût, délicatesse et originalité, en particulier celles des tours. Comme activités, on propose des brunchs au champagne, des soirées d'opéra ainsi que des dégustations de vins et de cigares rares. Un centre de conditionnement physique et un spa sont aussi à la disposition de la clientèle. Bien sûr, on ne peut parler du Biltmore sans faire mention de son terrain de golf qui attire de nombreux amateurs. Ceux qui préfèrent le tennis peuvent se renvoyer la balle sur un des courts de l'hôtel, éclairés la nuit.

Hyatt Regency Coral Gables
$$$$-$$$$$
≡ ≈ ♨ ◀ @ 🔒 ♿ ✕)))
50 Alhambra Plaza
☎ 305-441-1234
www.coralgables.hyatt.com

Le Hyatt Regency Coral Gables est un établissement de luxe qui offre un confort et une élégance qui ont contribué à la réputation internationale de cette

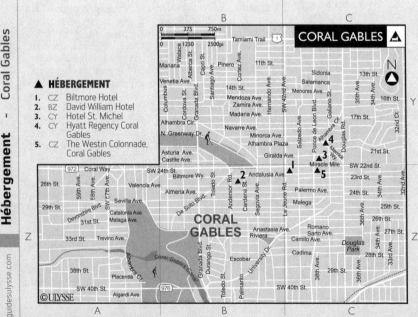

▲ **HÉBERGEMENT**

1.	CZ	Biltmore Hotel
2.	BZ	David William Hotel
3.	CY	Hotel St. Michel
4.	CY	Hyatt Regency Coral Gables
5.	CZ	The Westin Colonnade, Coral Gables

CORAL GABLES ▲

Hébergement – Coral Gables

chaîne d'hôtels. Au total, on dénombre quelque 250 chambres et suites, réparties sur 14 étages. Certaines chambres sont spécialement conçues pour les personnes à mobilité réduite. Une piscine extérieure, un sauna et un centre de conditionnement physique complètent les installations.

The Westin Colonnade, Coral Gables
$$$$-$$$$$ ≡ ≋ ♨ 🛏 @
180 Aragon Ave.
📞 305-441-2600 ou 866-770-9877
www.starwoodhotels.com

Nul doute que le Westin Colonnade saura satisfaire les exigences des voyageurs d'affaires les plus difficiles. Les hôtes sont traités avec attention et courtoisie durant tout leur séjour. Parmi les services et installations offerts à la clientèle, citons la piscine, le bain à remous, le centre de conditionnement physique et le centre d'affaires. Les chambres sont

spacieuses et élégantes, et comprennent un téléviseur plasma, un bureau de travail et des oreillers hypoallergéniques.

Coconut Grove

L'autre endroit où votre congrès peut se dérouler est Coconut Grove. Ce quartier possède un centre de congrès aux dimensions plus réduites que celui de Miami Beach. Toutefois, il y a sans nul doute ici plus d'hôtels de catégorie supérieure.

Sonesta Bayfront Hotel
$$$$ ≡ 🔒 ❄ @ ♀ 🛏 ≈
2889 McFarlane Rd.
📞 305-529.2828
www.sonesta.com/CoconutGrove

Le Sonesta est l'un des établissements les plus agréables de Coconut Grove. Cocon douillet et élégant, il est situé à un jet de pierre de CocoWalk et des Streets of Mayfair et décline un

chic design contemporain. Offrant tout le confort moderne, les chambres spacieuses sont décorées de tons sereins et apaisants. La plupart ont vue sur Biscayne Bay. Le personnel est professionnel et diligent.

Mayfair Hotel & Spa
$$$$-$$$$$
≡ ◎ ≋ 🛏 🛏 @ ♀ ≈
3000 Florida Ave.
📞 305-441-0000 ou 800-433-4555
www.mayfairhotelandspa.com

Discrètement caché au coin du complexe commercial The Streets of Mayfair, le Mayfair Hotel & Spa se présente comme un ravissant hôtel en plein centre de Coconut Grove. Ses chambres s'ouvrent sur de grands balcons et sont vastes, décorées d'un mélange de meubles d'acajou et Art déco, et pourvues d'une grande salle de bain marbrée équipée d'un petit téléviseur plasma. Certaines disposent d'un vieux piano

---

COCONUT GROVE ▲

Douglas Park

Kennedy Park

Biscayne Bay

0   250   500m
0   750   1500pi

anglais et d'une baignoire à remous. Après une journée d'emplettes ou de visite en ville, allez-donc profiter de la petite mais sympathique piscine qui se trouve sur le toit de l'établissement. Bref, l'endroit est calme et reposant, et le personnel met tout en œuvre pour s'assurer du bien-être des clients.

Ritz-Carlton Coconut Grove
$$$$-$$$$$ ≡ 🔒 ✳ @ 🍴 ≋ 🖐 🛥
3300 SW 27th Ave.
☎ 305-644-4680
www.ritzcarlton.com

Le plus petit des Ritz-Carlton de Miami offre néanmoins un service de grande classe et vient allonger la liste des fleurons hôteliers de la ville. Auréolées d'une ambiance luxueuse, les chambres extrêmement douillettes et confortables du Ritz-Carlton sont meublées dans un style qui demeure classique et moderne. Véritable invitation au délassement, le spa de l'hôtel répond aux besoins d'une clientèle qui carbure au travail et à la vie trépidante. Le personnel perpétue la tradition hospitalière de cette chaîne mondialement connue en offrant un service éminemment professionnel.

Key Biscayne

Key Biscayne rime avec calme et tranquillité. Il va sans dire que vous aurez besoin d'une voiture pour faciliter vos déplacements. En effet, on rejoint l'île de Key Biscayne par la Rickenbacker Causeway.

Silver Sands Beach Resort
$$$-$$$$ ≡ ≋ ●
301 Ocean Dr.
☎ 305-361-5441
www.silversandsbeachresort.net

Le Silver Sands Beach Resort s'adresse à tous ceux qui désirent loger sur Key Biscayne, mais qui n'ont hélas pas les moyens de s'offrir une chambre au chic Ritz-Carlton (voir ci-dessous). Distribués autour d'un jardin et d'une piscine, les chambres et les bungalows procurent un confort tout à fait correct et sont équipés d'une cuisinette. La plage se trouve à deux enjambées.

Ritz-Carlton Key Biscayne
$$$$$ ≡ 🔒 ✳ @ 🍴 ≋ 🖐 🛥
455 Grand Bay Dr.
☎ 305-365-4500
www.ritzcarlton.com

Pied-à-terre raffiné et opulent, le Ritz-Carlton est un digne représentant de la chaîne hôtelière éponyme. Il s'agit d'une adresse idéale pour les clients fortunés qui cherchent le calme et la tranquillité près de la mer. L'établissement offre des prestations de services à la hauteur des attentes des vedettes sportives, des gens d'affaires et des personnalités du monde du spectacle désirant l'anonymat. Les chambres offrent une atmosphère raffinée et intimiste des plus relaxantes. Ici, tout n'est que loisir et détente : piscine, courts de

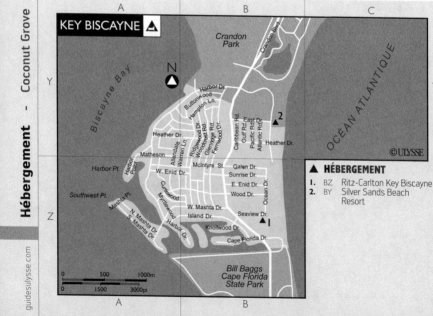

KEY BISCAYNE ▲

Crandon Park

Biscayne Bay

N ▲

Harbor Dr.
Buttonwood
Hampton Ln.

Crandon Blvd.

OCÉAN ATLANTIQUE

Heather Dr.

Ridgewood Dr.
Woodcrest Rd.
Glenridge Rd.
Fernwood Dr.

Caribbean Rd.
Gulf Rd.
Pacific Dr.
Atlantic Rd.

East Dr.

2

Heather Dr.

©ULYSSE

Matheson

Allendale
Warren Ln.

McIntyre St.

Galen Dr.
Sunrise Dr.
E. Enid Dr.
Wood Dr.

Harbor Pt.

Harbor Pond

W. Enid Dr.

Crestwood
Myrtlewood
Harbor Dr.

Southwest Pt.

Mashta Pt.

N. Mashta Dr.
S. Mashta Dr.

W. Mashta Dr.
Island Dr.

Seaview Dr.

Knollwood Dr.

Cape Florida Dr.

Ocean Dr.

1

Bill Baggs
Cape Florida
State Park

0   500   1000m
0   1500   3000pi

▲ **HÉBERGEMENT**

1. BZ Ritz-Carlton Key Biscayne
2. BY Silver Sands Beach Resort

tennis, plage privée, restaurants gastronomiques. Le cadre enchanteur du spa géant, avec une vue imprenable sur l'océan, est à lui seul une promesse de détente. Avis aux intéressés, l'hôtel propose même un programme spécialement conçu pour divertir les gamins de 5 à 12 ans.

Everglades National Park

De Homestead à Flamingo

Long Pine Key Campground
$
Homestead
☎ 305-242-7700
www.nps.gov/ever/planyourvisit/longpinecamp.htm
Situé à 11 km de l'entrée est du parc national des Everglades, ce terrain de camping rudimentaire propose des emplacements pour tentes et motorisés, mais sans électricité ni douche. Il faut réserver des mois à l'avance pour avoir une place en haute saison (mi-novembre à mi-avril). Le reste de l'année, c'est «premier arrivé, premier servi».

Fort Lauderdale et ses environs

Fort Lauderdale

Backpackers Beach Hostel
$ ≡ @
2115 N. Ocean Blvd.
☎ 954-567-7275
www.fortlauderdalehostel.com
Le Backpackers Beach Hostel conviendra aux voyageurs désargentés à la recherche d'un gîte frugal... mais près de la plage. Cette auberge de jeunesse loue des lits modestes en dortoir et des chambres de type motel. Deux salles communes avec téléviseurs et

table de billard sont mises à la disposition des clients.

Avalon Waterfront Inns
$$-$$$ ❀ ≡ ≋ ☛ ☎ @
521 Fort Lauderdale Beach Blvd.
☎ 954-396-4620 ou 800-543-2006
www.waterfrontinns.com
Cet établissement qui compte une soixantaine d'unités propose des chambres sobrement décorées mais confortables, ainsi que des studios et des appartements de une ou deux chambres à coucher avec cuisinette. Situé en face de la plage, sur le *Strip*, il jouit d'une localisation fort avantageuse.

La Casa Del Mar
$$-$$$ ❀ ≡ ♨ @
3003 Granada St.
☎ 954-467-2037 ou 866-467-2037
www.lacasadelmar.com
Très appréciée de la clientèle homosexuelle, La Casa Del Mar, un charmant *bed and breakfast* aux allures Art déco, est située à deux pas de la plage. Certaines chambres comprennent un four à

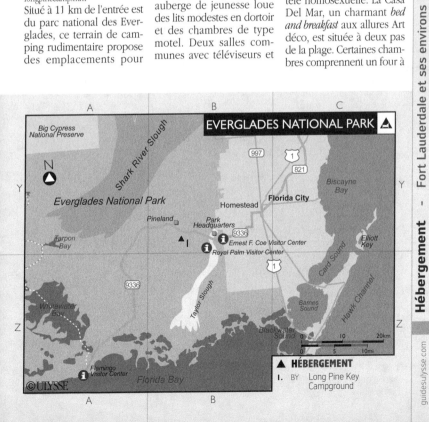

EVERGLADES NATIONAL PARK

Big Cypress National Preserve

N

Everglades National Park

Shark River Slough

997
1
821

Biscayne Bay

Florida City

Homestead

Pineland

Park Headquarters

Tarpon Bay

9336

Ernest F. Coe Visitor Center
Royal Palm Visitor Center

Elliott Key

1

Card Sound

9336

Taylor Slough

Whitewater Bay

Barnes Sound

Hawk Channel

Blackwater Sound

0   10   20km
0   5   10mi

Flamingo Visitor Center

Florida Bay

©ULYSSE

▲ HÉBERGEMENT
I. BY   Long Pine Key Campground

micro-ondes. Un plantureux petit déjeuner vous est servi sous des parasols au sein d'un jardin bucolique.

Orton Terrace
$$-$$$ ≡ ❄ @
606 Orton Ave.
📞 954-566-5068 ou 800-323-1142
www.ortonterrace.com

Petit hôtel sympathique tenu par des gays, l'Orton Terrace est situé à quelques minutes de marche de la plage et pratique des tarifs raisonnables. On y loue des chambres propres et bien tenues.

Riverside Hotel
$$$-$$$$ ≡ ≋ ♨ ❄
620 E. Las Olas Blvd.
📞 954-467-0671 ou 800-325-3280
www.riversidehotel.com

Ceux qui veulent loger loin du tohu-bohu de la plage peuvent se diriger vers le Riverside Hotel, qui affiche une jolie façade habillée de fenêtres à l'ancienne. Il s'agit du plus ancien hôtel (1936) du Broward County. Les chambres, réparties sur six étages, sont correctes, propres et tranquilles, tandis que le personnel s'avère fort sympathique.

Hyatt Regency Pier Sixty-Six
$$$$ ≡ ≋ ♨ ➤ ❤ 🔒 @
2301 SE 17th St.
📞 954-525-6666 ou 800-327-3796
www.pier66.hyatt.com

Difficile de manquer cet établissement tout en hauteur coiffé d'une grande couronne qui abrite un salon panoramique. De là-haut, la vue des canaux qui font de Fort Lauderdale la «Venise d'Amérique» est magnifique. Une grande marina s'étend au pied de l'établissement, dont les chambres donnent chacune sur un balcon. Un spa de qualité complète les installations.

Hilton Fort Lauderdale Beach Resort
$$$$ ≡ 🔒 ❄ @ ➤ ≋ ♨ 🍴
505 N. Fort Lauderdale Beach Blvd.
📞 954-414-2222
www.fortlauderdalebeachresort.hilton.com

Situé en face de la plage, cet hôtel au luxe décontracté se trouve tout près de Las Olas Boulevard et à seulement 10 km de l'aéroport et de Port Everglades. L'établissement totalise près de 400 chambres modernes et bien équipées pour le confort des occupants, y compris un balcon avec garde-corps en verre. L'hôtel met à la disposition de la clientèle un spa et un centre de conditionnement physique pour éliminer ses toxines et faire provision d'énergie. Un restaurant avec vue sur l'océan offrant la possibilité de prendre les repas à l'intérieur ou à l'extérieur fait également partie des attraits de l'établissement. Une valeur sûre qui accueille des voyageurs tous azimuts selon les règles de la bienséance.

Ritz-Carlton Fort Lauderdale
$$$$ ≡ 🔒 ❄ @ ➤ ≋ ♨ 🍴
1 N. Fort Lauderdale Beach Blvd.
📞 954-465-2300
www.ritzcarlton.com

Le Ritz-Carlton est un cinq-étoiles tiré à quatre épingles qui a tout pour plaire. Les chambres vastes et ravissantes conjuguent des tons de gris et de blanc, et disposent de deux téléviseurs à écran plat (le second se trouve dans la salle de bain très spacieuse), de lits moelleux et de tout le confort moderne auquel on s'attend d'un établissement de cette catégorie. Sur la table de chevet, une technologie dernier cri préfigure ce que

sera désormais l'hôtellerie du XXIe siècle: un écran tactile multitouche permet de régler la température de la chambre, d'ouvrir ou fermer les rideaux, de consulter le répertoire des services de l'hôtel et même d'exposer l'affiche «ne pas déranger» sans devoir se lever du lit. S'y trouvent également une magnifique piscine et un centre de remise en forme très bien équipé pour brûler des toxines. Coup de cœur pour le **Wine Room** (voir p. 165), qui permet de déguster bon nombre de crus des quatre coins du globe sous les conseils avisés du personnel chevronné. En soirée, ne manquez pas de goûter la savoureuse cuisine de son restaurant, **Cero** (voir p. 150). Bref, confort et luxe sont de rigueur partout. D'ailleurs, les clients apprécient l'accueil du personnel et des concierges prêts à exaucer tous leurs souhaits.

W Fort Lauderdale
$$$$ ≡ 🔒 ❄ @ ➤ ≋ ♨ 🍴
401 N. Fort Lauderdale Beach Blvd.
📞 954-414-8200
www.starwoodhotels.com

Les esthètes à la page voudront certainement poser leurs valises au très luxueux et très branché hôtel W, qui plonge le visiteur dans une ambiance pétillante très design. Jouxtant la réception du 3e étage, un immense bar doté de tables de billard et décoré de mobilier résolument contemporain baigne dans une ambiance musicale à la mode. Les chambres, à la décoration vitaminée et fonctionnelle, sont aménagées dans un souci de confort et équipées de téléviseurs à écran plat, d'un lecteur DVD/CD et d'un radio réveille-matin avec station d'accueil pour

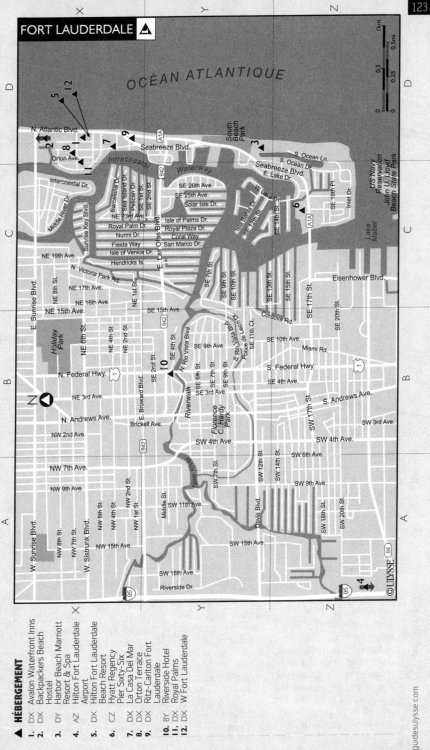

FORT LAUDERDALE

OCÉAN ATLANTIQUE

N. Atlantic Blvd.
Orton Ave.
Intracoastal
Seabreeze Blvd.
South Beach Park
S. Ocean Ln.
S. Ocean Dr.
Seabreeze Blvd.
E. Lake Dr.
US Navy Reservation John U. Lloyd Beach State Park

Intercoastal Dr.
Middle River Dr.
Sunrise Key Blvd.
Barcelona Dr.
Sea Island Dr.
Pelican Dr.
SE 1st St.
SE 2nd St.
SE 26th Ave.
SE 25th Ave.
Solar Isle Dr.
Isla Bahia Dr.
SE 12th St.
W. Lake Dr.
E. Lake Dr.
SE 14th St.
SE 19th Pl.
Inlet Dr.
Lake Mabel

NE 19th Ave.
N. Victoria Park Rd.
NE 17th Ave.
NE 16th Ave.
NE 15th Ave.
NE 8th St.
SE 23rd Ave.
Royal Palm Dr.
Nurmi Dr.
Fiesta Way
Isle of Venice Dr.
Hendricks Is.
Isle of Palms Dr.
Royal Plaza Dr.
Coral Way
San Marco Dr.
E. Las Olas Blvd.
SE 7th St.
SE 9th St.
SE 10th St.
SE 13th St.
SE 15th St.
Eisenhower Blvd.
SE 17th St.
SE 20th St.
NE 1st St.

E. Sunrise Blvd.
NE 8th St.
NE 6th St.
NE 4th St.
NE 2nd St.
Holiday Park
SE 15th Ave.
SE 4th St.
SE 9th Ave.
SE 6th St.
SE 7th St.
SE 9th St.
S. Rio Vista Blvd.
Ponce de Leon Dr.
SE 11th Ave.
Cordova Rd.
SE 10th Ave.
Miami Rd.
S. Federal Hwy.
SE 4th Ave.
S. 17th St.
S. Andrews Ave.
SW 3rd Ave.

N. Federal Hwy.
NE 3rd Ave.
N. Andrews Ave.
E. Broward Blvd.
Brickell Ave.
Riverwalk
Florence C. Hardy Park
SW 4th Ave.
SW 4th Ave.
SW 6th Ave.
SW 9th Ave.
SW 4th Ave.

NW 7th Ave.
NW 9th Ave.
NW 5th St.
NW 4th St.
NW 2nd St.
NW 1st St.
Middle St.
SW 11th Ave.
SW 7th St.
SW 12th St.
SW 14th St.
Davie Blvd.
SW 18th St.
SW 20th St.

W. Sunrise Blvd.
NW 8th St.
NW 7th St.
W. Sistrunk Blvd.
NW 15th Ave.
SW 15th Ave.
SW 18th Ave.
Riverside Dr.
New River

© ULYSSE

guidesulysse.com

iPod. Les salles de bain sont dotées de douches vitrées transparentes antibuée qui avoisinent le lit de la chambre pour titiller l'exhibitionnisme des occupants. Par ailleurs, mention spéciale pour l'escalier translucide qui s'enfonce dans la piscine avant de pénétrer dans l'antre de l'hôtel.

Harbor Beach Marriott Resort & Spa
$$$$-$$$$$ ≡ ≋ ♨ ≈ ♈ ⚓ @
3030 Hollywood Dr.
☎ 954-525-4000 ou 800-222-6543
www.marriottharborbeach.com

Le Harbor Beach Marriott Resort & Spa représente dignement cette chaîne internationale avec ses chambres lumineuses et spacieuses qui donnent toutes sur un balcon avec vue sur la mer ou sur l'Intracoastal Waterway. L'hôtel abrite en outre un spa des plus modernes.

Hilton Fort Lauderdale Airport
$$$$-$$$$$ ≋ ♨ @ & ≈
1870 Griffin Rd.
☎ 954-920-3300 ou 800-445-8667
www.wyndham.com

Le Hilton Fort Lauderdale Airport propose des chambres confortables et spacieuses. Situé sur la route I-95 près de l'intersection avec la route I-595, l'établissement se trouve à moins de 10 min de l'aéroport de Fort Lauderdale et tout près du Greater Fort Lauderdale Convention Center.

Royal Palms
$$$$-$$$$$ ≡ ⚓ ≋ ♨ ⦀ @
2901 Terramar St.
☎ 954-564-6444 ou 800-237-7256
www.royalpalms.com

Le Royal Palms, un hôtel de classe, abrite des chambres spacieuses et lumineuses, équipées de toutes les commodités. Les matériaux sobres et le luxe discret confèrent tranquillité et

bien-être à l'espace. L'établissement est très apprécié de la clientèle gay. Le personnel est très serviable et souriant.

Miami Lakes

Don Shula's Hotel & Golf Club
$$$$-$$$$$ ≡ ≈ ♨ ≋ @
6842 Main St.
☎ 800-247-4852
www.donshulahotel.com

Le Don Shula's Hotel & Golf Club est un complexe hôtelier luxueux qui appartient à l'ancien coach des Dolphins de Miami. Un centre de conditionnement physique, des courts de tennis, deux terrains de golf, deux piscines et deux restaurants font partie des services et installations offerts à la clientèle. Toutes les chambres, vastes et lumineuses, s'ouvrent sur un balcon.

Sunny Isles Beach

Ⓤ

Acqualina Resort & Spa on the Beach
$$$$$
≡ ⚓ ≋ ♨ & ≈ ⦀ ♈ @ 🐾
17875 Collins Ave.
☎ 305-918-8000
www.acqualinaresort.com

Pour des vacances sous le signe de la mer, du luxe, de la discrétion et de la gastronomie, rendez-vous à l'Acqualina, un établissement merveilleux qui cumule les superlatifs. Hôtel cinq-étoiles, membre du prestigieux regroupement des Leading Small Hotels of the World, qui se targue d'être le seul établissement de la région à recevoir le prix 5 Diamants de AAA, l'Acqualina s'élance sur 51 étages. Affichant un style raffiné résolument méditerranéen,

il abrite des chambres, suites et «condos» équipés de tout ce qu'il y a de chic et moderne: téléviseurs à écran plat, salle de bain marbrée, lit douillet, lecteur CD et réveille-matin avec station d'accueil pour iPod. Côté gastronomie, on y trouve le très chic restaurant italien **Il Mulino New York** (voir p. 150). Quant aux enfants, ils ne sont pas en reste! L'Acqualina propose un programme de biologie marine supervisé appelé *Acquamarine* pour les enfants de 5 à 12 ans. Du coup, pendant que leurs marmailles sont prises en charge, les parents peuvent profiter d'une des trois piscines extérieures pour faire des longueurs ou se détendre au soleil. L'hôtel s'enorgueillit d'abriter l'un des deux luxueux spas ESPA en Amérique du Nord, qui s'inspirent des anciennes traditions ayurvédiques, balinaises, chinoises, européennes et thaïes. Une navette amène les occupants jusqu'aux centres commerciaux Aventura Mall ou Bal Harbour. Aucun détail n'est négligé afin de rendre le séjour de la clientèle ultraconfortable.

Ⓤ

Marenas Resort
$$$$$ ≡ ⚓ ≋ ♨ & ≈ ⦀ ♈
18683 Collins Ave.
☎ 305-503-6000
www.marenasresortmiami.com

Situé pile-poil entre Miami et Fort Lauderdale, le Marenas Resort propose des suites de une ou deux chambres et des appartements avec terrasse. Tous offrent un niveau de confort digne d'une copropriété: téléviseurs plasma, laveuses, sécheuses, peignoirs et balcons surdimen-

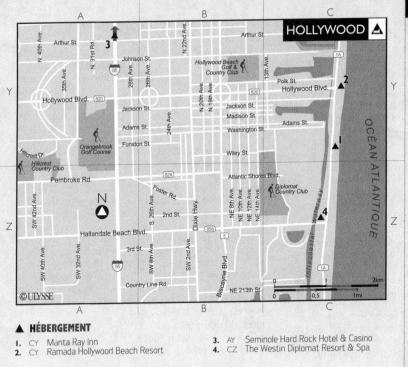

▲ HÉBERGEMENT

1. CY Manta Ray Inn
2. CY Ramada Hollywood Beach Resort
3. AY Seminole Hard Rock Hotel & Casino
4. CZ The Westin Diplomat Resort & Spa

sionnés bénéficient de vues spectaculaires sur la mer et les environs. Le cadre enchanteur invite aux plaisirs d'un petit déjeuner ou d'un dîner à même la suite.. Par ailleurs, le spa donne de nombreux soins corporels, tous administrés par des spécialistes. Les hôtes ont accès à une magnifique plage pour s'adonner aux plaisirs du farniente. Le centre de conditionnement physique compte sur un équipement dernier cri qui permet de s'entraîner tout en observant la mer..

Trump International Beach Resort
$$$$$ ≡ ⚓ ≋ ♨ ♿ ⑈ ⚓ @
18001 Collins Ave.
📞 305-692-5600
www.trumpmiami.com
Décoré avec le chic et l'opulence qui caractérise les établissements de luxe, le Trump International

Resort est l'un des maillons d'une chaîne hôtelière mondialement connue. Chaque chambre est bien équipée et décorée avec un mobilier moderne. Tous les clients bénéficient d'un service de grande qualité, et l'hôtel met tout en œuvre pour rendre leur séjour le plus agréable possible.

Hollywood

Ramada Hollywood Beach Resort
$$-$$$ ⚓ ≡ ≋ ♨ ⚓ ⚓ @
101 N. Ocean Dr.
📞 954-921 0990
www.ramada.com
Situé entre Fort Lauderdale et Miami, le Ramada Hollywood Beach Resort propose des studios et des suites qui peuvent accueillir jusqu'à quatre personnes. Une grande piscine se trouve à l'arrière de l'éta-

blissement, à deux pas de la plage. Son rez-de-chaussée débouche sur un centre commercial où l'on peut faire ses emplettes, et le resto-bar **O'Malley's Ocean Pub** (voir p. 150 et 165) fait partie des installations. Bon rapport qualité/prix.

Manta Ray Inn
$$$ ≡ ⚓ ⚓
1715 S. Surf Rd.
📞 954-921-9666 ou 800-255-0595
www.mantarayinn.com
Ce charmant petit hôtel de deux étages situé en bord de mer abrite une douzaine de grands appartements de une ou deux chambres à coucher avec cuisinette équipée. Chaque unité présente un décor agréable caractérisé par l'utilisation de motifs fleuris et la présence de meubles en osier. À l'extérieur, des grils

sont réservés à l'usage des clients, et la plage se trouve à un jet de pierre. Accueil chaleureux et emplacement idéal.

Seminole Hard Rock Hotel & Casino

$$$$ ≡ ≈≈ ♨ ⚓ ≺ 🔒 ⚲ @
1 Seminole Way
☎ 954-327-7625 ou 800-937-0010
www.seminolehardrockhollywood.com

Cet hôtel voué au culte de la musique populaire est entouré d'un magnifique jardin paysager avec palmiers royaux. Une piscine en forme de lagon, agrémentée de glissades d'eau dissimulées dans une colline, s'étend au cœur du jardin. Les quelque 500 chambres de l'établissement, spacieuses et de grand confort, disposent d'un décor moderne aux lignes dépouillées. Une

salle de spectacle et un casino ouvert 24 heures sur 24 font également partie du complexe.

The Westin Diplomat Resort & Spa

$$$$ ≡ ≈≈ ♨ ⚓))) ≺ 🔒 ♿ @
3555 S. Ocean Dr.
☎ 954-602-6000 ou 888-627-9057
www.diplomatresort.com

Le Diplomat, un hôtel légendaire dans la région, a su renaître de ses cendres de façon spectaculaire en 2002. En effet, on a tout simplement rasé l'hôtel original qui datait des années 1950 pour entreprendre la construction d'un nouvel établissement qui aurait coûté, dit-on, près d'un milliard de dollars. L'architecture moderne et audacieuse qui caractérise aujourd'hui cet établissement de verre

et de béton de 36 étages en surprendra plus d'un. Mais il faut admettre que cette gigantesque structure dont la forme évoque celle d'une immense lettre *H* est fort élégamment agencée. On y trouve près de 1 000 chambres de catégorie supérieure dont certaines, les plus chères, donnent sur un balcon. La grande piscine avec fond de verre et cascade qui se jette dans un second bassin en contrebas constitue l'un des éléments distinctifs de ce palace moderne. Les courts de tennis et le golf de 18 trous plairont aux sportifs, alors que discothèque, bars, spa et boutiques attireront les autres.

Restaurants

Les restaurants de Miami n'ont absolument rien à envier à ceux des autres grandes villes nord-américaines ou européennes. Grâce au climat tropical qui règne en Floride, à la proximité de la mer et à l'arrivée massive d'immigrants d'origine ethnique différente, les menus affichés par beaucoup d'établissements de cette ville cosmopolite s'inspirent de traditions culturelles et culinaires extrêmement variées, ce qui permet à bon nombre de leurs chefs de mitonner toutes sortes de combinaisons possibles, en rejetant bien des a priori et sans même se laisser rebuter par certaines incohérences.

Cette approche particulière suscite bien des audaces culinaires et produit à la longue de nombreuses et surprenantes créations. Bref, que vous soyez à la recherche de mets italiens, thaïlandais, vietnamiens, français, méditerranéens, japonais, cubains, mexicains, péruviens, argentins ou d'un mélange subtil de plats exotiques, vous trouverez sûrement, tenez-vous-le pour dit, de quoi délecter vos papilles gustatives. Toutefois, en dépit de toutes leurs variétés et subtilités, les menus des restaurants de Miami sont fortement influencés par la quantité phénoménale de poissons et de crustacés qui folâtrent dans les eaux chaudes et particulièrement poissonneuses de l'océan Atlantique.

De plus, culture locale oblige, la carte affichera presque toujours un morceau de steak bien juteux. En effet, cette viande de prédilection des carnivores fait indéniablement partie du patrimoine culinaire des Américains et tient une place importante dans la diète de la population locale. Parmi les spécialités de la région, mentionnons le crabe de roche (servi uniquement de la mi-octobre à la mi-mai) et les queues d'alligator.

➤ Prix et symboles

Sauf indication contraire, les prix mentionnés dans ce guide s'appliquent à un repas pour une personne excluant les boissons, les taxes et le pourboire (voir p. 56). Comptez entre 6% et 10% pour les taxes sur les repas.

$	moins de 15$
$$	de 15$ à 25$
$$$	de 26$ à 35$
$$$$	plus de 35$

Pour connaître la signification du label Ulysse ⓤ, voir p. 105.

➤ Végétariens

Peu d'établissements sont voués à promouvoir et à préparer exclusivement les délices de la cuisine végétarienne. Si vous suivez un régime macrobiotique, aussi bien vous le dire tout de suite, vous n'aurez pas l'embarras du choix et vous risquez sûrement de trouver votre séjour long et ennuyant. Toutefois, si vous adoptez un régime à base de produits laitiers et de poissons, vous serez sans nul doute comblé.

➤ Comment s'habiller?

La plupart des restaurants chics exigent une tenue vestimentaire soignée. Bien que vous ne soyez pas obligé de porter un veston et une cravate, on vous suggère vivement de laisser votre t-shirt *I love Miami* à l'hôtel si vous prévoyez vous attabler dans l'un de ces établissements. Avis aux intéressés, le noir est la couleur branchée qui ne se démode jamais.

➤ Index par types de cuisine

Pour choisir un restaurant selon sa spécialité, consultez l'index à la page 152.

Les favoris d'Ulysse

> **Les bonnes tables**
  Azul 142
  Mark's 136
  Nobu 139

> **Les restos ouverts 24 heures sur 24**
  Eleventh Street Diner 129
  News Café 132

> **Pour la terrasse**
  News Café 132
  Segafredo Espresso 134
  Van Dyke Cafe 134

> **Pour côtoyer top-modèles et stars du cinéma**
  Asia de Cuba 136
  Barton G. 137
  Blue Door 137
  China Grill 138
  Nobu 139
  The Forge 141

> **Pour les poissons et les fruits de mer**
  A Fish Called Avalon 136

South Beach

À la Folie
$
516 Española Way
305-538-4484
Voici un petit café à la française des plus sympathiques installé sur Española Way. On le reconnaît à ses quelques tables qui envahissent le trottoir et aux mélodies de chansonnette française qui s'évadent de sa minuscule salle. Galettes de sarrasin, croque-madames et crêpes figurent au menu.

Eleventh Street Diner
$
1065 Washington Ave.
305-534-6373
Il semble que chaque ville possède son petit restaurant typique où il fait bon satisfaire un petit creux matinal après une nuit occupée à festoyer. À South Beach, où les festivités ne manquent pas, c'est l'Eleventh Street Diner qui joue ce rôle. Originalement construit par la Paramount Dining Car Co.

en 1948, ce *diner* chromé Art déco a été démonté à Wilkes Barre, en Pennsylvanie, où il était en activité depuis 44 ans, pour être reconstruit pièce par pièce à South Beach en 1992. Vous pourrez y boire des *coladas* (café express cubain servi dans de grandes tasses) pour vous redonner de l'énergie, ou encore y manger du poulet frit, la spécialité de la maison. Ouvert 24 heures sur 24.

Gelateria Parmalat
$
670 Lincoln Rd.
305-276-9475
Pour se soustraire à la chaleur accablante du soleil floridien, la Gelateria Parmalat est une excellente adresse pour déguster une glace bien fraîche. Pourquoi résister à la tentation?

Ghirardelli
$
801 Lincoln Rd.
305-532-2538
La célèbre chocolaterie de San Francisco a maintenant

pignon sur rue à Miami, plus précisément dans l'agréable rue piétonne qu'est Lincoln Road. On s'y arrête pour un succulent lait fouetté, une glace ou l'un des innombrables desserts gourmands qui ont fait la réputation de la maison.

Half Moon Bay Empanadas
$
1616 Washington Ave.
305-532-5277
Tenu par un couple aux racines argentines et mexicaines, Half Moon Empanadas est un petit bout d'adresse sans aucune prétention culinaire, mais où l'on mange vraiment bien pour trois fois rien. Dans un cadre moderne et lumineux, il propose une ribambelle d'*empanadas* fumantes et bien fichues: bœuf, poulet, épinards, brocoli, etc. Adresse idéale pour s'offrir un morceau sur le pouce pour moins de 10$.

Restaurants - South Beach

La Provence French Bakery

$

1627 Collins Ave.

📞 305-538-2406

La Provence est une petite pâtisserie française qui prépare tous les jours un délicieux assortiment de viennoiseries pour calmer une petite fringale à toute heure de la journée. Quelques tables sont disponibles pour ceux qui veulent s'arrêter et déguster sur place une quiche, un sandwich ou une salade maison tout en sirotant un café au lait.

La Sandwicherie

$

229 14th St.

📞 305-532-8934

Voici une adresse idéale pour remplir rapidement votre estomac sans vider votre porte-monnaie. On y propose un excellent choix de sandwichs alléchants à prix modiques. L'établissement est sans prétention et le service de bon aloi. Selon l'avis de nombreux résidants, on y prépare les meilleurs sandwichs de South Beach, et ils ont sans doute raison.

Pizza Rustica

$

863 Washington Ave.

📞 305-674-8244

Ce sympathique petit restaurant se spécialise dans les pizzas de style européen à croûte mince et croustillante, servies sur des plateaux surdimensionnés. La pizza-vedette (du même nom que le restaurant) est garnie de cœurs d'artichauts, de tomates, d'olives noires, de fromage et de *prosciutto*. Une autre pizza intéressante est la *Funghi*, recouverte de trois types de champignons. Les cartes de crédit ne sont pas acceptées.

Pizza Rustica

$

667 Lincoln Rd.

📞 305-672-2334

Deuxième succursale de la chaîne éponyme (voir ci-dessus), Pizza Rustica présente un décor sans flafla ni chichi, mais prépare une excellente variété de pizzas qui sauront satisfaire tous les goûts et régaler tous les palais. Les portions sont généreuses et peuvent calmer une fringale en tout temps. L'adresse est surtout prisée par les noctambules qui désirent s'offrir un morceau après avoir fait la fête dans les boîtes de nuit du coin. L'établissement est exigu et souvent bondé, mais il est possible de s'attabler sur la terrasse ou d'emporter son repas.

Ice Box Cafe

$-$$

1657 Michigan Ave.

📞 305-538-8448

Dans un décor monochrome qui distille une ambiance quelque peu nonchalante, l'Ice Box Cafe fédère les habitués qui viennent y manger une variété de plats économiques: pâtes du jour, paninis bien garnis, soupes fumantes, salades croquantes ou viandes grillées à point. L'établissement est également très prisé pour ses copieux desserts faits maison. Essayez la mousse au chocolat et noisettes ou le gâteau sablé (*shortcake*). Très bonne adresse pour prendre un en-cas, un café ou un *smoothie* avant de poursuivre sa route.

Miss Yip Chinese Cafe

$-$$

1661 Meridian Ave.

📞 305-534-5488

Situé à une rue au nord de Lincoln Road, le Miss Yip Chinese Cafe loge dans une vaste salle à manger au décor contemporain, baignée par une ambiance musicale urbaine assurée par le bar à l'étage, le **Buck15** (voir p. 158). Installez-vous sur les belles banquettes en cuir écarlate et goûtez impérativement aux *dim sum,* ces exquises bouchées de porc, crevettes, canard, poulet ou crabe présentées dans de jolis paniers en bambou. Canard de Pékin, bœuf à l'orange et autres délicieux classiques de la cuisine chinoise figurent aussi au menu. Bonne adresse pour ceux qui gardent un œil sur leur budget.

Paul Maison de Qualité

$-$$

450 Lincoln Rd.

📞 305-351-1200

Dans ce café-restaurant d'influence française, vous passerez votre commande au comptoir avant de vous attabler à l'intérieur ou à l'extérieur, avec un numéro que vous déposerez sur la table de votre choix en attendant que le serveur vous apporte votre repas. L'ardoise égrène une ribambelle de plats bistrotiers: soupe à l'oignon, salades, sandwichs, crêpes et viennoiseries. Rien de tel qu'un croissant chaud et un café tonifiant en regardant la faune éclectique de Lincoln Road pour commencer la journée!

Puerto Sagua

$-$$

700 Collins Ave., angle Seventh St.

📞 305-673-1115

Pour manger dans un *diner* sans la moindre prétention, le Puerto Sagua est l'adresse à retenir. Cet établissement parvient de plus à défier le poids des années grâce à une formule de bon aloi: petits déjeuners éco-

Petit lexique gastronomique espagnol

almuerzo: déjeuner

café con leche: café au lait

café sin leche: café sans lait

café cubano: café cubain (très corsé)

camarones: crevettes

cena: dîner

ceviche: morceaux de poisson ou de crustacé qu'on laisse mariner dans un mélange de jus de citron et d'oignons. (Soyez prudent car le poisson peu cuit peut contenir des germes parasites plus ou moins dangereux pour l'appareil digestif.)

cerveza: bière

comida: nourriture

desayuno: petit déjeuner

empanadas: petits pâtés en croûte (maïs) cuits, fourrés aux oignons, au bœuf, au poulet, aux légumes ou au fromage

jugo: jus

pescado: poisson

postre: dessert

vino: vin

---

nomiques, plats simples mais consistants et du café cubain corsé pour ceux qui ne craignent pas d'entamer la journée avec des battements de cœur rapides. On ne vient pas ici pour le décor, mais mentionnons tout de même l'intéressante peinture murale en relief de la deuxième salle à manger qui représente la ville de La Havane.

Big Pink
$$
157 Collins Ave.
☏ 305-532-4700
Le succès du Big Pink tient essentiellement à ses plats typiquement américains, tels ses épais hamburgers juteux, ses pains de viande maison, ses frites croquantes et ses laits frappés onctueux. On y propose même une version maison des *tv dinners* (plateaux télé), ainsi qu'un menu pour enfants. Toujours débordante d'activité, la cuisine est parfois à la traîne, mais les tarifs

raisonnables combinés à l'ambiance kitsch et conviviale vous dissuaderont de vous plaindre. L'établissement dispose d'une petite terrasse pour manger à l'air libre.

Chalan
$$
1580 Washington Ave.
☏ 305-532-8880
En toute honnêteté, peu de gens s'arrêtent devant la façade un peu vétuste du restaurant Chalan. La plupart de ceux qui jettent un coup d'œil à l'intérieur quittent rapidement les lieux, mais ceux qui oseront pousser la porte de ce restaurant péruvien sans prétention seront sans nul doute ravis. Dans un décor qui ne paie pas de mine, on déguste de savoureux *ceviches* merveilleusement bien relevés ainsi que d'autres spécialités péruviennes comme le *lomo saltado* ou les *chicharrones*. Avec la mer toute proche, les patrons

sont parvenus à faire renaître ici, à South Beach, une petite partie du patrimoine culinaire péruvien.

Jerry's Famous Deli
$$
1450 Collins Ave.
☏ 305-532-8030
Voici un *deli* dans la plus pure tradition, avec sa salle unique mais immense, son haut plafond, son long comptoir et ses banquettes de cuir rouges. Au menu, les classiques de ce type de resto: sandwich à la viande fumée (*smoked meat*), spaghetti avec *meatballs* (boulettes de viande) et compagnie.

Lime Fresh Mexican Grill
$$
1440 Alton Rd., entre 14th St. et 15th St.
☏ 305-532-5463
Ce joyeux restaurant mexicain sans prétention propose des plats costauds, relevés et délicieusement riches en cholestérol. Sur

l'ardoise, *tacos* croquants, *burritos* juteux, *guacamole* frais et crémeux, le tout accompagné de *salsa* hautement pimentée et d'une bière fraîche ou d'un verre de *sangria*.

Mango's Tropical Cafe
$$
900 Ocean Dr., angle Ninth St.
♪ 305-673-4422

Suivez les rythmes répétitifs qui battent la mesure des airs de salsa et de merengue pour arriver au Mango's Tropical Cafe, où les danseuses sexy se déhanchent au son tonitruant de cette musique latine pour attirer les clients. La carte est secondaire à l'environnement sonore et visuel, mais on peut y manger convenablement à des prix raisonnables. Pizzas, poulet, pâtes et poissons noircissent le menu.

News Café
$$
800 Ocean Dr.
♪ 305-538-6397

Le News Café est considéré par certains comme un établissement culte de South Beach, tandis que d'autres croient qu'il s'agit plutôt d'un lieu surestimé. Sous les parasols de son immense terrasse, les touristes perplexes regardent déambuler sur Ocean Drive la faune racée qui s'y donne en spectacle, tandis que les starlettes prennent la pose en grillant une cigarette et que les habitués lisent un journal tout en étirant un énième café sous le regard amusé des passants. Ouvert jour et nuit, ce café attire en effet une foule cosmopolite qui veut «voir et se faire voir». Il n'y a pas de surprises gastronomiques au menu, mais mentionnons toutefois que les desserts maison sont savoureux. Les propriétaires exploitent aussi une petite boutique adjacente au café, qui vend des journaux, des magazines, des livres et des souvenirs. Service un peu froid.

Nexxt Café
$$
700 Lincoln Rd., angle Euclid Ave.
♪ 305-532-6643

Souvent plein comme un œuf, le Nexxt Café propose des plats américains, costauds, copieux et sans grande originalité, mais très bien préparés. Tout le monde semble y trouver son compte sur la carte géante : hamburgers, sandwichs, soupes, pâtes, salades, *antipasti*, mets végétariens etc. Le décor est moderne, et l'ambiance peut être bruyante aux heures d'affluence. Les personnes qui ont une faim de loup doivent être patientes, car le service est parfois un peu lent. Bonne adresse si vous êtes à la recherche d'un endroit où casser la croûte à toute heure du jour.

Pasha's
$$
900 Lincoln Rd.
♪ 305-673-3919

Chouette restaurant qui affiche un menu santé composé essentiellement de produits frais aux accents méditerranéens, le Pasha's propose une belle sélection de viandes marinées, de grosses salades et de pizzas croustillantes, ainsi qu'une poignée de plats végétariens, tel que le *wrap* au fromage feta avec tomate,

---

Restaurants – South Beach

guidesulysse.com

● **RESTAURANTS**

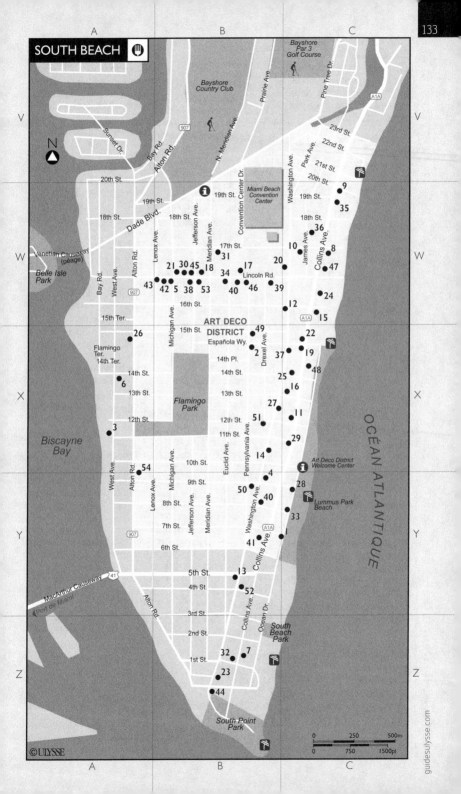

SOUTH BEACH

Bayshore
Par 3
Golf Course

Bayshore
Country Club

Pine Tree Dr.

A1A

N

Sunset Dr.

Bay Rd.

Alton Rd.

907

N. Meridian Ave.

Prairie Ave.

Park Ave.

23rd St.

22nd St.

21st St.

Washington Ave.

20th St.

9

20th St.

19th St.

18th St.

Dade Blvd.

19th St.

i

19th St.

Miami Beach
Convention
Center

19th St.

35

18th St.

18th St.

36

James Ave.

Collins Ave.

8

10

Lenox Ave.

Jefferson Ave.

Meridian Ave.

17th St.

31

20

47

21 30 45 18

34

17

Lincoln Rd.

24

43

42 5 38 53

40

46

39

15

Venetian Causeway
(peage)

Belle Isle
Park

Bay Rd.

West Ave.

Alton Rd.

907

16th St.

12

A1A

15th Ter.

Michigan Ave.

15th St.

ART DECO
DISTRICT

49

22

26

Española Wy.

2

Drexel Ave.

37

19

Flamingo
Ter.

14th Ter.

14th Pl.

25

48

6

14th St.

14th St.

13th St.

13th St.

16

Flamingo
Park

27

Biscayne
Bay

12th St.

51

11

3

11th St.

14

29

West Ave.

Alton Rd.

54

10th St.

Euclid Ave.

Pennsylvania Ave.

4

i

Art Deco District
Welcome Center

9th St.

50

28

8th St.

Lenox Ave.

Michigan Ave.

Jefferson Ave.

Meridian Ave.

Washington Ave.

40

Lummus Park
Beach

7th St.

33

907

A1A

6th St.

41

MacArthur Causeway

41

Port de Miami

5th St.

13

Collins Ave.

4th St.

52

3rd St.

Collins Ave.

Ocean Dr.

South
Beach
Park

2nd St.

32

7

1st St.

23

44

South Point
Park

0   250   500m

0   750   1500pi

©ULYSSE

guidesulysse.com

OCÉAN ATLANTIQUE

concombre et menthe fraîche. Bon choix de jus de fruits frais. Avis aux intéressés, l'établissement est couru pour ses copieux petits déjeuners. Excellent rapport qualité/prix.

Segafredo Espresso
$$
1040 Lincoln Rd.
☎ 305-673-0047
Même si cet établissement est avant tout un café, il joue également le rôle de restaurant et de bar. L'endroit est très prisé pour sa terrasse, prise d'assaut par une clientèle bohème venue étirer un café au lait, grignoter un sandwich copieux, lire le journal, écrire des messages sur Twitter ou observer tout simplement le va-et-vient de la foule sur Lincoln Road. La carte propose aussi des cocktails de fruits vitaminés, des martinis, du vin et même du champagne. En soirée, un DJ aux platines assure l'ambiance sonore.

Thai Toni
$$
890 Washington Ave.
☎ 305-538-8424
Des chandelles à la flamme vacillante déposées çà et là sur les tables et dans des recoins aménagés pour l'intimité distillent une atmosphère romantique et élégante qui est la marque distinctive du Thai Toni. Sous l'œil bienveillant de Bouddha, la cuisine prépare d'alléchants plats arrosés de lait de coco et assaisonnés de cari qui vous transportent instantanément en Asie du Sud-Est. Le service est agréable et empressé, et les aliments sont toujours d'une indéniable fraîcheur.

Van Dyke Cafe
$$
846 Lincoln Rd., angle Jefferson Ave.
☎ 305-534-3600
À la fois branché et bohème, le Van Dyke Cafe appartient aux mêmes propriétaires que le News Café (voir p. 132). Ce n'est donc pas une surprise de constater que le menu propose sensiblement la même chose que son confrère d'Ocean Drive et qu'il attire grosso modo le même genre de clientèle. Sa terrasse ombragée permet d'observer le va-et-vient quotidien de Lincoln Road derrière vos verres fumés tout en sirotant un espresso bien corsé. Un élément distingue cependant le Van Dyke Cafe : des spectacles de jazz se tiennent certains soirs à l'étage.

Yoko's Japanese Restaurant
$$
919 Alton Rd.
☎ 305-532-6635
Radicalement différent des restaurants nippons tendance, Yoko est un concentré de «zénitude» au cœur de l'effervescence de South Beach. Jouant la carte de la sobriété, il propose de la soupe miso, claire et bien «alguée», du poulet teriyaki, ainsi que des sushis frais et bien ciselés, dans un cadre épuré à l'esthétique asiatique. Le service est souriant et attentionné. Bon choix de sakés importés. Très bon rapport qualité/prix.

Balans
$$-$$$
1022 Lincoln Rd.
☎ 305-534-9191
Le café-terrasse Balans appartient à une société britannique qui possède un établissement semblable à Londres. Sa terrasse attire

les foules décontractées qui aiment bien deviser sur les aléas de la vie tout en sirotant un café ou en grignotant une bouchée. Le menu propose des repas légers qui changent selon l'inspiration du jour, mais qui sont drôlement appétissants. L'intérieur est moderne et peut être bruyant aux heures d'affluence, mais le service est toujours sympathique.

BONDST
$$-$$$
Townhouse
150 20th St.
☎ 305-398-1806
Au sous-sol de l'hôtel **Townhouse** (voir p. 108) se trouve un établissement pour les fidèles du BONDST de New York, version South Beach. Ce restaurant à la salle à manger design fréquentée par une clientèle belle, jeune et dynamique, propose une carte qui énumère les plats dans la même lignée que ceux servis au restaurant éponyme de Manhattan : tempuras «aériens», sushis et sashimis d'une fraîcheur exemplaire, ainsi que bon nombre de créations savoureuses infiniment maîtrisées. À mesure que la soirée progresse, l'établissement se transforme en *lounge* à l'ambiance remuante où se mêlent discussions animées, cliquetis de baguettes et pulsations électroniques du DJ de service. Saluons la belle sélection de sakés et de cocktails euphorisants. *Kampai*!

Caviar Kaspia
$$-$$$
The Webster
1220 Collins Ave.
☎ 305-674-7899
Après avoir effectué vos emplettes à la boutique conceptuelle **The Webster**

(voir p. 177), pourquoi ne pas conclure votre visite avec un repas à la russe au restaurant situé au sous-sol du bâtiment? Dans une salle à manger lumineuse et moderne, la carte propose une belle sélection de caviars (beluga, osciètre, sévruga) et de poissons fumés, notamment du saumon. Accompagnez le tout d'un verre de vodka ou de vin.

Maiko Japanese Restaurant
$$-$$$
1255 Washington Ave.
☎ 305-672-2773
Situé de biais avec le bureau de poste, le Maiko Japanese Restaurant s'est taillé une place de choix à South Beach grâce à des plats sans surprise, mais diablement alléchants et bon marché, et grâce aussi à son excellent service.

Sushi Samba
$$-$$$
600 Lincoln Rd.
☎ 305-673-5337
Beaucoup plus qu'un énième restaurant japonais, le Sushi Samba sert une cuisine où les saveurs s'expriment avec raffinement. Dans la salle à manger à la déco orange, blanche, mode et épurée, les convives jouent des baguettes en observant les cuisiniers nippons pratiquer l'art de la découpe. Les personnes qui préfèrent se sustenter à l'air libre peuvent s'installer sur la terrasse sous les parasols en observant la faune sur Lincoln Road. Jolie sélection de sakés ainsi qu'une carte des vins concise pour ceux qui préfèrent les plaisirs bachiques.

Tamara
$$-$$$
National Hotel
1677 Collins Ave.
☎ 305-532-2311
Le restaurant du **National Hotel** (voir p. 112), le Tamara, fait le bonheur des personnes qui aiment déguster d'alléchants plats dans une atmosphère digne des années 1940. La carte affiche des plats tels que le pâté de foie gras et le risotto aux fruits de mer assaisonné d'une subtilité d'épices des Caraïbes. La salle à manger est décorée avec différents meubles, bibelots et objets Art déco. Les convives qui préfèrent manger à l'air libre peuvent s'attabler sur la terrasse pour bénéficier d'une vue splendide sur la piscine bordée de palmiers. Le service est courtois et attentionné. Adjacent au restaurant, le bar est populaire le vendredi durant le *happy hour*.

Tantra
$$-$$$
1445 Pennsylvania Ave.
☎ 305-672-4765
Êtes-vous à la recherche d'un brin de folie et en même temps d'une cuisine hybride, raffinée, aux saveurs et parfums quelque peu exotiques, capables d'émoustiller tous vos sens? Si oui, le restaurant Tantra saura répondre à votre demande. À n'en point douter, il mettra en émoi votre sensualité grâce à un environnement tout à la fois sonore, visuel, olfactif et tactile très particulier qui se combinera à des créations culinaires uniques. En effet, dès qu'on franchit le seuil de cet établissement, on constate qu'on vient de poser le pied sur un moelleux tapis de gazon et qu'une subtile odeur de jasmin flotte dans l'air. Pour couronner le tout, une douce musique baigne les lieux, des danseuses du ventre se donnent en spectacle, et de jolies serveuses se glissent discrètement entre les tables pour servir plats et cocktails aphrodisiaques.

Toni's Sushi Bar
$$-$$$
1208 Washington Ave.
☎ 305-673-9368
L'étoile du Toni's Sushi Bar n'a pas pâli depuis son inauguration en 1987. Son menu continue d'énumérer des plats de sushis, de sashimis et de tempuras qui font toujours honneur à la cuisine japonaise. Si le menu du jour ne vous tente guère, libre à vous de créer vos propres combinaisons ou d'opter pour un plat de poulet ou de bœuf teriyaki.

Tuscan Steak
$$-$$$$
431 Washington Ave.
☎ 305-534-2233
Grâce à une ambiance feutrée, à un service efficace et à des mets d'une fraîcheur indéniable, le Tuscan Steak a acquis une réputation enviable dans le milieu culinaire de Miami. La succulente carte est concoctée par un chef qui rend un heureux hommage aux saveurs de la Toscane. La vedette du menu est le bifteck d'aloyau badigeonné d'huile d'olive, grillé à point, puis assaisonné de romarin. L'ardoise affiche également le faux-filet, le filet mignon, le canard laqué, ainsi qu'une sélection de pâtes fraîches et de risottos. Parmi le choix d'ac-

Restaurants - South Beach

compagnement, le sauté aux épinards à l'ail et les pommes de terre semblent gagner la faveur du public. Sur la carte des vins, les crus de l'Italie se placent en tête, mais des nectars australiens et américains figurent aussi au cellier. Les réservations sont recommandées.

A Fish Called Avalon
$$$
Avalon Hotel
700 Ocean Dr.
☎ 305-532-1727

Situé dans l'épicentre culinaire d'Ocean Drive, le restaurant de l'**Avalon Hotel** (voir p. 108) fait l'unanimité auprès d'une clientèle d'habitués et de touristes qui viennent y déguster une cuisine à base de poissons et de fruits de mer. Attablez-vous sur la terrasse où les conversations s'animent au fil de la soirée, pour regarder le flux et le reflux de la foule. Si vous ne supportez pas la chaleur, installez-vous dans la salle à manger pourvue de grandes fenêtres qui permettent d'observer ce qui se passe à l'extérieur. Pour vous mettre dans l'ambiance, accoudez-vous au bar et commandez un *mojito*. Les réservations sont vivement conseillées.

Asia de Cuba
$$$
Mondrian
1110 West Ave.
☎ 305-514-1940

Applaudi par toute la presse, le restaurant de l'hôtel **Mondrian** (voir p. 111) est le petit nouveau qui ne désemplit pas. Cet établissement branché au design déclinant des camaïeux de blanc propose une cuisine bien troussée à la croisée de l'Asie et de Cuba qui se traduit par une carte courte

mais inspirante, où défile une jolie palette de plats tendance truffés de saveurs et servis avec une belle dose d'originalité. Idéal pour satisfaire les papilles gustatives des épicuriens. Il s'agit du lieu de prédilection des célébrités locales et de passage, ainsi que d'une clientèle qui désire voir et être vue. On y propose une carte de cocktails et de vins plus que convaincante.

B.E.D.
$$$
929 Washington Ave.
☎ 305-532-9070

Pour un dîner à l'horizontale, pointez-vous chez B.E.D., dont l'acronyme signifie *beverage, entertainment, dining*. Le nom du restaurant prend toute sa signification sur place, car on y sert les repas dans de grands lits baldaquins ornés de coussins moelleux et disposés autour de chandelles à la flamme vacillante. La cuisine marie avec subtilité les produits américains avec la gastronomie de l'Hexagone. Le service est assuré par des hôtesses pimpantes et bien galbées. Deux services, à 20h et 23h30. Réservations recommandées. Le restaurant se transforme en *lounge* (voir p. 158) après le dernier service.

Emeril's
$$$
Loews Miami Beach Hotel
1601 Collins Ave.
☎ 305-695-4550

Installé dans le **Loews Miami Beach Hotel** (voir p. 111), le restaurant Emeril's fait partie de la chaîne renommée de la Louisiane dont le menu se spécialise dans la cuisine créole. Peu importe que vous choisissiez des plats à la carte ou que vous vous laissiez guider par

les menus à prix fixe proposés par le chef, oubliez les conseils de votre diététicienne et dévorez sans complexe de juteuses crevettes au barbecue de La Nouvelle-Orléans, des côtelettes de porc cuites à point et des pommes de terre douces. Complétez le tout avec une tarte à la crème aux bananes. Personnel attentif, efficace et très professionnel.

Grillfish
$$$
1444 Collins Ave., angle Española Way
☎ 305-538-9908

Une délicieuse odeur de poisson grillé flotte dans l'air dès qu'on entrouvre la porte du Grillfish. Dans un décor où se mélangent le métal et le gothique, installez-vous pour déguster l'un des nombreux plats de poisson qui figurent sur le menu, apprêtés selon vos préférences.

Mark's
$$$
Hotel Nash
1120 Collins Ave.
☎ 305-604-9050

Aucune enseigne ne signale la présence de l'une des grandes tables de South Beach. Qu'importe, tout Miami sait la trouver. Aménagé dans le sous-sol de l'**Hotel Nash** (voir p. 110), le restaurant portant le prénom du chef Mark Milatello est une valeur sûre pour les gourmets qui apprécient une cuisine d'inspiration méditerranéenne qui change régulièrement en fonction des arrivages. La décoration est soignée et les tables impeccablement mises. Le service, d'une courtoisie exquise, est résolument irréprochable.

Meat Market
$$$
915 Lincoln Rd.
☎ 305-532-0088

Vous salivez à l'idée d'assouvir votre appétit carnassier dans un cadre au design léché? Pointez-vous au Meat Market, où l'on sert des rations pantagruéliques de bifteck de filet, de filet mignon ou de bœuf de Kobe cuits de façon impeccable. Quelques plats de poisson préparés avec distinction figurent aussi au menu: *mahi-mahi*, tartare de saumon, ainsi que des pétoncles déclinés en multiples goûts et textures pour satisfaire les amateurs épris de fraîcheur. La cave renferme une judicieuse sélection de vins pour accompagner le tout. Service gentil et bien rodé assuré par des serveuses diligentes au bagage génétique avantageux.

Nemo
$$$
100 Collins Ave.
☎ 305-532-4550

Au réputé restaurant Nemo, calmars frits, curry de canard, agneau désossé et beaucoup de poissons préparés selon des recettes inventives et présentés de façon quasi artistique composent le menu. Artistes, top-modèles et gens d'affaires fréquentent assidûment cet établissement branché au mobilier métallique à l'allure Art déco.

Quattro Gastronomia Italiana
$$$
1014 Lincoln Rd.
☎ 305-531-4833

Quattro propose de délectables créations culinaires aux consonances italiennes et fédère une clientèle à la page. Aux fourneaux, un duo de jeunes chefs (jumeaux) concocte avec *maestria* une ribambelle de plats savoureux. Dans l'assiette, des pâtes voluptueuses nappées de sauces fortement exprimées côtoient des viandes tendres et des poissons frais. Le service sympathique est assuré par un personnel souriant qui correspond au diktat de l'esthétisme. Le générique des vins exhibe les couleurs des différents vignobles italiens.

South Beach Brasserie
$$$
910 Lincoln Rd., angle Jefferson Ave.
☎ 305-534-5511

Propriété de l'acteur anglais Michael Caine, la South Beach Brasserie arbore un chaleureux et élégant décor qui invite bon nombre de ses clients de passage à prolonger la conversation ou la discussion qu'ils y ont entamée. La carte énumère des créations culinaires américaines et internationales à base de bœuf, pâtes, poissons et crustacés. Le service est courtois et attentionné.

Table 8
$$$
1458 Ocean Dr.
☎ 305-695-4114

Table 8 est un restaurant à la mode doublé d'un *lounge* feutré qui ne désemplit pas depuis son ouverture. Après avoir fait un tabac à Los Angeles et à San Francisco, le chef Govind Armstrong installe ses pénates à South Beach pour mitonner de savoureux plats qualifiés de «nouvelle cuisine américaine». Le menu comporte aussi des classiques, comme le vivaneau luisant de fraîcheur ou le carré d'agneau de la Nouvelle-Zélande, pour les personnes fidèles à leurs habitudes alimentaires. Et s'il vous reste un soupçon d'appétit, optez pour la crème brûlée ou le gâteau au fromage. Service sans failles et prix en conséquence.

Barton G.
$$$-$$$$
1427 West Ave.
☎ 305-672-8881

Nommé d'après le propriétaire, un planificateur d'événements excentrique, ce restaurant est le QG des célébrités (Will Smith, Tom Cruise et Katie Holmes ont déjà été vus en train d'y casser la croûte), des gastronomes et des touristes à la page. Dans une salle à manger décorée de bouquets floraux et animée d'une ambiance effervescente, les convives dégustent une cuisine américaine très contemporaine aux présentations visuelles extravagantes. Une adresse pour les grandes occasions.

Blue Door
$$$-$$$$
Delano Hotel
1685 Collins Ave.
☎ 305-674-6400

Le restaurant du **Delano Hotel** (voir p. 111), le Blue Door, relève de l'équipe administrative du **China Grill** (voir p. 138). La cuisine d'influence française et brésilienne est sous la supervision du chef de renommée mondiale Claude Troisgros. Manger à l'intérieur vous fera bénéficier des décors fantasmagoriques propres au Delano, alors que des banquettes installées autour de la piscine se prêtent mieux aux tête-à-tête ou à l'observation des affrontements entre joueurs d'échecs sur des échiquiers géants issus de l'imagination étrange du designer Philippe Starck.

Ola
$$$-$$$$
Sanctuary South Beach
1745 James Ave.
📞 305-695-9125

Dans l'actualité gastronomique de Miami, Ola (*Of Latin America*) est une référence à retenir. Installé dans l'hôtel **Sanctuary South Beach**, (voir p. 110) ce restaurant qui fait courir le tout Miami à la page doit sa renommée au chef Douglas Rodriguez, *el padre* de la cuisine *nuevo latina* aux États-Unis. Au chapitre des réussites culinaires, un excellent choix de *ceviches* (poisson ou fruits de mer marinés dans du jus de lime et des oignons) bien assaisonnés assure la mise en bouche pour accueillir un feu d'artifice de saveurs et de couleurs. La carte propose également un bel assortiment de plats où textures et arômes d'Amérique latine se conjuguent en parfaite harmonie. Décor moderne, tables impeccablement mises, belle carte des vins et musique tendance. Bref, une cuisine inventive et gastronomique orchestrée par l'un des meilleurs chefs de la ville.

Osteria del Teatro
$$$-$$$$
1443 Washington Ave., angle Española Way
📞 305-538-7850

L'Osteria del Teatro s'est forgé une réputation fort enviable dans les cercles d'amateurs de bonne cuisine de Miami, en gardant très élevées les normes en matière de restauration gastronomique. Certes, les

tarifs pratiqués sont élevés, mais ils sont largement justifiés si vous êtes en mesure d'apprécier à sa juste valeur la fine cuisine italienne. Le local est assez exigu et offre une jolie vue grâce à des fenêtres panoramiques par où l'on embrasse d'un seul coup d'œil tout le coin de rue. Rares sont les clients qui ne se pâment pas de plaisir devant les merveilleuses recettes qui ont fait la réputation du Vieux Continent. La réservation de votre table est vivement recommandée.

Casa Tua
$$$$
1700 James Ave.
📞 305-673-1010

Installée dans l'hôtel du même nom (voir p. 111), la Casa Tua bénéficie d'une renommée des plus favorables. Son menu tendance propose des spécialités italiennes revisitées et des créations qui balancent entre les saveurs locales et d'ailleurs. L'élégant restaurant s'ouvre sur une splendide terrasse enjolivée de verdure. Après le repas, les convives se pointent au *lounge* branché de l'établissement, pris d'assaut par l'élite de South Beach qui vient y déguster un cocktail bien dosé.

China Grill
$$$$
404 Washington Ave.
📞 305-534-2211

Welcome to China Grill!, vous dira-t-on à l'entrée d'un des restaurants les plus étincelants de South Beach, où les célébrités de passage ne manquent pas de venir briller par leur présence. Impossible de ne pas river ses yeux sur l'extérieur du China Grill en raison de l'immense tour illuminée

par des néons multicolores qui lui confère des allures de réacteur nucléaire sur le point d'entrer en phase critique. En soirée, l'atmosphère qui y règne s'apparente davantage à celle d'un night-club qu'à celle d'un restaurant à cause de la musique tonitruante qui rivalise avec les conversations rythmées des clients. La cuisine du China Grill se veut asiatique-française-éclectique, ce qui signifie qu'on y mitonne un large éventail de plats originaux. Les desserts risquent pour leur part d'en mener plus d'un tout droit vers un coma hypoglycémique. Les portions sont généreuses et servies sur une gigantesque assiette posée au centre de la table dans laquelle les convives peuvent piger.

Escopazzo
$$$$
1311 Washington Ave.
📞 305-674-9470

Ce restaurant italien propose une cuisine de haute volée qui s'inscrit pleinement dans la tendance du *slow food*. Aux fourneaux, la chef utilise uniquement des ingrédients biologiques à prédominance locale et concocte des plats très bien fignolés débordant de saveurs. Le générique des vins exhibe exclusivement les couleurs de l'Italie.

Joe's Stone Crab Restaurant
$$$$
11 Washington Ave.
📞 305-673-0365

Difficile de passer sous silence le nom du restaurant Joe's Stone Crab. Au dire de ses clients réguliers, la qualité des aliments qu'on y sert n'a jamais fléchi depuis son ouverture au début du siècle dernier. Évidemment, se rendre ici et commander autre chose que des pinces de crabe de roche (en saison) est un peu comme se rendre dans un *steakhouse* (grilladerie) pour y demander un plat de tofu et de légumes sautés. Mis à part les pinces de crabe de roche, des plats de poisson, crustacés et fruits de mer tels que crevettes, huîtres, saumon et homard noircissent le menu, et tous sont apprêtés délicieusement, tandis que le steak ou les côtelettes de porc sauront satisfaire les carnivores irréductibles. Le décor est chaleureux et élégant, mais la longueur des files d'attente atteste la popularité de cette institution locale. Fermé d'août à mi-octobre.

Nobu
$$$$
1901 Collins Ave.
☎ 305-695-3232

Après avoir fait craquer les gourmets new-yorkais et londoniens, Nobu fait maintenant saliver les épicuriens de Miami. Le menu s'inscrit dans la même lignée que les autres restaurants de la chaîne, où sushis et sashimis concilient fraîcheur et qualité irréprochables. Ceux qui veulent se laisser guider par le copieux menu dégustation ne seront certes pas déçus. Une très belle carte des vins, un sommelier pédagogue et un service avenant complètent l'expérience gastronomique. Le spectacle se poursuit dans la salle, car il n'est pas rare d'y croiser une ou deux célébrités de passage (Robert De Niro est l'un des propriétaires). Le succès du restaurant oblige de réserver à l'avance. L'attente vaut-elle le coup? Les habitués vous diront oui.

Smith & Wollensky
$$$$
1 Washington Ave.
South Pointe Park
☎ 305-673-2800

Le célèbre restaurant new-yorkais Smith & Wollensky s'est installé à Miami et vous convie à un dîner où le gigantisme est de mise dans un environnement au panorama saisissant. Cet établissement a gardé les mêmes couleurs, le vert et le blanc, et la même façade architecturale qu'à Manhattan, ainsi que la même qualité et la même fraîcheur des aliments. Mais on doit avouer que la vue à South Beach est beaucoup plus intéressante que celle qu'offre la 49e Rue de New York. Le carnivore qui sommeille en vous pourra y déguster des portions pantagruéliques de filet de surlonge, de *t-bones* et de pinces de crabe de roche (en saison seulement, soit de la mi-octobre à la mi-mai) préparées à la perfection. Pour tomber dans l'extase, goûtez aux desserts, véritables chefs-d'œuvre de l'art culinaire qui fondent dans la bouche. Les amis de Bacchus ne seront certainement pas déçus par la longue liste de vins de qualité qui figurent sur la carte. Vous aurez ensuite le loisir de vous retirer au besoin à l'extérieur pour siroter un digestif et fumer un cigare; rafraîchi par les ventilateurs, vous admirerez depuis votre observatoire privilégié le passage des bateaux à l'extrémité sud de la péninsule de Miami Beach. Le service est courtois, empressé et sans faille.

Le centre et le nord de Miami Beach

Oasis Cafe
$-$$
976 41st St., angle Alton Rd.
☎ 305-674-9005

Fraîcheur, qualité et simplicité, telle semble être la devise du sympathique restaurant Oasis Cafe. Cet établissement voué à promouvoir la cuisine méditerranéenne prépare un large assortiment de mets qui plairont sans doute à tout le monde. Que ce soit le saumon grillé au gingembre, accompagné de légumes et de riz brun, le sandwich au tofu grillé au sésame et les légumes enroulés dans un pain pita, ou les entrées de *taztziki* et d'épinards sautés à l'ail, chacun y trouvera quelque chose pour se rassasier à des prix plus que raisonnables.

Yeung's
$-$$
954 41st St.
☎ 305-672-1144

Ne vous fiez pas à la façade du restaurant Yeung's car l'établissement offre le meilleur service de mets chinois (pour emporter) de tout Miami Beach. Peut-être un soir serez-vous trop fatigué pour aller dîner à l'extérieur sans avoir fait de réservation, ou simplement en aurez-vous marre du restaurant de votre hôtel: alors le Yeung's viendra à votre rescousse. Le menu est varié au point de rendre le choix difficile, et la cuisine, contrairement à ce qu'on pourrait s'attendre d'un restaurant «pour emporter», plaira au palais le plus fin: la carte affiche des classiques comme la soupe *won ton*, les *egg rolls* et le canard

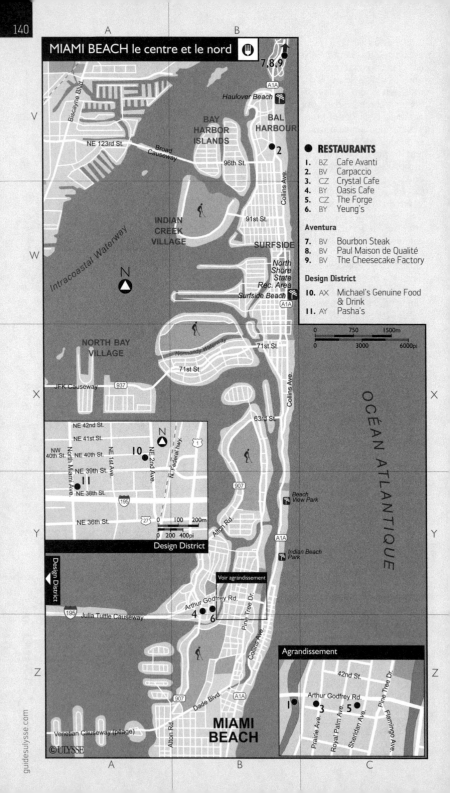

MIAMI BEACH le centre et le nord

7, 8, 9

Haulover Beach

BAY HARBOR ISLANDS

BAL HARBOUR

2

NE 123rd St.

Broad Causeway

96th St.

91st St.

INDIAN CREEK VILLAGE

SURFSIDE

North Shore State Rec. Area

Surfside Beach

Intracoastal Waterway

NORTH BAY VILLAGE

Normandy Waterway

71st St.

JFK Causeway

71st St.

63rd St.

OCÉAN ATLANTIQUE

Beach View Park

Indian Beach Park

Voir agrandissement

Arthur Godfrey Rd.

4 6

Pine Tree Dr.

Design District

Julia Tuttle Causeway

MIAMI BEACH

Dade Blvd.

Venetian Causeway (péage)

©ULYSSE

RESTAURANTS

1.	BZ	Cafe Avanti
2.	BV	Carpaccio
3.	CZ	Crystal Cafe
4.	BY	Oasis Cafe
5.	CZ	The Forge
6.	BY	Yeung's

Aventura

7.	BV	Bourbon Steak
8.	BV	Paul Maison de Qualité
9.	BV	The Cheesecake Factory

Design District

| 10. | AX | Michael's Genuine Food & Drink |
| 11. | AY | Pasha's |

0 750 1500m
0 3000 6000pi

Design District

NE 42nd St.
NE 41st St.
NW 40th St.
NE 40th St.
NE 39th St.
NE 38th St.
NE 36th St.

10

11

0 100 200m
0 200 400pi

Agrandissement

42nd St.

Arthur Godfrey Rd.

1 3 5

Prairie Ave.
Royal Palm Ave.
Sheridan Ave.
Pine Tree Dr.
Flamingo Ave.

de Pékin, mais aussi des ailerons de requin farcis de crabe et d'autres mets moins connus. On se fera aussi un plaisir de satisfaire à vos demandes spéciales au besoin (pas de sel, pas de glutamate, etc.).

Cafe Avanti
$$
732 41st St.
☎ 305-538-4400

S'il vous prend l'envie d'un dîner romantique un peu à l'écart de la cohue de South Beach, vous serez agréablement bien servi par le Cafe Avanti. Ce restaurant italien propose une cuisine raffinée et délicate, préparée avec une attention évidente. La liste des vins comporte quant à elle une sélection intéressante de crus italiens ainsi qu'un choix de bières italiennes à essayer comme apéritif. Il règne ici une atmosphère calme et feutrée qui se prête particulièrement bien au dîner en tête-à-tête. Service empressé et courtois.

Carpaccio
$$-$$$
Bal Harbour Shops
9700 Collins Ave.
Bal Harbour Village
☎ 305-877-7777

Les chics **Bal Harbour Shops** (voir p. 170) abritent quelques restaurants qui permettent de faire une halte avant de poursuivre vos courses. Le Carpaccio se spécialise dans la préparation des fruits de mer.

Crystal Cafe
$$-$$$
726 Arthur Godfrey Rd., angle 41st St.
☎ 305-673-8266

Dans un registre supérieur, le Crystal Cafe est un autre restaurant qui propose une cuisine continentale. Le service est poli et attentionné.

The Forge
$$$-$$$$
432 41st St., entre Royal Palm Ave. et Sheridan Ave.
☎ 305-538-8533

The Forge ressemble au lieu de tournage d'un film de mafiosi avec ses miroirs rococo, ses plafonds hauts, ses murs lambrissés, ses vitraux colorés, son ambiance feutrée et ses chaises capitonnées de cuir sur lesquelles une clientèle élégamment drapée de noir et tirée à quatre épingles aime bien venir s'asseoir. Qui plus est, la cuisine de l'établissement se révèle à la hauteur du somptueux décor qu'il déploie, et l'on vous suggère vivement de jeter votre dévolu sur les steaks juteux et gargantuesques qui y sont servis. Si pour vous le vin est synonyme de plaisir, vous saliverez d'envie en jetant un coup d'œil sur la carte, qui indique que plus de 30 000 bouteilles vieillissent dans les caves de l'honorable maison.

Aventura

Paul Maison de Qualité
$-$$
Aventura Mall
19501 Biscayne Blvd.

Débutez votre journée par une visite chez Paul et offrez-vous une pause croissant et café avant d'attaquer la tournée des boutiques huppées de l'Aventura Mall.

The Cheesecake Factory
$-$$
Aventura Mall
19501 Biscayne Blvd.
☎ 305-792-9696

The Cheesecake Factory est une bonne adresse à retenir si vous voulez savourer une des 30 sortes de gâteaux au fromage qui noircissent son menu. Des plats de résistance comme le steak, le poulet ou le poisson sont aussi disponibles. On vous suggère de réserver à l'avance, car l'endroit est souvent bondé.

Bourbon Steak
$$$-$$$$
Fairmont Turnberry Isle Resort & Club
19999 West Country Dr.
☎ 786-279-6600

Installé dans le très chic Fairmont Turnberry Isle Resort & Club, Bourbon Steak est une escale gastronomique feutrée qui s'impose grâce à une cuisine américaine contemporaine concoctée par un chef de renom dans les cercles culinaires américains, Michael Mina. Dans une salle à manger au décor léché, les plats sont présentés tout en beauté avec un équilibre des saveurs remarquable. La carte des vins est bien fournie et soigneusement choisie.

Design District

Pasha's
$$
3801 N. Miami Ave.
☎ 305-572-1150
Voir p. 132.

Michael's Genuine Food & Drink
$$$
130 NE 40th St.
☎ 305-573-5550

Ce restaurant mérite une place au palmarès culinaire de la ville avec ses plats réconfortants, préparés à partir d'ingrédients à la fraîcheur irréprochable. Il en résulte une merveilleuse cuisine américaine émancipée, avec un soupçon d'influence latine et asiatique. La plupart des plats sont cuits dans un four à bois et sont conçus pour être partagés. Gardez-vous de la place pour la palette de desserts riches et somptueux. Carte des vins qui joue sur le registre de la qualité.

Le centre-ville de Miami

Bubba Gump
$$
Bayside Market Place
401 Biscayne Blvd.
☎ 305-379-8866

Situé dans le Bayside Market Place, le restaurant Bubba Gump doit son nom au personnage éponyme du film *Forrest Gump*, incarné par l'acteur Tom Hanks. La vedette du menu est évidemment la crevette, déclinée à toutes les sauces. Rien d'exceptionnel, mais une cuisine honnête et roborative, servie avec le sourire dans un cadre agréable.

Gordon Biersch Brewery Restaurant
$$
1201 Brickell Ave.
☎ 305-425-1130

Situé tout près du Four Seasons, le Gordon Biersch Brewery Restaurant est une adresse au décor moderne et chaleureux pour déguster un échantillon de la cuisine américaine. Plats costauds et salés. Belle sélection de bières maison pour arroser le tout.

Hard Rock Cafe
$$
Bayside Market Place
401 Biscayne Blvd.
☎ 305-377-3110

Le Hard Rock Cafe n'a nul besoin de présentation. Comme dans les autres maillons de cette chaîne internationale, l'établissement de Bayside Market Place est largement décoré d'instruments de musique et d'autres souvenirs d'artistes de renom dans l'univers scintillant de la musique pop: moto d'Elvis Presley, costumes de scène de Madonna et de Shakira, disques d'or des Beattles. Le menu est avare de surprises gastronomiques et l'endroit amusant mais bruyant.

Lombardi's Ristorante
$$-$$$
Bayside Market Place
401 Biscayne Blvd.
☎ 305-381-9580

Plusieurs restaurants se sont installés au Bayside Market Place. On vous conseille le Lombardi's, qui loge dans un local aux murs pastel et qui prépare des pâtes maison nappées de sauces bien relevées, ainsi que des pizzas cuites au four à bois.

Prelude by Barton G.
$$-$$$
Adrienne Arsht Center
1300 Byscayne Blvd.
☎ 305-357-7900

Deuxième adresse du propriétaire éponyme qui a aussi pignon sur rue à South Beach (voir p. 137), Prelude by Barton G. est situé au deuxième étage du Ziff Ballet Opera House à l'Adrienne Arsht Center. Ce restaurant propose un menu américain contemporain aux influences asiatiques et françaises dont la présentation visuelle est moins spectaculaire qu'à South Beach, mais aux saveurs résolument alléchantes. Le service est professionnel et empressé. Carte de vin concise qui s'agence bien au menu. Idéal pour s'offrir un morceau avant d'assister à un spectacle.

Indigo Restaurant & Bar
$$$
InterContinental Miami
100 Chopin Plaza
☎ 305-577-1000

Le restaurant de l'**InterContinental Miami** (voir p. 117) présente un décor aux lignes classiques élaboré autour d'une magnifique sculpture d'Henry Moore. Le menu affiche des mets d'une cuisine américaine traditionnelle, mais qui ne vous laisseront certainement pas sur votre faim.

Acqua
$$$-$$$$
Four Seasons Hotel Miami
1435 Brickell Ave., angle 14th St.
☎ 305-358-3535

Au 7ᵉ étage du **Four Seasons Hotel Miami** (voir p. 115), à l'écart des rumeurs de la ville, Acqua propose une gastronomie qui rend hommage aux saveurs de l'Asie et de l'Amérique latine. La salle à manger élégante et feutrée comporte de grandes fenêtres qui offrent une vue de carte postale sur la ville. La carte des vins est en harmonie avec la richesse et la finesse de la cuisine. Service efficace et professionnel.

Azul
$$$-$$$$
Mandarin Oriental Miami
500 Brickell Key Dr.
☎ 305-913-8383

Le restaurant du très chic hôtel **Mandarin Oriental Miami** (voir p. 117) concocte l'une des cuisines les plus applaudies de l'heure. Dans un cadre élégant et cossu, les convives dégustent un véritable métissage culinaire. Aux fourneaux, le jeune chef Clay Conley élabore une cuisine divine où s'entremêlent subtilement les saveurs d'Orient et de l'Occident. En prime, vous bénéficiez de vues

MIAMI centre-ville

● RESTAURANTS

1.	BZ	Acqua
2.	CZ	Azul
3.	CX	Bubba Gump
4.	BZ	Gordon Biersch Brewery Restaurant
5.	CX	Hard Rock Cafe
6.	CY	Indigo Restaurant & Bar
7.	CX	Lombardi's Ristorante
8.	CV	Prelude by Barton G.

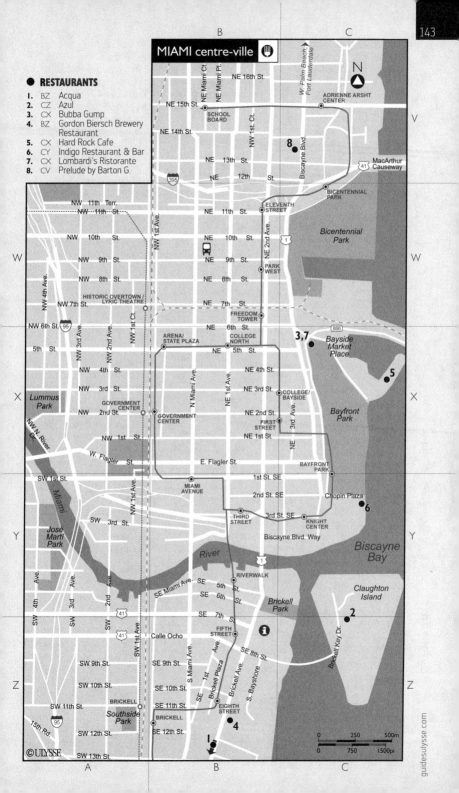

©ULYSSE

splendides sur Biscayne Bay. La carte des vins est à la hauteur du menu et du décor, tandis que le service est discret et attentionné. Habillez-vous en conséquence et n'oubliez pas votre carte de crédit.

Little Havana

El Rey de las Fritas
$
1821 SW Eighth St.
♪ 305-644-6054

Ce restaurant ne fait certes pas dans la haute gastronomie, et le décor ne paie pas de mine, mais El Rey de las Fritas parvient à gagner la faveur d'une clientèle qui apprécie ses frites maison et ses excellents sandwichs d'une simplicité volontaire. Parfait pour avaler quelques bouchées cubaines et étirer un *cafe con leche* tonique. L'endroit peut toutefois devenir assez bruyant, mais personne n'en fait de cas puisque l'addition s'élève souvent à moins de 10$.

Hy-Vong
$$
3458 SW Eighth St.
♪ 305-446-3674

Mieux vaut éviter le Hy-Vong si vous êtes pressé. Ce petit restaurant vietnamien est toujours bondé de fidèles clients qui ont attendu en file avant de se délecter des savoureuses spécialités merveilleusement relevées de la maison. Le décor est ringard, on y mange coude à coude, et le service est parfois désagréable, mais les plats ne déçoivent jamais.

Versailles
$$
3555 SW Eighth St.
♪ 305-445-7614

Le restaurant Versailles est le fief attitré des hommes d'affaires cubains qui viennent y savourer une cuisine typiquement cubaine tout en abordant toutes sortes de sujets de conversation. D'innombrables miroirs et chandeliers assurent le lien entre ce resto cubain... et Versailles.

Coral Gables

Darbar
$$-$$$
276 Alhambra Circle
♪ 305-448-9691

Ce restaurant mitonne de délicieux plats d'inspiration indienne. Le décor parvient à vous plonger dans une atmosphère caractéristique de ce pays nimbé de mystère qu'est l'Inde. C'est le lieu tout indiqué pour se rassasier le corps tout en laissant son esprit se baigner dans une douce sérénité.

Miss Saigon Bistro
$$-$$$
148 Giralda Ave.
♪ 305-446-8006

Petit restaurant familial voué à la cuisine vietnamienne, Miss Saigon Bistro sert des plats parfumés et riches en saveurs qui peuvent aussi bien être préparés avec la touche épicée nécessaire ou non pour satisfaire vos papilles gustatives. L'ardoise propose les classiques tels que soupes tonkinoise ou à la citronnelle, ainsi que des viandes sautées accompagnées de nouilles croustillantes ou d'un bol de riz. Belle variété de plats végétariens.

Ortanique on the Mile
$$-$$$
278 Miracle Mile
♪ 305-446-7710

Le nom de ce restaurant évoque le croisement entre l'orange et la tangerine, une variété de fruit développée en Jamaïque en 1920. Le chef allie les produits du terroir aux saveurs exotiques des Caraïbes, ce qui explique la subtilité des arômes parfumant les plats de la carte qui réserve aux convives nombre de belles surprises et de vifs plaisirs. Après un apéro de circonstance, ouvrez le repas avec les calmars tendres, fondants et très bien relevés, ou la salade de mangues tropicales. Puis, enchaînez avec le thon mariné dans l'huile de sésame et épicé juste à point. Voici une adresse tout indiquée pour les personnes à la recherche d'une cuisine «ensoleillée».

Caffe Abbracci
$$$
318 Aragon Ave., entre LeJeune Rd. et Salcedo St.
♪ 305-441-0700

En italien, *abbracci* signifie «embrassé»; ce n'est donc pas un hasard si la cuisine du Caffe Abbracci élabore avec amour des plats savoureux et raffinés, inspirés de la gastronomie italienne la plus achevée. Le service est discret, le décor est feutré, et les pâtes maison ne vous décevront pas. Certains soirs, la salle à manger s'anime à la faveur de spectacles de flamenco.

Palme d'Or
$$$
Biltmore Hotel
700 Biltmore Way
♪ 305-913-3201

Une clientèle exigeante se presse au restaurant du **Biltmore Hotel** (voir p. 118), le Palme d'Or. L'atmosphère est un tantinet guindée, mais vous trouverez sûrement de quoi vous divertir les papilles gustatives avec sa délicieuse cuisine française aux arômes de la Floride. L'endroit est idéal

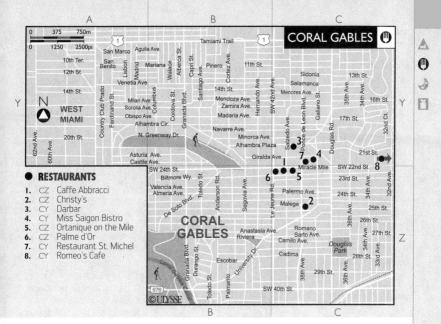

0 375 750m
0 1250 2500pi

Tamiami Trail

San Marco Aguila Ave.
10th Ter. San Benito Lisbon Mariana Wallace Alberca St. Capri St. Pinero Cortez Ave. 11th St. Sidonia 13th St.
10th St. Venetia Ave. Salamanca
14th St. Menores Ave. 35th Ave. 34th Ave. 16th St.
14th St. Milan Ave. Mendoza Ave. Zamira Ave. 17th St. 32nd Ct.
Sorolia Ave. Madaria Ave.
Obispo Ave.
Alhambra Cir.
N. Greenway Dr. Navarre Ave.
20th St. Minorca Ave. 21st St.
Asturia Ave. Alhambra Plaza
Castile Ave. Giralda Ave. SW 22nd St.
SW 24th St. Miracle Mile
Biltmore Wy. 23rd St.
Valencia Ave. Palermo Ave. 24th St.
Almeria Ave. 25th St.
De Soto Blvd. Malaga 26th St.

WEST MIAMI

CORAL GABLES

Anastasia Ave. Romano 27th St.
Riviera Sarto Ave. Camilo Ave. Douglas
Escobar Cadima Park 28th St.
29th St.
SW 40th St.

© ULYSSE

RESTAURANTS

1. CZ Caffe Abbracci
2. CZ Christy's
3. CY Darbar
4. CY Miss Saigon Bistro
5. CZ Ortanique on the Mile
6. CZ Palme d'Or
7. CY Restaurant St. Michel
8. CY Romeo's Cafe

pour un repas d'affaires ou les grandes occasions.

Romeo's Cafe
$$$
2257 Coral Way
305-859-2228

La particularité de ce petit restaurant italien réside dans le fait que les convives ne choisissent pas leur menu. Grosso modo, le chef se pointe à votre table, demande quelles sont vos préférences et vos allergies alimentaires, puis disparaît dans la cuisine pour vous concocter un excellent repas à trois ou six services sur mesure en fonction de ces informations. Original et alléchant!

Christy's
$$$-$$$$
3101 Ponce de Leon Blvd., angle Malaga Ave.
305-446-1400

Restaurant branché très prisé de la population locale, le Christy's propose une carte où les plats sont toujours savoureux, raffinés et bien présentés. La salade César est incontournable, mais la spécialité de la maison est le monstrueux steak apprêté selon la cuisson désirée. L'éclairage tamisé se conjugue parfaitement avec la musique classique pour créer une atmosphère propice à vous faire passer une soirée des plus agréables.

Restaurant St. Michel
$$$-$$$$
Hotel St. Michel
162 Alcazar Ave., angle Ponce de Leon Blvd.
305-444-1666

Le Restaurant St. Michel, situé dans l'**Hotel St. Michel** (voir p. 117), présente un très beau décor antique et chaleureux. Sa carte est réputée pour la qualité de sa nouvelle cuisine américaine qui s'inspire de la cuisine française, laquelle a acquis une excellente notoriété à Miami. Après une entrée d'escargots Bourgogne ou une bisque de homard du Maine, laissez-vous tenter par le suprême de poulet, les linguinis St. Michel ou le couscous végétarien. Le personnel souriant est sympathique et dévoué; il se fera un plaisir de vous suggérer les spécialités de la maison.

Coconut Grove

Green Street Café
$
3110 Commodore Plaza
305-567-0662

N'hésitez pas à pousser la porte du Green Street Café si vous êtes à la recherche d'un bon endroit à l'ambiance relâchée pour casser la croûte à toute heure. L'établissement est très prisé par les résidants du quartier qui s'installent sur sa terrasse accueillante pour étirer un *cafe con leche* en lisant le journal.

Planet Hollywood
$
The Streets of Mayfair
3390 Mary St.
305-445-7277

Situé dans le centre commercial **The Streets of Mayfair** (voir p. 170), le Planet Hollywood prend des allures d'un petit resto-musée consacré aux stars d'Hollywood. Évidemment, on ne vient pas ici pour vivre une expérience culinaire, mais les plats sont consistants, et l'environnement plaira sans nul doute aux amateurs du septième art.

Anokha
$$
3195 Commodore Plaza
786-552-1030

Digne représentant de la cuisine indienne, Anokha est un petit restaurant familial qui brigue sa place dans le cercle culinaire de Coconut Grove. Atmosphère décontractée, décor dépouillé et plats sans surprise, mais riches en saveurs, tels que

currys d'agneau, poulet *tandoori* ou *tikka*, accompagnés de riz basmati ainsi que de l'indispensable pain *naan*. S'y trouve aussi une bonne déclinaison de plats végétariens.

Jaguar Ceviche Spoon Bar & Latam Grill
$$-$$$
3067 Grand Ave.
305-444-0216

Ce resto s'appuie sur les traditions culinaires sud-américaines et abrite une belle salle à manger ornée de murales tropicales et dotée d'un plancher en pierre. Le point de mire de l'établissement est le splendide bar en marbre qui contient une sélection complète de bières d'Amérique latine. Le personnel chevronné prépare une kyrielle de cocktails allant du *pisco sour* au *mojito*. Dans l'assiette, excellent choix de *ceviches* à partager et de *tapas*. On y sert également bon nombre de plats hispanisants, tels que salades tropicales, poissons

et fruits de mer à l'étuvée, *empanadas*, *quesadillas* et viandes grillées, ainsi que des mets qui s'improvisent en fonction du marché.

Kaleidoscope
$$-$$$
3112 Commodore Plaza
305-445-4777

Situé à l'étage, le Kaleidoscope est un sympathique resto fréquenté par des gens du quartier qui viennent profiter de la vue et se délecter des spécialités de la maison aux parfums méditerranéens. Une carte d'hôte différente est proposée chaque jour, et les plats sont toujours frais et bien préparés. Le personnel souriant donne de judicieux conseils pour mieux orienter votre choix.

The Cheesecake Factory
$$-$$$
CocoWalk
3015 Grand Ave.
305-447-9898

Installée à l'étage du centre commercial CocoWalk, la Cheesecake Factory propose plus de 30 variétés

COCONUT GROVE

Shipping Ave.
Kennedy Park
Oak Ave.
Frow Ave.
Florida Ave.
Grand Ave.
Thomas Ave.
William Ave.
Charles Ave.
Franklin Ave.
Marler Ave.
Loquat Ave.
Avocado Ave.
Palmetto Ave.
Royal Palm Ave.
Poinciana Ave.
McDonald St.
Matilda St.
Day Ave.
Virginia St.
Mary St.
Blanche Park
Florida Ave.
McFarlane Rd.
Commodore Plaza
Peacock Park
Monroe Dr.
Main Hwy.
Royal Rd.
Devon Rd.
Elizabeth St.
Hibiscus St.
Margaret St.
SW 37th Ave.
Aviation Ave.
Bayshore Dr.
Carthouse Dr.
Pan American
Biscayne Bay

● **RESTAURANTS**
1. BY Anokha
2. BZ Green Street Café
3. BY Jaguar Ceviche Spoon Bar & Latam Grill
4. BY Kaleidoscope
5. BY Planet Hollywood
6. BY The Cheesecake Factory
7. CY Tony Chan's Water Club

0 250 500m
0 750 1500pi

©ULYSSE

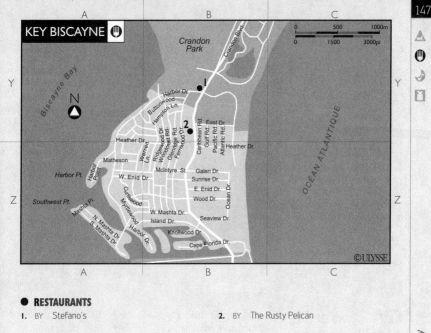

KEY BISCAYNE

Crandon Park

Biscayne Bay

N

OCÉAN ATLANTIQUE

Harbor Dr.
Buttonwood Dr.
Hampton Ln.
Heather Dr.
Warren Ln.
Ridgewood Rd.
Woodcrest Rd.
Glenridge Rd.
Fernwood Dr.
Caribbean Rd.
Gulf Rd.
Pacific Rd.
Atlantic Rd.
East Dr.
Heather Dr.
Matheson
W. Enid Dr.
McIntyre St.
Galen Dr.
Sunrise Dr.
E. Enid Dr.
Wood Dr.
Ocean Dr.
Harbor Pt.
Harbor Point
Southwest Pt.
Mashta Pt.
Curriewood
Myrtlewood
N. Mashta Dr.
S. Mashta Dr.
Harbor Dr.
W. Mashta Dr.
Island Dr.
Seaview Dr.
Knollwood Dr.
Cape Florida Dr.

©ULYSSE

● RESTAURANTS

1. BY Stefano's   **2.** BY The Rusty Pelican

de gâteaux au fromage qui sauront sûrement satisfaire ceux qui sont en mal de sucre car les portions sont énormes. Les convives qui préfèrent le salé peuvent opter pour les hamburgers, pizzas, pâtes ou poissons.

Tony Chan's Water Club
$$$$
Doubletree Grand Hotel Biscayne Bay
1717 N. Bayshore Dr.
☎ 305-374-8888
Délicieuse halte gastronomique qu'est le Tony Chan's Water Club, ce restaurant feutré adjacent au hall du Doubletree Grand Hotel Biscayne Bay. La carte propose une fine cuisine chinoise qui penche davantage du côté Palais impérial que du côté République populaire. L'établissement est très couru pour les *dim sum*, ces raviolis fumants au porc ou aux crevettes présentés sur des chariots qui

défilent entre les tables. En prime, les convives ont droit à de jolies vues sur l'eau. Le service est soigné.

Key Biscayne

Stefano's
$$$
24 Crandon Blvd.
☎ 305-361-7007
Le Stefano's est l'adresse à retenir si vous aimez bien la cuisine maison aux parfums de l'Italie. La carte affiche des plats comme les raviolis fourrés aux champignons sauvages et le risotto aux fruits de mer.

The Rusty Pelican
$$$
3201 Rickenbacker Causeway
☎ 305-361-3818
Le Rusty Pelican est l'endroit tout indiqué pour se délecter en bénéficiant d'une vue splendide de

Biscayne Bay. Le menu propose des plats classiques comme du steak, du poisson et des crustacés.

Everglades National Park

Shark Valley

Miccosukee Restaurant
$-$$
Tamiami Trail, à l'entrée de l'Everglades National Park
☎ 305-223-8380
Ce restaurant de type cafétéria n'a rien de bien spécial, si ce n'est qu'il appartient à des Amérindiens de la nation Miccosukee. Cuisses de grenouille et queues d'alligator frites figurent au menu.

Restaurants - Everglades National Park - Shark Valley

EVERGLADES NATIONAL PARK

Oasis Visitor Center

Shark Valley Visitor Center

Shark Valley Loop Tour

Tamiami Trail

Big Cypress National Preserve

Shark River Slough

Miami

Everglades National Park

Biscayne Bay

Homestead

Florida City

Pineland

Park Headquarters

Ernest F. Coe Visitor Center

Royal Palm Visitor Center

Elliott Key

©ULYSSE

● **RESTAURANTS**

1. AY   Miccosukee Restaurant

Fort Lauderdale et ses environs

Fort Lauderdale

Archives Book Cafe
$
1948 E. Sunrise Blvd.
☎ 954-764-8212
Hors des sentiers battus, l'adorable Archives Book Cafe est propice à la lecture et à la rêverie. En plus du café et des viennoiseries, on y vend de vieux livres rares. Une douce musique classique baigne les lieux.

Oasis Cafe
$$
600 Seabreeze Blvd.
☎ 954-463-3130
Envie de vous accorder une parenthèse culinaire originale? Dirigez-vous vers l'Oasis Cafe, qui demeure très apprécié pour ses balancelles qui servent aussi de table. Situé à un jet de pierre de l'International Swimming Hall of Fame, ce restaurant propose un menu à la carte économique sans aucune prétention gastronomique: hamburgers juteux, pizzas tout feu tout flamme, salades maison et fruits de mer. Parfait pour avaler un morceau avant de poursuivre sa route.

Sukhothai
$$
1930 E. Sunrise Blvd.
☎ 954-764-0148
Pour des mets asiatiques à bon prix, rendez-vous tout près de l'Archives Book Cafe (voir ci-dessus), au Sukhothai. On y sert d'alléchants plats fumants comme les *steamed dumplings* (*dumplings* cuits à la vapeur), le *Pad Thai* et le *Thai red curry* dans un local sobre et discret.

Casablanca Café
$$-$$$
3049 Alhambra St.
☎ 954-764-3500
Installé dans une maison historique rénovée, ce resto-bar à l'ambiance relâchée propose un bon choix de plats américains élémentaires, mais très réconfortants, qui sauront sûrement calmer une fringale ou satisfaire un gros appétit. Bonne adresse pour ceux qui gardent un œil sur leur portefeuille.

Le Café de Paris
$$-$$$
715 E. Las Olas Blvd.
☎ 954-467-2900
Les amateurs de gastronomie française se donnent rendez-vous au Café de Paris pour s'attabler dans l'une de ses sept salles à manger afin de déguster de merveilleux délices de l'Hexagone. Certains préfèrent s'installer sur sa terrasse pour garder un œil sur le va-et-vient des passants. Le personnel est affable et souriant.

Shula's on the Beach
$$-$$$
Westin Beach Resort
321 N. Atlantic Blvd.
☎ 954-355-4000
Restaurant du Westin Beach Resort, le Shula's on the Beach est respecté dans les cercles culinaires

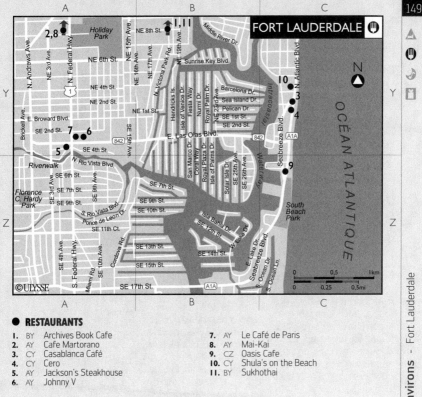

FORT LAUDERDALE

● RESTAURANTS

1.	BY	Archives Book Cafe
2.	AY	Cafe Martorano
3.	CY	Casablanca Café
4.	CY	Cero
5.	AY	Jackson's Steakhouse
6.	AY	Johnny V
7.	AY	Le Café de Paris
8.	AY	Mai-Kai
9.	CZ	Oasis Cafe
10.	CY	Shula's on the Beach
11.	BY	Sukhothai

de Fort Lauderdale grâce à une recette simple mais efficace : une personnalité sportive qui prête son nom (en l'occurrence l'ancien entraîneur des Dolphins de Miami, Don Shula), un décor sobre et d'énormes et juteux steaks de qualité. La spécialité de la maison est évidemment le steak, mais on y sert aussi du homard et des pinces de crabe de roche (en saison seulement). La salle à manger affiche une élégance classique, alors que la grande terrasse couverte est lumineuse et offre une jolie vue sur la mer.

Cafe Martorano
$$$
3343 E. Oakland Park Blvd.
☎ 954-561-2554

La clientèle de fidèles n'hésite pas à faire un détour pour venir manger ici. Aux commandes de ce toni-truant restaurant italien situé bien au nord de la ville, on trouve un ancien DJ de Philadelphie, Steve Martorano, qui a propulsé le Cafe Martorano dans l'horizon culinaire de Fort Lauderdale. L'établissement est l'une des adresses fétiches de la gastronomie italienne de la région et bénéficie d'une presse dithyrambique. Et même s'il est toujours plein comme un œuf et très bruyant, cela n'empêche pas les habitués de patienter

sans broncher, en attendant qu'une table se libère pour goûter aux préparations culinaires qui témoignent d'un véritable savoir-faire. Amateur de lieux intimistes, passez votre chemin. Pas de réservations.

Jackson's Steakhouse
$$$
450 E. Las Olas Blvd.
☎ 954-522-4450

Loin des accents rustiques de certaines grilladeries, le Jackson's Steakhouse occupe une place au palmarès gastronomique de la ville grâce à un décor opulent et feutré, ainsi qu'à ses steaks copieux, tendres, juteux. Ce temple pour carnivores propose également des escalopes de veau à la Milanesa, ainsi que homard et poisson en fonction de l'arrivage du marché. Des tables dressées avec goût, un décor raffiné, un service impeccable, tout est mis en œuvre pour offrir aux convives une délicieuse parenthèse culinaire. Service diligent et courtois. Avant de réserver une table, n'oubliez pas de délier les cordons de votre bourse.

Mai-Kai
$$$-$$$$
3599 N. Federal Hwy.
☎ 954-563-3272
Certains d'entre vous soulèveront peut-être un sourcil dubitatif en poussant la porte du restaurant polynésien Mai-Kai. Les plats hybrides, un mélange de recettes asiatiques et américaines, sont cuits dans des fours à bois ou grillés sous les flammes de la cuisine à aire ouverte, puis servis dans un décor pittoresque animé par des danseuses polynésiennes. Kitsch mais amusant.

Cero
$$$-$$$$
Ritz-Carlton Fort Lauderdale
1 N. Fort Lauderdale Beach Blvd.
☎ 954-302 6460
Au restaurant du **Ritz-Carlton Fort Lauderdale** (voir p. 122), dans un espace contemporain à l'esthétisme reposant, le chef propose des plats qui titillent les papilles. Le personnel avenant cerne vos besoins œnologiques et est ravi de donner des explications sur les différents plats qualifiés de «nouvelle cuisine américaine» hautement acclamée.

Johnny V
$$$-$$$$
625 E. Las Olas Blvd.
☎ 954-761-7920
Tenu par un chef éponyme qui élabore des recettes faisant l'objet d'éloges pleinement méritées, le Johnny V propose une cuisine américaine novatrice influencée par les Caraïbes et le sud-ouest des États-Unis. La salle à manger en forme de L présente un décor soigné. Les plats font l'objet d'une très belle présentation, et le personnel souriant est avenant.

Sunny Isles Beach

Wofie Cohen's Rascal House
$$
17190 Collins Ave.
☎ 305-947-4581
Si la décoration du Wofie Cohen's Rascal House semble figée dans le souvenir des années 1950, les amateurs de viande fumée servie entre deux tranches de pain de seigle ne tarissent toutefois pas d'éloges pour cette institution locale. Au dire de ces aficionados, il s'agit là de l'un des meilleurs *delicatessens* de la région. Cuisine sans prétention, mais résolument roborative et goûteuse. Très bon rapport qualité/prix.

Il Mulino New York
$$$-$$$$
Acqualina Resort & Spa on the Beach
17875 Collins Ave.
☎ 305-918-6860
Loin des feux de la rampe de South Beach, Il Mulino New York est situé dans l'un des hôtels les plus opulents de Sunny Isles (voir p. 124) et propose une cuisine italienne de haute volée. Il s'agit de l'alter ego du restaurant éponyme de Manhattan qui a été maintes fois primé et qui est considéré comme une destination de choix pour fins gastronomes. Attendez-vous à vivre une expérience culinaire exceptionnelle dans un cadre fabuleux et plein de panache. Le service est réglé au quart de tour.

Hollywood

O'Malley's Ocean Pub
$
Ramada Hollywood Beach Resort
101 N. Ocean Dr.
☎ 954-920-4062
Situé derrière le **Ramada Hollywood Beach Resort** (voir p. 125), ce resto-bar sert des sandwichs au poulet, des calmars frits, des hamburgers et des *nachos*. Atmosphère détendue et vue de la mer.

Pazzo
$-$$
2032 Harrison St.
☎ 954-923-0107
Aussitôt que vous aurez franchi le seuil du restaurant Pazzo, une véritable explosion de couleurs s'offrira à vos yeux. De plus, des fleurs séchées déposées çà et là sur les tables contribuent à créer une atmosphère agréable et détendue. La carte diversifiée affiche des plats de poulet farci au crabe, des pizzas croustillantes, du filet mignon et des sandwichs *focaccia*. Pour terminer, offrez-vous un tiramisu.

Tac "O" The Town
$-$$
2007 Harrison St.
☎ 954-920-9300
Le menu mexicain du Tac "O" The Town comprend naturellement tous les classiques de la cuisine mexicaine tels qu'*enchiladas*, *burritos*, *fajitas*, *guacamole* et, bien sûr, *tacos*. On mange à des tables en céramique colorée, entourées de murs pastel, sous les airs des *mariachis* qui chantent leur romance les soirs du vendredi et du samedi.

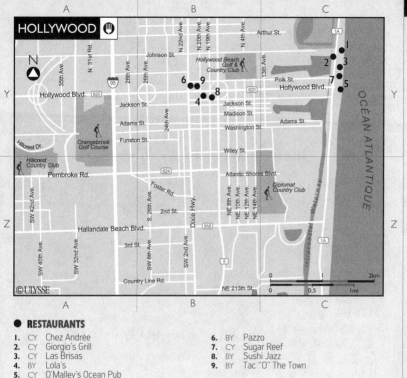

HOLLYWOOD

N

OCÉAN ATLANTIQUE

©ULYSSE

● RESTAURANTS

1.	CY	Chez Andrée
2.	CY	Giorgio's Grill
3.	CY	Las Brisas
4.	BY	Lola's
5.	CY	O'Malley's Ocean Pub
6.	BY	Pazzo
7.	CY	Sugar Reef
8.	BY	Sushi Jazz
9.	BY	Tac "O" The Town

Chez Andrée
$$-$$$
1000 N. Broadwalk
☎ 954-922-1002
Situé à proximité du Sugar Reef (voir ci-dessous), Chez Andrée mitonne une délicieuse cuisine de bistro. On vous suggère le carpaccio de saumon, les moules marinières accompagnées de frites ou la poitrine de canard rôti nappée d'une sauce au miel et au romarin. Belle sélection de vins.

Las Brisas
$$-$$$
600 N. Surf Rd.
☎ 954-923-1500
Le Las Brisas est un restaurant argentin où l'on peut s'attabler sur la petite terrasse pour déguster une délicieuse grillade tout en observant la mer. Végétariens s'abstenir... à moins qu'un poisson grillé fasse l'affaire. En soirée seulement.

Sugar Reef
$$-$$$
600 N. Surf Rd., entre New York St. et Filmore St.
☎ 954-922-1119
On trouve très peu de restaurants dignes de ce nom sur le Broadwalk d'Hollywood. Le Sugar Reef fait toutefois partie de ce cercle culinaire restreint. Pour vous régaler à l'heure du déjeuner, optez pour le délicieux sandwich au thon ou la salade santé. Au dîner, la carte varie selon les arrivages, mais propose toujours un excellent choix de poissons préparés au goût du jour. Le patron s'occupe de la clientèle d'habitués et sait recevoir les convives de passage avec le sourire. La carte des vins est concise, mais bien choisie. Une adresse culinaire sans prétention et franchement sympathique.

Sushi Jazz
$$-$$$
1902 Harrison St.
☎ 954-927-8474
Devinez ce qui vous attend au Sushi Jazz? Eh oui, dans un petit local décoré sans artifice, on déguste les classiques de la cuisine nippone: sushis, poulet teriyaki et *stir fry* aux légumes. On prend ensuite le saké sur des airs de jazz.

Giorgio's Grill
$$$
606 N. Ocean Dr.
☎ 954-929-7030
De l'extérieur, on remarque facilement le Giorgio's Grill

grâce à son énorme façade orange. Pâtes, poissons, volailles et viandes composent le menu et sont apprêtés de façon convenable, puis servis dans une grande salle à manger lumineuse à l'ambiance conviviale.

Lola's
$$$
2032 Harrison St.
☎ 954-927-9851

Chouette petit restaurant qui sert une cuisine américaine moderne d'un très bon calibre culinaire. La carte des vins est concise, mais elle s'agence bien au menu. On y trouve également un bon choix de bières importées, ainsi que de microbrasseries américaines. Le service est empreint de cordialité et de gentillesse.

Index par types de cuisine

Restaurants – Index par types de cuisine

Sorties

Miami offre à ses visiteurs mille et une possibilités de se divertir, la plupart des établissements étant concentrés à South Beach. Même si South Beach est beaucoup plus petit que Manhattan, ce quartier se situe à l'épicentre de la vie nocturne de Miami Beach et rivalise à bien des égards avec le borough de la *Big Apple* pour le titre de *City that never sleeps*. En effet, South Beach exalte une atmosphère pimpante qui attire une foule tout azimut qui aime extérioriser sa joie de vivre et la manifester spontanément dans la rue, dans un bar ou une boîte de nuit en une sorte de farandole populaire.

En effet, les nombreux bars et boîtes de nuit sauront sans doute satisfaire les oiseaux de nuit, car il n'est pas rare que les soirées s'étirent jusqu'aux petites heures du matin. La musique latino-américaine tient sans nul doute une place de choix, mais on peut aussi assister à d'excellents spectacles de jazz. Les fervents supporters sportifs seront aussi comblés car, en plus des nombreux bars sportifs dotés d'antennes paraboliques qui captent tous les matchs d'envergure, on peut visionner, selon la saison, des parties d'équipes professionnelles de baseball, de football, de hockey, de basket-ball et de pelote basque (*jai alai*). Les amateurs de manifestations culturelles ne sont pas oubliés car, plusieurs fois dans l'année, des spectacles de danse, de théâtre, de musique classique ou d'opéra de qualité se tiennent régulièrement.

Pour en connaître davantage sur la vie culturelle de Miami, consultez l'hebdomadaire **Miami New Times** *(www.miaminewtimes.com)*. Ce journal constitue une véritable mine de renseignements sur les spectacles de musique en tous genres, dresse la liste des nouveaux restaurants, bars, cabarets et salles de spectacle, et donne les horaires des principaux cinémas. Il est distribué gratuitement et est publié tous les jeudis. On le trouve dans plusieurs lieux publics très fréquentés, comme les bars, les cafés, les restaurants et quelques boutiques.

Publiée le vendredi, la section *week-end* du journal local **Miami Herald** *(www.miamiherald. com)* traite de danse, de musique, de restaurants, de théâtre et de bien d'autres activités culturelles et sociales qui composent au fil des semaines l'actualité du monde du spectacle et des variétés de Miami.

Ticketmaster *(♪ 305-358-5885)* est un service téléphonique grand public qui fournit la liste des spectacles de danse, de théâtre, de musique ou de sport. On peut aussi acheter des billets par son entremise.

Situé au centre-ville de Miami, le **Greater Miami Convention & Visitors Center** *(701 Brickell Ave., ♪ 305-539-3000 ou 800-933-8448, www.gmcvb.com)* peut vous fournir de nombreux dépliants, brochures et cartes touristiques.

Avez-vous 21 ans?

Avant d'arpenter les rues de Miami et de vous diriger vers un bar ou une boîte de nuit, on vous conseille fortement d'avoir en votre possession des pièces qui attestent votre identité et votre âge si votre physique vous fait paraître jeu-ne. En effet, il n'est pas rare que le portier d'un établissement ayant un permis d'alcool vous en fasse la demande avant de vous laisser entrer à l'intérieur. L'âge légal pour boire de l'alcool en Floride est de 21 ans.

Activités culturelles

South Beach

The Fillmore Miami Beach at The Jackie Gleason Theater
1700 Washington Ave.
☎ 305-673-7300
Des spectacles de musique populaire, de ballet, de danse, d'opéra et de théâtre sont régulièrement à l'affiche de cette salle de spectacle, la plus importante de Miami Beach avec ses quelque 3 000 places. De nombreuses comédies musicales de Broadway y font aussi halte régulièrement.

Lincoln Theatre
541 Lincoln Rd.
☎ 305-673-3331 ou 800-597-3331
Pour vous délecter des airs de musique classique, le **New World Symphony** *(www.nws.edu)* propose une série de concerts d'octobre à mai au Lincoln Theatre.

Le centre-ville de Miami

Gusman Center for the Performing Arts
174 E. Flagler St.
☎ 305-374-2444
www.gusmancenter.org
Cette salle de 1 740 places propose divers spectacles, entre autres des concerts du **Florida Philarmonic Orchestra**. C'est aussi ici qu'est projetée la majorité des films lors du **Miami International Film Festival**, qui se tient annuellement en février ou mars.

Miami-Dade County Auditorium
2901 W. Flagler St.
☎ 305-547-5414
Plus grande salle de spectacle de Miami avec ses 2 430 sièges, le Miami-Dade County Auditorium est aussi la demeure du **Florida Grand Opera** *(www.fgo.org)*. Des concerts du **Florida Philharmonic Orchestra** y sont aussi présentés.

The Vagabond
30 NE 14th St.
☎ 305-379-0508
www.thevagabondmiami.com
Disons-le tout de suite, The Vagabond n'est pas le rendez-vous des femmes élégantes sublimées par des robes asymétriques et des mecs aux dents blanches en costumes sur mesure. Les soirées sont plutôt ponctuées de spectacles de musiciens émergents et de séances de poésie urbaine. Les DJ qui se relaient aux platines font également plaisir à la clientèle émancipée qui ne se prend pas au sérieux.

Coral Gables

Just The Funny Theater
3119 Coral Way
☎ 305-693-8669
www.justthefunny.com
Les humoristes du Just The Funny Theater dérident les spectateurs avec leurs spectacles improvisés mais toujours bien affûtés.

Fort Lauderdale et ses environs

Fort Lauderdale

Broward Center for the Performing Arts
201 SW Fifth Ave.
☎ 954-462-0222
www.browardcenter.org
Situé au cœur du Riverwalk Arts & Entertainment District du centre-ville de Fort Lauderdale, ce complexe est constitué de deux salles de spectacle : l'Au-Rene Theater (2 700 places) et l'Amaturo Theater (590 places). Concerts classiques, comédies musicales, pièces de théâtre, spectacles de danse et tours de chants de vedettes de la musique pop y prennent tour à tour l'affiche.

Fort Lauderdale Swap Shop
3291 W. Sunrise Blvd.
☎ 954-791-7927
www.floridaswapshop.com
En plus de son immense marché aux puces (voir p. 174), ce complexe un peu particulier compte pas moins de 14 écrans de cinéparc *(drive-in theaters)*.

Bars, boîtes de nuit et *lounges*

South Beach

Les noctambules se dirigeront vers Miami Beach une fois la nuit tombée, tout spécialement vers South Beach, où se trouvent les boîtes les plus en vue. Les night-clubs exigent généralement un droit d'entrée qui varie entre 10$ et 50$ selon la notoriété de l'établissement.

Automatic Slim's
1216 Washington Ave.
☎ 305-695-0795
Aux antipodes de l'abîme sans fond de la rectitude politique, Automatic Slim's se veut un bar sans prétention animé par une clientèle un peu en marge, par des touristes assoiffés, ainsi que par des serveuses délurées qui ne se gênent pas pour danser sur le zinc tout en versant des quantités surprenantes d'alcool dans la bouche des clients euphoriques. Les haut-parleurs cra-

chent de vieux classiques du rock.

Bahía Bar
Four Seasons Hotel Miami
1435 Brickell Ave.
♪ 305-358-3535
www.fourseasons.com/miami

Situé au 7ᵉ étage du **Four Seasons** (voir p. 115), le Bahía Bar est un antre nocturne élégant où une faune bien fringuée s'accoude au zinc pour siroter un cocktail bien secoué. Ambiance musicale attrayante.

The Bar & Courtyard
2001 Collins Ave.
♪ 305-520-6700

Situé dans l'hyper chic **Setai** (voir p. 112), The Bar & Courtyard présente un décor moderne et léché. L'établissement est envahi par des types qui se la jouent cool et par de jolies demoiselles très bien fringuées qui viennent déguster des vins de spécialités ou des cocktails euphorisants tout en pratiquant l'art de la séduction. L'ambiance sonore est assurée par des séances de *drum & bass*, *funk* ou *electronica*.

Barton G.
1427 West Ave.
♪ 305-672-8881

Les adeptes des nouveautés voudront certainement goûter aux cocktails du bar du restaurant **Barton G.** (voir p. 137), préparés selon des techniques empruntées à la cuisine moléculaire. Installez-vous dans le jardin bucolique en compagnie d'une clientèle élégante dans le coup qui pratique l'art de la conversation selon les règles de la bienséance.

B.E.D.
929 Washington Ave.
♪ 305-532-9070

B.E.D., dont l'acronyme signifie *beverage*, *entertain-ment* et *dining*, est l'un des centres de gravité de la vie nocturne de South Beach la nuit tombée. Ce restaurant (voir p. 136) se transforme en une boîte de nuit torride la nuit. L'endroit est peuplé de mecs souriants et de femmes bien fringuées qui rient à gorges déployées et qui aiment draguer tout en travaillant leur côté superficiel. Tenue chic exigée, sinon vous n'entrez tout simplement pas.

Blue
222 Espanola Way
♪ 305-534-1009

Repaire résolument à contre-courant, Blue ressemble à un bar discret sous lunettes fumés qui attire son lot d'habitués qui vient prendre un verre et oublier ses soucis quotidiens. Musique techno mâtinée de *house* et de *soul*.

BONDST Lounge
Townhouse
150 20th St.
♪ 305-398-1806

Au sous-sol de l'hôtel **Townhouse** (voir p. 108), le BONDTS Lounge est l'adresse chérie de la jeunesse dorée locale et des touristes branchés en goguette. Le DJ aux platines fait jouer de la musique électronique aux rythmes vivifiants. Excellente sélection de nectars alcoolisés. Habillez-vous en conséquence.

Buck15
707 Lincoln Lane
♪ 305-538-3815
www.buck15.com

Situé au-dessus du **Miss Yip Chinese Cafe** (voir p. 130), le Buck15 est fréquenté par une faune bigarrée qui incarne tout à fait le caractère cosmopolite de la ville. On y trouve un savoureux mélange de mannequins, de *skaters* et de *beautiful people* à l'apparence désinvolte qui pratiquent l'art de la conversation sous des airs musicaux tendance. Une décoration japonisante et des graffitis sur les murs confèrent à l'établissement un côté résolument éclectique. Le Buck15 organise aussi des soirées spéciales. Celles du jeudi, baptisées *The Simple Life*, attirent une clientèle gay portée sur la fête.

China Grill
404 Washington Ave., angle Fifth St.
♪ 305-534-2211

Le bar du chic restaurant **China Grill** (voir p. 138) attire une clientèle tirée à quatre épingles qui vient discuter sous les airs d'une musique rythmée. Habillez-vous en conséquence: pas de bermuda ni d'espadrilles.

Clevelander Bar
Clevelander Hotel
1020 Ocean Dr.
♪ 305-532-4006

Dans un registre beaucoup moins sophistiqué, le bar Clevelander de l'hôtel éponyme (voir p. 106) est la cour de récréation des mâles alpha et d'une faune joyeusement éclectique, sans doute abrutis par la testostérone et une succession de toasts portés tout au long de la soirée. Des spectacles de tout acabit animent les soirées survoltées qui s'articulent autour de la piscine.

D'Lounge
National Hotel
1677 Collins Ave.
♪ 305-532-2311

Le D'Lounge du **National Hotel** (voir p. 112) est un bar assidûment fréquenté tous les vendredis lors du *happy hour* (17h à 19h) par une clientèle d'habitués qui vient oublier ses tracas de la semaine.

Boîtes de nuit branchées riment avec clientèle triée sur le volet

Miami est reconnue pour ses boîtes de nuit sélectes (entre autres les Mansion, Mynt Lounge, Privé, Mokaï Lounge et Nikki Beach) qui attirent une clientèle élégante et argentée. La plupart de ces établissements sont généralement peuplés de mannequins, de *soon-to-bes* et d'une kyrielle de personnes qui répondent aux canons de la beauté des magazines de mode. Qui plus est, leurs salons VIP sont souvent fréquentés par des personnalités artistiques bien en vue: Paris Hilton, Lindsay Lohan, Gwen Stefani, Justin Timberlake, etc. Vous l'avez sans doute deviné, ces boîtes, gardées par des portiers au regard patibulaire, ne sont malheureusement pas toujours accessibles aux communs des mortels. Eh oui! Vous êtes à Miami, et l'apparence, l'attitude et le prestige sont importants. Vous êtes peut-être dans le pays du *Bigger is Better*, mais aussi du *Beautiful is Useful*. Si malgré tout vous tenez à les fréquenter, laissez vos jeans et vos chaussures de sport à l'hôtel et habillez-vous «nickel» (en noir, de préférence). De plus, le simple fait d'être accompagné par une ou des jolies demoiselles au sourire banane peut certes jouer en votre faveur. Par ailleurs, les femmes seules, ou qui sortent entre amies, profitent d'un avantage indéniable sur les hommes solitaires. Pour améliorer leurs chances d'entrer dans ces antres nocturnes, les femmes devraient s'habiller élégamment, mais sans verser dans le criard ou le trop révélateur. Et n'oubliez pas de passer à la banque. Votre soirée risque de vous coûter cher puisque le prix d'entrée s'élève facilement à 25$, et que les cocktails coûtent autour de 20$ (pourboire non inclus). Sachez toutefois que la plupart des bons hôtels travaillent en collaboration avec ces établissements, et que le concierge peut placer votre nom sur la liste des invités. Une autre façon d'y entrer est d'inscrire votre nom sur la liste de diffusion du site Web de l'établissement qui vous intéresse. Une seule ombre au tableau, votre boîte de réception risque d'être inondée ultérieurement de «pourriels».

D'Vine
45 Linclon Rd.
♪ 305-674-8525
www.dvinelounge.com
Dans une ville où les *mojitos* et les cocktails exotiques ont la cote, D'Vine est une adresse tout indiquée pour s'adonner aux plaisirs bachiques.

Eno's Wine Bar
920 Lincoln Rd.
♪ 305-695-1119
Eno's Wine Bar est un petit bar feutré, voué à l'œnologie, qui abrite des distributeurs automatiques remplis de vins de qualité provenant des quatre coins du globe. Il suffit d'acheter une carte prépayée, de choisir le format désiré (3 ou 5 oz) et le tour est joué! Attablez-vous entre amis et commandez des petites bouchées de fromage pour accompagner le tout.

Flute Champagne Bar
500 South Pointe Dr.
♪ 305-748-8680
Le Flute est un *lounge* à champagne où les noctambules dégustent des flûtes pleines de bulles selon les règles de la bienséance. Chandelier en cristal, banquettes en velours et personnel stylé à l'avenant contribuent à créer une atmosphère feutrée à souhait. L'excellente sélection de mousseux et de caviars saura sans nul doute satisfaire le besoin et les caprices des hédonistes. Avis aux intéressés, le bar en forme de *U* incite les échanges de regards explicites.

Florida Room
Delano Hotel
1685 Collins Ave.
♪ 305-672-2000
Installé dans l'antre du **Delano Hotel** (voir p. 111), le Florida Room attire une clientèle branchée et hédoniste. La décoration est signée par l'équipe de designers de Lenny Kravitz.

Le décor ressemble à un bar clandestin feutré des années 1920. En début de soirée, un pianiste anime les lieux, mais à mesure que la soirée progresse, un DJ de renom prend la relève pour assurer une ambiance musicale irréprochable. Le bar est très bien fourni.

Gemma Lounge
529 Lincoln Rd.
☎ 305-534-3662

Le Gemma Lounge occupe un local agrémenté de chandeliers suspendus au plafond et de tables éclairées aux chandelles. De vieux films en noir et blanc sont projetés sur les murs pendant que les noctambules discutent et trinquent sous les airs du DJ de service ou des sons cuivrés de l'orchestre de jazz. Le balcon de l'établissement est très prisé par la clientèle décontractée qui aime discuter tout en zyeutant la faune qui déambule sur Lincoln Road.

Jazid
1342 Washington Ave., entre 13th St. et 14th St.
☎ 305-673-9372

S'il vous arrivait, un de ces soirs, d'en avoir marre de South Beach et de ses nightclubs libidinaux courus par des prédateurs nocturnes au corps parfait, Jazid pourrait être l'antidote que vous recherchiez. Difficile de s'imaginer à Miami dans ce bar où s'exécutent habituellement les trios de jazz classique dans une chaleureuse ambiance rustique où règne une pénombre perpétuelle. Un endroit parfait pour simplement relaxer tout en sirotant un verre au son d'un solo de contrebasse ou de saxophone.

Lost Week-end
423 Española Way
☎ 305-672-1707

Bar sans flafla ni chichi, le Lost Week-end abrite des tables de billard, des jeux vidéo, un jeu de hockey sur coussin d'air et des jeux de fléchettes. Clientèle d'habitués qui laissent leur prétention au vestiaire. S'y trouvent également une poignée de résidants qui arrose joyeusement les débuts de sa vingtaine et l'autorisation de boire en public.

Love Hate Lounge
423 Washington Ave.
☎ 305-695-8616
www.lovehatemiami.com

Ce bar rock sans prétention (lire : «aucun portier au regard torve qui filtre l'entrée de l'établissement») appartient à Ami James et Chris Núñez, deux vedettes de *Miami Ink*, l'émission de téléréalité qui suit la vie quotidienne de cinq tatoueurs de Miami. Dans un local décoré selon l'imaginaire des tatoueurs, une foule bigarrée s'y retrouve pour prendre un verre et s'amuser. Très bonne programmation musicale qui va du *indie rock* des années 1990 au hip-hop classique en passant par le ska remuant. Allez vous faire tatouer à la boutique adjacente (**Miami Ink**, voir p. 175) durant le jour, puis affichez votre penchant artistique le soir venu.

Lucky Strike Lane
1691 Michigan Ave.
☎ 305-532-0307
www.bowlluckystrike.com

Une façon originale de s'amuser est de faire la fête au Lucky Strike Lane. Adresse tout indiquée pour disputer une victoire aux quilles ou au billard entre amis.

Mac's Club Deuce
222 14th St.
☎ 305-531-6200

Les amateurs qui apprécient les bières froides bon marché seront comblés en poussant la porte du Mac's Club Deuce. Le bar est décoré sans artifice, et il y a un juke-box qui fait entendre de vieux classiques.

Mango's Tropical Cafe
900 Ocean Dr.
☎ 305-673-4422

De la musique latino-américaine s'échappe de ce resto-bar, ce qui vous permettra de le repérer de loin. À l'intérieur, vous trouverez une ambiance des plus chaudes entretenues par des danseuses qui se déhanchent sur des airs endiablés.

Mansion
1235 Washington Ave.
☎ 305-531-5535

Appartenant aux mêmes propriétaires qu'Opium Garden/Privé, la boîte de nuit Mansion attire les mordus de danse tous azimuts. Plusieurs DJ officient dans cet antre nocturne branché où vous entendrez les classiques de la house et de la techno bourdonnante. L'établissement se fait également l'hôte de nombreux événements tels que les défilés de mode ou de spectacles de tout acabit qui animent les soirées survoltées. Un incontournable de la scène nocturne de South Beach pour tout *clubber* qui se respecte.

Mokaï Lounge
235 23rd St.
☎ 305-531-5535
www.mokaimiami.com

Antre nocturne très réputé pour faire la fête, le Mokaï fédère la jeunesse dorée et une poignée de célébrités de passage qui se déchaînent sur les enchaînements musicaux de DJ très prisés. Mis en valeur par un éclairage flatteur, le décor est composé de sofas matelassés et de murs de pierres. L'entrée est filtrée par des physionomistes qui opèrent une sélection ultra-pointue.

Mynt Lounge

1921 Collins Ave.
☎ 305-532-0727
www.myntlounge.com

Lounge branché très *upscale*, Mynt ressemble à un immense loft futuriste aux couleurs verdoyantes dont le système de ventilation distille une cinquantaine de sortes d'arômes (entre autres, la menthe, d'où le nom de l'établissement) qui embaume les lieux. L'établissement est peuplé par des *fashionistas*, par des femmes particulièrement belles et par des gars qui aiment montrer qu'ils sortent avec des femmes particulièrement belles. Les soirées les plus populaires sont celles du vendredi et samedi. La politique de limitation des entrées répond évidemment à un souci de l'esthétique.

Nikki Beach

1 Ocean Dr.
☎ 305-538-1231

Tous les fins de semaine, une clientèle de *beautiful people* très *jet-set* se donne rendez-vous au libidinal Nikki Beach. L'atmosphère festive est digne d'un gigantesque *beach party* au décor grandiose : bars en toit de chaume, torches à la flamme vacillante et serveuses au galbe avenant en tenue minimaliste qui poussent à la consommation. À l'entrée, des videurs imposants scrutent la clientèle en file à la recherche d'indési-rables. Adresse idéale pour ceux qui aiment le cocktail triple *S* : *sea*, *sun* and *sex*.

Ocean's Ten

960 Ocean Dr.
☎ 305-604-1999

L'Ocean's Ten propose parfois des spectacles extérieurs de musique latino-américaine. S'y trouvent plusieurs téléviseurs qui diffusent les événements sportifs de l'heure.

Opium Garden/Privé

136 Collins Ave.
☎ 305-531-5535

Baignant dans un décor asiatique très exotique, l'Opium Garden se présente à la fois comme un *lounge* et une boîte de nuit qui s'attire les grâces des *jet-setters* dans le coup. Son bar s'avère le repaire des *beautiful people* qui viennent goûter au dernier cocktail en vogue. À l'étage, le très sélectif Privé attire une brochette de mannequins, de starlettes et d'artistes qui se réunissent pour danser, boire et échanger leurs numéros de téléphone. Les DJ aux platines font jouer des arrangements musicaux très tendance. Tous les week-ends, l'Opium Garden et le Privé deviennent *the places to be in SoBe*. Plus la soirée avance, plus l'alcool active les phéromones des clients qui s'échangent des œillades furtives. En passant, ces deux établissements étant devenus la terre d'élection des *happy few*, la porte est souvent fermée au commun des mortels...

Playwright Irish Pub

1265 Washington Ave.
☎ 305-534-0667

Chaleureux pub irlandais qui contraste avec l'ambiance flafla et chichi qui caractérise South Beach, le Playwright Irish Pub est doté d'un magnifique bar en acajou importé directement d'Irlande, et de vitraux ayant appartenu à une vieille église. Les amateurs de football américain et de baseball se donnent religieusement rendez-vous chaque fois que les équipes locales disputent un match.

Purdy Lounge

1811 Purdy Ave.
☎ 305-531-4622

Le zinc incurvé du Purdy Lounge est le point de ralliement des *happy few* et de certains des plus beaux spécimens en ville. Les «mixologues» préparent des cocktails sulfureux et diaboliquement délicieux. Petite piste de danse pour les oiseaux nocturnes portés sur la bamboche qui souhaitent jouer des mollets ou se dandiner furieusement.

Raleigh Bar

Raleigh Hotel
1775 Collins Ave.
☎ 305-534-1775

Installé dans le Raleigh Hotel, le bar éponyme présente une carte de martinis parmi les plus complètes de la ville. Le personnel, professionnel et souriant, vous conseillera dans votre choix de martinis diaboliquement fabuleux.

Rok Bar

1905 Collins Ave.
☎ 305-535-7171

Cet établissement appartient à un membre de Mötley Crüe, l'extravagant Tommy Lee *himself*. À l'intérieur, de sempiternelles photos en noir et blanc des légendes du rock en spectacle tapissent les murs. Le DJ aux platines fait jouer du rock plein volume à vous broyer le cerveau, pendant que la faune ambiante balance furieusement la tête sur la piste de danse. Décor plutôt stylé et clientèle composée de filles sexy et de gars aux bras abondamment tatoués qui se la jouent cool.

Rose Bar

Delano Hotel
1685 Collins Ave.
305-672-2000

Si votre budget ne vous permet pas de loger au chic **Delano Hotel** (voir p. 111), son Rose Bar est toutefois accessible à tout le monde et mérite une visite pour son décor bizarre et extravagant. Vous pouvez soit vous accouder au bar, jouer une partie de billard ou vous réfugier dans l'un des racoins qui ont été aménagés pour l'intimité. Possibilité de vous ravitailler à son resto si vous êtes prêt à délier les cordons de votre bourse.

Set

320 Lincoln Rd
305-531-2800

Fief d'une clientèle sexy composée de mannequins en goguette, de jolies demoiselles parées de tatouages, de mecs souriants et bien fringués, ainsi que d'une poignée de célibataires qui assument ouvertement leur «statut», Set jouit d'une excellente réputation grâce aux DJ de renom qui se font un point d'honneur de proposer une riche programmation musicale. L'établissement dispose de nombreux recoins intimes tamisés par une lumière qui met les regards en valeur.

Skybar

Shore Club
1901 Collins Ave.
305-695-3100

Après avoir conquis Los Angeles, le légendaire Skybar a installé ses pénates à South Beach, à l'intérieur

du très cool hôtel **Shore Club** (voir p. 112). L'établissement n'a pas tardé à devenir l'un des repaires branchés des top-modèles, des acteurs et des directeurs artistiques. Le décor ressemble à une oasis voluptueuse tapissée de couleurs sensuelles et mâtinée de touches marocaines qui se prolongent jusqu'aux deux piscines extérieures. Les jardins et les petits coins tranquilles sont très appréciés des séducteurs qui pratiquent l'art de la conversation tout en sirotant un martini bien dosé. Ceux qui souhaitent franchir l'entrée ont intérêt à se fabriquer l'allure d'une star de passage ou d'être accompagné de demoiselles au bagage génétique avantageux.

Smith & Wollensky

1 Washington Ave., South Point Park
305-673-2800

Le resto-bar **Smith & Wollensky** (voir p. 139) est l'endroit tout indiqué pour prendre des cocktails en plein air sur la pointe de la péninsule, tout en étant rafraîchi par la brise et les pales des ventilateurs.

South Beach Brasserie

910 Lincoln Rd., angle Jefferson Ave.
305-534-5511

La **South Beach Brasserie** (voir p. 137) constitue un excellent endroit pour s'offrir un verre en bonne compagnie tout en tirant sur un cigare de qualité. Ambiance feutrée et chaleureuse.

Studio

1801 Collins Ave.
305-531-1271

Pour une sortie ludique à souhait, pointez-vous au Studio. Cet antre du divertissement organise des soirées karaoké pour les personnes qui veulent laisser tomber leurs inhibitions et qui n'ont

certes pas peur du ridicule. Les clients peuvent choisir parmi le vaste répertoire contenant plus de 100 000 chansons en 20 langues avant de s'époumoner au micro.

Tantra

1445 Pennsylvania Ave.
305-672-4765

Il existe beaucoup de similarités entre **Tantra** (voir aussi p. 135) et le recueil spirituel hindou duquel il tire son nom. D'abord, localiser ce resto-bar s'apparente presque à la quête des moines tibétains pour ne faire qu'un avec l'énergie universelle, quête qui semble vaine jusqu'à ce qu'on le découvre : même le nez collé sur la porte, aucun indice ne vous permet de croire que vous allez entrer dans un des restos-bars les plus en vogue de Miami Beach plutôt que dans un hangar à bicyclettes. La danse des éléments vous mettant en symbiose avec la nature débute dès votre entrée : soudainement vos pieds foulent l'herbe, vous remarquez un mur tenant lieu de chute d'eau, et le plafond est illuminé par une boule à effet stroboscopique mais fixe simulant une voûte étoilée. De nombreuses statues hindoues complètent un décor qui aiguise les sens. Apparemment les plats possèdent tous en commun une qualité sensuelle, voire aphrodisiaque, mais sans doute rien de comparable à la compagnie de la bonne personne avec quelques verres de vin ou de porto.

The Abbey Brewing Company

1115 16th St.
305-538-8110

Situé au cœur de South Beach, ce bar à l'ambiance relâchée offre un bon choix de bières de microbrasseries et importées.

Van Dyke Cafe
846 Lincoln Rd., angle Jefferson Ave.
☎ 305-534-3600
Une boîte de jazz de qualité se trouve à l'étage de cet agréable restaurant (voir p. 134) de la rue piétonne qu'est Lincoln Road.

Wet Willies
760 Ocean Dr.
☎ 305-532-5650
Une des attractions majeures du bar Wet Willies est son grand balcon qui surplombe Ocean Drive, un poste d'observation remarquable. Les daïquiris exquis de la maison constituent son autre grand attrait. Foule jeune et désordonnée.

Zeke's Roadhouse
625 Lincoln Rd.
☎ 305-672-3118
Si le décor n'est pas un critère de choix lorsque vient le temps de choisir un bar, et que vous aimez la bière, foncez vers Zeke's Roadhouse. Ce petit bar sans aucune prétention propose une vaste sélection de bières provenant des quatre coins du globe, offertes à des prix difficiles à battre. Pas de cartes de crédit.

Le centre et le nord de Miami Beach

Jimmy'z at the Forge
432 41st St.
☎ 305-604-9798
Après s'être sustentée au restaurant **The Forge** (voir p. 141), une clientèle souriante et tirée à quatre épingles se dirige à l'étage, au bar mitoyen du restaurant, Jimmy'z, pour tirer une longue bouffée de cigare tout en dégustant un verre

de cognac. S'y trouvent également quelques tables de billard, pour ceux qui veulent discuter à bâtons rompus. L'adresse est également très prisée par le sérail d'Hollywood et les vedettes sportives. Un conseil : habillez-vous en conséquence.

Club Tropigala
4441 Collins Ave.
☎ 305-672-7469
Des dîners-spectacles à la cubaine ou à la Las Vegas sont présentés dans ce temple, véritable icone des années 1950 et 1960.

Jimmy Johnson's Three Rings Bar & Grill
4525 Collins Ave.
☎ 305-672-6224
Les fervents supporters des Dolphins de Miami se donnent souvent rendez-vous au resto-bar du coach de leur équipe favorite, le Jimmy Johnson's Three Rings Bar & Grill, pour regarder le *Monday Night Football*. Mis à part le bon choix de bières locales et importées, le menu affiche un assortiment de plats qui plaît à tout le monde.

Design District

Grass Lounge
28 NE 40th St.
☎ 305-573-3355
www.grasslounge.com
Au Grass Lounge, un toit de chaume abrite une cour intérieure dotée de tables basses éclairées à la flamme vacillante des chandelles. Les papillons de nuit et les hédonistes sirotent un *mojito* bien dosé en observant l'intéressante faune locale ou le ciel étoilé.

Le centre-ville de Miami

Le **Bayside Market Place** ne fait pas seulement office d'immense centre commercial, mais de lieu où l'on présente différents concerts.

Club Space
34 NE 11th St.
☎ 305-372-9378
www.clubspace.com
Boîte de nuit à l'ambiance d'entrepôt géant, le Club Space couvre près de 2 800 m² où des *clubbers* hystériques se dandinent sur les rythmes submergeant des excellents DJ de renom qui se relaient aux platines. Sachez que l'ambiance se réchauffe souvent après les douze coups de minuit. Bref, une adresse nocturne idéale pour les oiseaux de nuit ou les insomniaques.

Hard Rock Cafe
401 Biscayne Blvd.
☎ 305-377-3110
Faut-il vraiment être surpris de constater la présence du Hard Rock Cafe à Miami? Situé sur le bord de Biscayne Bay, cet établissement n'a nul besoin de présentation et conviendra à tous ceux qui veulent prendre une bière fraîche et discuter sur des airs de musique entraînante.

M-Bar
Mandarin Oriental Miami
500 Brickell Key Dr.
☎ 305-913-8288
Ce bar feutré loge dans l'hôtel **Mandarin Oriental Miami** (voir p. 117) et est animé par des cadres en costard qui prennent l'apéro en compagnie de demoiselles séduisantes. L'établissement se targue de proposer l'un des plus impressionnants choix de martinis en ville. Les grandes fenêtres offrent

de beaux panoramas sur la ville et Biscayne Bay.

Transit Lounge
729 SW First Ave.
☏ 305-377-4628
www.transitlounge.us

Antre nocturne à l'ambiance insoumise, le Transit Lounge accueille une clientèle anti-branchée. Musique remuante, jeux de plateau et sofas confortables propices aux longues discussions. Spectacles à l'occasion.

Little Havana

Churchill Pub
5501 NE Second Ave.
☏ 305-757-1807

Loin des discothèques et des *lounges* glamour de South Beach, le Churchill Pub est l'adresse idéale pour ceux qui souhaitent s'encanailler dans une ambiance de débauche contenue. Dans un décor qui ne paie pas de mine, on trouve une faune nocturne bigarrée dont la bonne humeur est exaltée par les nombreux toasts qu'elle a portés depuis le début de la soirée. Des concerts aux consonances diverses et au résultat assez inégal animent parfois les lieux. Adeptes du *politicaly correct* s'abstenir.

Coral Gables

Titanic Brewery
5813 Ponce de Leon Blvd.
☏ 305-667-2537

Fief des universitaires et des résidants du quartier, la Titanic Brewery propose un bon choix de bières artisanales dans une ambiance très cordiale sur fond d'événements sportifs de tous genre. Des musiciens enthousiastes viennent parfois égayer les soirées.

Scully's Tavern
9809 SW 72nd St.
☏ 305- 271-7404

Située à l'ouest de Coral Gables, dans le quartier de Kendall, la Scully's Tavern semble réunir toutes les couches de la société qui souhaitent simplement prendre un verre, discuter, s'offrir un morceau et regarder les événements sportifs de l'heure. S'y trouve également une table de billard.

Coconut Grove

Fat Tuesday
CocoWalk
3015 Grand Ave., 2e étage
☏ 305-441-2992

Situé au 2e étage de Coco-Walk, le bar Fat Tuesday se targue d'offrir le plus vaste choix de *frozen daiquiris* au monde. L'endroit est tout indiqué pour se la couler douce et discuter entre amis.

The Globe Cafe & Bar
377 Alhambra Circle
☏ 305-445-3555

Tous les samedis soir, des aficionados se donnent rendez-vous au Globe pour assister à des spectacles de jazz.

Improv Comedy Club
The Streets of Mayfair
3390 Mary St., local 182
☏ 305-441-8200

Comme son nom l'indique, l'Improv Comedy Club reçoit des comédiens venant débiter à vos oreilles une série de gags improvisés.

Nikki Coconut Grove
2889 McFarlane Rd.
☏ 305-476-3600

Le Nikki Coconut Grove réunit tous les ingrédients pour une soirée réussie : décor tiré à quatre épingle, barmans athlétiques, ser-

veuses souriantes, ainsi qu'une clientèle bronzée et élégante qui fait de l'épate en arborant des mines avenantes.

Fort Lauderdale et ses environs

Fort Lauderdale

Blue Martini
22432 E. Sunrise Blvd.
☏ 954-565-6833

Blue Martini fédère une clientèle d'habitués qui vient y prendre un martini très bien dosé après une journée de travail. On y sert aussi une belle sélection de nectars alcoolisés et de la nourriture américaine pour calmer une fringale ou une grande faim. Dans un local moderne au décor élégant, le DJ aux platines fait jouer de la musique *high energy*.

Copa
2800 S. Federal Hwy.
☏ 954-463-1507

La plus ancienne discothèque de Fort Lauderdale est considérée comme une véritable institution, et ce, de nombreuses années après avoir ouvert ses portes (depuis plus de 30 ans). L'excellente programmation musicale fait le bonheur des *clubbers* prêts à trinquer, à transpirer et se dandiner jusqu'à l'aube. L'établissement compte plusieurs salles et une agréable terrasse. Animation constante jusqu'à 4h du matin.

Coyote Ugly
214 SW Second St.
☏ 954-764-8459

À l'instar du film éponyme, Coyote Ugly n'a plus besoin de présentation. Des serveuses à la vulgarité assumée se dandinent sur le zinc et incitent les clients abrutis par la testostérone à se rincer la glotte jusqu'aux petites heures du matin.

Elbo Room
241 S. Atlantic Blvd.
☏ 954-463-4615
www.elboroom.com
Établissement bruyant à l'ambiance remuante, l'Elbo Room est un croisement entre un bar universitaire et un repaire d'une clientèle anti-*trendy* qui cherche un bar sans prétention pour boire une bière fraîche. L'établissement présente parfois des concerts de rock et de blues.

Harrison's Wine Gallery
1916 Harrison St.
☏ 954-922-0074
Dans un local à l'éclairage tamisé, une clientèle de trentenaire BCBG vient déguster un verre de vin en dégustant des accompagnements tels des assiettes de fromages. Belle sélection de vins et de bières importées.

O'Hara's Jazz & Blues Café
722 E. Las Olas Blvd.
☏ 954-524-1764
Les aficionados de blues et de jazz se réunissent souvent au O'Hara's Jazz & Blues Café. L'établissement est aussi doté d'un agréable café-terrasse où l'on peut s'offrir un morceau en regardant la foule.

Wine Room
Ritz-Carlton Fort Lauderdale
1 N. Fort Lauderdale Beach Blvd.
☏ 954-465-2300
Les personnes qui n'ont pas les moyens de s'offrir une chambre au très chic **Ritz-Carlton Fort Lauderdale** (voir p. 122), mais qui veulent tout de même faire chic et classe, se rendent à sa Wine Room feutrée pour déguster un verre de vin. Le personnel courtois et che-vronné donne des conseils avisés et va même jusqu'à vous expliquer les origines des différents crus.

Hollywood
O'Malley's Ocean Pub
101 N. Ocean Dr.
☏ 305-920-4062
Aucune cravate n'est requise pour se sentir à l'aise au **O'Malley's Ocean Pub** (voir p. 150). L'établissement s'ouvre sur la plage et plaira aux puristes du rock-and-roll et du blues. Ambiance décontractée et nourriture salée.

88's Dueling Pianos
Seminole Hard Rock Hotel & Casino
1 Seminole Way
☏ 954-584-8819
Pour une soirée délurée, animée par des pianistes qui s'y donnent à cœur joie en interprétant de vieux classiques, rendez-vous au **Seminole Hard Rock Hotel & Casino** (voir p. 126) et joignez-vous à la foule qui trinque joyeusement et chantonne les airs entraînants.

Bars gays

La majorité des boîtes de nuit qui s'adressent à la clientèle gay, presque exclusivement masculine en fait, se trouvent à South Beach. De plus, les autres bars et discothèques du quartier s'affichent en général comme étant *gay-friendly* (sympathiques aux gays). Certains établissements dits «pour tous» vont même jusqu'à organiser des soirées thématiques gays chaque semaine. Pour en savoir davantage sur les événements ponctuels, l'hebdomadaire gratuit *Miami New Times* constitue une bonne source.

Club Azucar
427 Jefferson Ave.
South Beach
☏ 305-531-8900
Entre les murs de cet antre nocturne, des adonis musclés affichent leur sourire le plus éclatant et assument leur masculinité sans pudeur ni complexes sous les airs d'une musique entraînante riche en percussions qui résonne jusque tard dans la nuit.

Loading Zone
1426 Alton Rd.
South Beach
☏ 305-531-5623
Fréquenté par une clientèle habillée de cuir, le Loading Zone n'est certes pas pour les timides. Des téléviseurs fixés aux murs diffusent des vidéos qui réanimeront peut-être la libido de certains. Pas de protocole et pas de chichi.

MOVA
1625 Michigan Ave.
Miami Beach
☏ 305-534-8181
Adresse au décor minimaliste mis en valeur par un éclairage DEL tout de blanc, MOVA attire une clientèle gay aux biceps gonflés et des touristes homosexuels en vacances qui trinquent en raffinant leurs techniques d'approche au rythme d'une ambiance sonore électronique.

Score
727 Lincoln Rd.
South Beach
☏ 305-535-1111
À mi-chemin entre un club de rencontre et une discothèque, Score attire une clientèle mâle, belle et musclée, qui vient s'éclater et oublier ses inhibitions dans la bonne humeur. Musique *happy* et ambiance remuante.

Twist
1057 Washington Ave.
South Beach
☏ 305-538-9478
Autre bar fort apprécié, le Twist s'étend sur deux niveaux. Musique hip-hop et techno la fin de semaine. Billard et «pub vidéo».

Warsaw Ballroom
1450 Collins Ave.
South Beach
☏ 305-531-4555
Aménagée dans une ancienne salle de bal Art déco, cette grande discothèque s'avère particulièrement animée les vendredis soir.

Georgie's Alibi
2266 Wilton Dr.
Wilton Manors
☏ 954-565-2526
Tout près de Fort Lauderdale, à Wilton Manors, Georgie's Alibi compte parmi les bars gays les plus prisés de la région et se définit comme un «bar vidéo» et un café. Il s'agit d'une excellente adresse pour prendre un verre et discuter en début de soirée. On y présente différents spectacles et événements spéciaux selon les semaines. Le bar est très apprécié pour les spectacles de *drag queens* et les clips musicaux ou humoristiques que diffusent les nombreux écrans.

Casino

Fort Lauderdale et ses environs

Hollywood

Seminole Hard Rock Hotel & Casino
1 Seminole Way
☏ 954-327-7625
Ce vaste complexe hôtelier abrite une salle de spectacle de 5 000 sièges dans laquelle se produisent des musiciens rock, blues et autres. On trouve aussi sur place un casino ouvert 24 heures sur 24.

Festivals et événements

Voici un aperçu des plus grands événements tenus à Miami. Nous vous invitons à communiquer avec les organisateurs de ces fêtes diverses pour connaître les dates exactes, qui peuvent varier d'année en année.

Janvier

L'**Orange Bowl** *(www. orangebowl.org)* est l'une des plus importantes parties de football collégial américain d'après-saison. Cet événement donne également le coup d'envoi au Nouvel An.

L'**Art Deco Weekend Festival** *(www.mdpl.org)* se tient dans l'Art Deco District de South Beach à la mi-janvier: voitures d'époque, concerts de *big bands* et amuseurs publics.

Février

Le **Coconut Grove Arts Festival** *(Coconut Grove, ☏ 305-447-0401, www. coconutgroveartsfest.com)* attire plus de 300 artistes et plus d'un million de visiteurs. Il s'agit de l'un des plus grands festivals d'art aux États-Unis.

La plupart des grands constructeurs d'embarcations sont présents au **Miami International Boat Show** *(www.miamiboatshow.com)* pour exhiber leurs derniers bolides.

Les chefs de la gastronomie américaine et internationale se donnent rendez-vous au **Food Network South Beach Wine & Food Festival** *(www. sobewineandfoodfest.com)* pour concocter des plats alléchants accompagnés de vins de qualité.

Mars

Le **Winter Party Festival** *(South Beach, ☏ 305-571-1924, www. winterparty.com)* rassemble plus de 10 000 gays et lesbiennes venus s'éclater à travers une série d'événements présentés au cours de cinq jours de festivités. Le festival verse ses bénéfices à la Dade Human Rights Foundation, un organisme sans but lucratif qui subvient aux besoins de la communauté gay, lesbienne, bisexuelle et transsexuelle.

Le **Carnaval Miami** *(☏ 305-644-8888, www.carnavalmiami. com)* est une gigantesque fiesta latino-américaine qui dure deux semaines et qui atteint son apogée lors du *Calle Ocho*, dans le quartier de Little Havana.

Le **Miami International Film Festival** (*www.miamifilmfestival.com*) réunit annuellement, fin février ou début mars, des réalisateurs venus du monde entier dans différents volets de la compétition, comme le film de fiction ou le documentaire.

Les meilleurs tennismen du globe s'échangent la balle durant le **Sony Ericsson Open** (voir p. 168).

Avril

Le **Miami Gay and Lesbian Film Festival** (☎ *305-534-9924, www.mglff.com*) présente des films et des documentaires réalisés par et pour la communauté homosexuelle de Miami.

Mai

Aqua Girl (☎ *305-532-1997, www.aquagirl.org*) est l'un des rares événements consacrés uniquement aux femmes. Inauguré en 1999 lors d'une soirée bénéfice pour le cancer du sein, l'événement s'est transformé l'année suivante en un week-end de bamboche durant lequel une faune féminine vient festoyer en grande pompe. Les bénéfices sont versés à la Women's Community Fund.

Juillet

La **fête nationale du 4 juillet** est célébrée avec des défilés, des feux d'artifice et divers autres événements.

Novembre

Considéré comme la quintessence des événements festifs gays, le **White Party** (*www.whiteparty.org*) attire plus de 10 000 personnes. Éphèbes en goguette, lesbiennes *lipstick* et *beautiful*

people à la pelle se côtoient et laissent tomber leurs inhibitions au cours d'une série de *partys* tous plus électrisants les uns que les autres : *beach partys* de tous crins, boîtes de nuit branchées et fêtes organisées en bordure des piscines des hôtels luxueux. Le White Party atteint son paroxysme lors d'une soirée grandiose au **Vizcaya Museum and Gardens** (voir p. 78), au milieu de ses somptueux jardins paysagers. Tout cela est évidemment caritatif, puisque les bénéfices sont versés aux personnes victimes du sida.

La **Miami Book Fair International** (*www.miamibookfair.com*) est une importante foire du livre ouverte au public.

Décembre

Art Basel Miami Beach (*www.artbaselmiamibeach.com*) est l'édition américaine de la foire d'art contemporain de Bâle, «la» référence en la matière depuis les 40 dernières années. Un incontournable pour tout aficionado qui se respecte.

Art Miami (*Miami Beach Convention Center,* ☎ *305-573-1388, www.art-miami.com*). Exposition d'art contemporain d'envergure, notamment en provenance d'Amérique latine et d'Espagne. Peintures, sculptures, vidéos, photos et multimédias.

Sports professionnels et amateurs

➤ Baseball

Pour assister à une rencontre des **Florida Marlins**, une équipe professionnelle de la Ligue nationale de baseball, rendez-vous au **Sun Life Stadium** (*2267 NW 199th St.,* ☎ *305-623-6100, www.floridamarlins.com*). La saison régulière s'étend d'avril à octobre.

➤ Basket-ball

Le **Miami Heat** est l'équipe professionnelle de basket de la ville. Il dispute ses parties locales à l'**American Airlines Arena** (*601 Biscayne Blvd.,* ☎ *305-358-5885 ou 800-462-2849, www.nba.com/heat*). La saison s'étend d'octobre à avril.

➤ Football américain

Entre les mois d'août et de décembre, les toujours respectables **Miami Dolphins** défendent leurs couleurs au **Sun Life Stadium** (*2267 NW 199th St.,* ☎ *305-620-2578, www.miamidolphins.com*). On vous suggère vivement de réserver vos billets quelques mois à l'avance, car il est pratiquement impossible de s'en procurer le jour même du match, à moins d'être prêt à négocier un prix prohibitif avec un *scalper* (revendeur de billets).

➤ Golf

Pour ceux qui préfèrent le golf, le tournoi **World Golf Championships** se déroule en mars au **Doral Golf Resort & Spa** (*4400 NW 87th Ave.,* ☎ *305-477-4653, www.worldgolfchampionships.com; voir p. 98*).

➤ Hockey sur glace

Pour vous soustraire à la chaleur accablante du *Sunshine State*, pourquoi ne pas assister à un match de hockey? Les **Florida Panthers** sont l'équipe professionnelle de la ville. La saison va d'octobre à avril, et leurs matchs à domicile sont présentés au **BankAtlantic Center** *(angle Sunrise Blvd. et NW 136th Ave., Sunrise, ☎ 954-835-8499, www.bankatlanticcenter. com)*.

➤ Pelote basque (*jai alai*)

Pour vous familiariser avec «*the fastest game on earth*», pointez-vous au **Jai Alai Fronton** *(301 E. Dania Beach Blvd., ☎ 954-9201511, www. dania-jai-alai.com)*.

➤ Tennis

En mars, les amateurs de tennis se donnent rendez-vous sur Key Biscayne au **Crandon Park Tennis Center** *(7300 Crandon Blvd., Key Biscayne, ☎ 305-442-3367, www. sonyericssonopen.com)* pour assister au tournoi **Sony Ericsson Open**, qui accueille des athlètes de haut calibre comme Roger Federer, Rafael Nadal, Maria Sharapova et Venus Williams.

Achats

Avec les centres commerciaux ultrachics d'Aventura et de Bal Harbour Village, les nombreuses boutiques spécialisées de Coral Gables, les élégantes galeries d'art de South Beach, les innombrables commerces de vêtements de Washington Avenue, les magasins de cigares roulés à la main et les simples kiosques à souvenirs kitsch, Miami a beaucoup à offrir aux amateurs de lèche-vitrine et aux fouineurs de tout acabit.

Grandes artères commerciales

À **South Beach**, outre les élégantes galeries d'art qu'on y trouve, les *shopaholics* peuvent déambuler sur **Lincoln Road** et **Collins Avenue**, au sud de Ninth Street. Ces artères égrènent de nombreuses boutiques qui exhibent le dernier jeans à la mode, la paire de chaussures tendance, le maillot de bain griffé ainsi que plusieurs créations vestimentaires au goût du jour. **Washington Avenue** regorge de commerces dédiés aux vêtements. Le secteur de **Coral Gables** compte, quant à lui, de nombreuses boutiques spécialisées.

Le **Miami Design District** est le quartier de prédilection des férus de design intérieur. Un *must* pour tout aficionado qui se respecte. Grosso modo, il est délimité au sud par NE 36th Street, au nord par NE 41st Street, à l'ouest par North Miami Avenue et à l'est par Biscayne Boulevard (US 1).

Centres commerciaux

Aventura Mall
19501 Biscayne Blvd.
Aventura
☎ 305-935-1110
www.aventuramall.com
L'Aventura Mall, un centre commercial géant, regroupe

de grands magasins comme Bloomingdale's, Macy's, JC Penney, Sears, ainsi que plus de 235 boutiques spécialisées comme Guess, Gap, Zara et Hugo Boss. S'y trouvent aussi plusieurs comptoirs de restauration rapide et quelques restaurants de plus haute gamme comme The Cheesecake Factory. Le centre abrite un complexe de salles de cinéma.

Bal Harbour Shops
9700 Collins Ave.
Bal Harbour Village
☎ 305-866-0311
www.balharbourshops.com
Les très chics Bal Harbour Shops sont aménagés parmi des aires ouvertes où pousse une végétation luxuriante parsemée de palmiers. Ce centre commercial compte une foule de boutiques qui sauront sûrement satisfaire les goûts les plus divers et les plus extravagants. Difficile de trouver un autre endroit qui regroupe autant de boutiques exclusives comme Veneta, Cartier, Chanel, Escada, Gucci, Prada, Gianni Versace, Hermes, Saks Fifth Avenue, Tiffany & Co., et bien d'autres. Les boutiques les moins chères sont Gap et Banana Republic.

Bayside Market Place
401 Biscayne Blvd.
Miami
☎ 305-577-3344
www.baysidemarketplace.com
Le Bayside Market Place est situé au bord de l'eau

au centre-ville de Miami. Ce centre commercial géant loge une centaine de boutiques allant du Sunglass Hut, où l'on trouve toutes sortes de lunettes et accessoires pour protéger ses yeux contre l'ardent soleil des tropiques, jusqu'à Perfumania, d'où s'échappent de suaves effluves, en passant par la populaire boutique de lingerie fine Victoria's Secret. Au milieu de tout cela, il y a également plusieurs comptoirs de restauration rapide pour prendre une bouchée.

CocoWalk
3015 Grand Ave.
Coconut Grove
☎ 305-444-0777
www.cocowalk.net
The Streets of Mayfair
2911 Grand Ave.
Coconut Grove
Situés côte à côte, CocoWalk et The Streets of Mayfair sont deux centres commerciaux à la mode qui attirent une foule de curieux qui viennent dépenser leurs billets verts ou faire du lèche-vitrine. S'y trouvent environ 80 boutiques, des bars et des restos, ainsi que de nombreuses salles de cinéma.

The Galleria
2388 E. Sunrise Blvd.
Fort Lauderdale
☎ 954-331-4501
www.galleriamall-fl.com
Sur deux étages, ce gigantesque centre commercial abrite bon nombre de boutiques et grands maga-

sins renommés telles que Neiman-Marcus, Dillard's, Macy's et Saks Fifth Avenue.

Accessoires de cuisine

LA CUISINE gourmet
50 Aragon Ave.
Coral Gables
📞 305-442-9006
www.lacuisinegourmet.com
Si vous souhaitez transformer votre cuisine en un haut lieu de plaisir, sachez que ce commerce propose une belle gamme de produits de qualité. Des cours de cuisine et des dégustations de vins y sont aussi proposés.

Alimentation

Coconut Grove Farmers Market
3300 Grand Ave., angle Margaret St.
Coconut Grove
Depuis 1977, tous les samedis de 10h à 17h30, le Coconut Grove Farmers Market fourmille d'animation lorsque de nombreux producteurs agricoles viennent présenter leurs produits du terroir. Intéressante variété de fromages.

Epicure Market
1656 Alton Rd.
Miami Beach
📞 305-672-1861
www.epicuremarket.com
Depuis 1945, ce petit commerce propose des plats cuisinés à emporter, des soupes, ainsi que de délicieux sandwichs et salades santé.

Galler Chocolate
920 E. Las Olas Blvd.
Fort Lauderdale
📞 954-523-9690
L'adresse de choix pour les accros du cacao et des autres plaisirs chocolatés.

Joe's Stone Crab
11 Washington Ave.
South Beach
📞 305-673-0365
www.joesstonecrab.com
À défaut de vous attabler au chic Joe's Stone Crab Restaurant (voir p. 138), passez une commande pour emporter afin de goûter ces délices des mers appelés *stone crabs* (crabes de roche), en vente uniquement de la mi-octobre à la mi-mai.

Stefano's
24 Crandon Blvd.
Key Biscayne
📞 305-361-7007
Le restaurant Stefano's (voir p. 147) possède un petit magasin adjacent qui vend des pâtes fraîches, des saucissons, des fromages et des mets préparés. Bon choix de vins et de spiritueux.

Whole Foods Market
6701 Red Rd.
Coral Gables
📞 305-421-9421
1020 Alton Rd.
Miami Beach
📞 305-532-1707
www.wholefoodsmarket.com
Cette épicerie fine propose un éventail de produits biologiques dont une excellente sélection de vins (plus de 900 bouteilles y compris un bon choix sous la barre des 10$).

Artisanat

Haveli
137 NE 40th St.
Miami Beach
📞 305-573-0308
Si vous êtes à la recherche d'antiquités des quatre coins du globe, rendez-vous chez Haveli. On y trouve aussi des tissus anciens et d'autres antiquités asiatiques.

Imagine
3252 NE First Ave.
centre-ville de Miami
📞 305-704-8246
www.imaginegiftsco.com
Offrez-vous une halte dans cette boutique qui vend du papier recyclé, ainsi que de l'artisanat et des accessoires équitables. Une bonne adresse pour dépenser sans mauvaise conscience.

Out of Africa
The Streets of Mayfair
2911 Grand Ave.
Coconut Grove
📞 305-445-5900
Out of Africa se spécialise dans l'artisanat africain : masques, bibelots, vêtements, etc.

Bijoux

ELY-M Jewelry
48 E. Flagler St.
centre-ville de Miami
📞 305-374-4100
www.elym.com
Si vous êtes à la recherche d'une montre prestigieuse de grande marque, prenez donc le temps de vous arrêter chez ELY-M Jewelry, où vous trouverez une gamme de produits Cartier, Baume & Mercier, Chopard, et bien d'autres articles de valeur tous catalogués comme accessoires de mode ou produits de luxe.

Chaussures

Neo Scarpa
817 Lincoln Rd.
South Beach
📞 305-535-5633
Une adresse de choix pour les émules du désormais célèbre personnage de Carrie de la télésérie *Sex and the City*. Vous y trouverez certainement chaussure à votre pied.

The Runner's High

11209 S. Dixie Hwy.
Miami
☎ 305-255-1500
www.therunnershigh.com

Les adeptes de la course à pied qui cherchent des chaussures performantes, conçues pour les exercices d'endurance sur sentier ou pour la compétition sur terrain technique, n'hésitent pas à faire un saut dans cette boutique spécialisée.

Cigares

Bill's Pipe & Tobacco Shop

2309 Ponce de Leon Blvd.
Coral Gables
☎ 305-444-1764

Le Bill's Pipe & Tobacco Shop se spécialise dans la vente de cigares fins.

Cuban Crafters

604 NW Seventh St.
Little Havana
☎ 305-573-0222
www.cubancrafters.com

Voici une autre adresse de choix pour les aficionados de cigares de qualité. On y vend également des humidificateurs, des étuis et des briquets.

El Credito Cigar Factory

1100 SW Calle Ocho
Little Havana
☎ 305-324-0445
www.elcreditocigars.com

El Credito Cigar Factory (voir p. 74), une fabrique de cigares à la mode cubaine à l'arôme distingué, permet aux curieux d'observer des employés cubains perpétuer leur savoir-faire ancestral en roulant les cigares à la main comme cela s'est toujours fait à Cuba. Ensuite, libre à vous, évidemment, de pousser la porte du magasin et de sortir votre portefeuille si vous êtes un amateur de cigares *made in Miami*.

Décoration

Le **Design District** (voir p. 69) abrite environ 200 salles d'exposition et galeries qui se spécialisent dans la décoration intérieure et les arts décoratifs modernes. Cet ancien quartier populaire est tranquillement en voie de s'embourgeoiser. Il s'anime surtout lors de l'**Art Basel Miami Beach** (voir p. 167), qui fédère chaque année la crème du design international.

Artisan Antiques

110 NE 40th St.
Miami Beach
☎ 305-573-5619

L'Artisan Antiques se targue de vendre la plus vaste sélection de lampes Art déco de la planète.

Design Center of the Americas (DCOTA)

1855 Griffin Rd.
Dania
☎ 954-920-7997
www.dcota.com

Couvrant environ 72 000 m², le DCOTA présente plusieurs salles d'exposition constellées de meubles classiques et contemporains, très prisés d'une clientèle argentée qui souhaite être à la page.

Design Within Reach

927 Lincoln Rd., local 101, angle Michigan Ave.
South Beach
☎ 305-604-0037
77 Miracle Mile
Coral Gables
☎ 305-569-9730
www.dwr.com

Les férus de décoration intérieure ne manqueront pas de se rendre chez Design Within Reach. On y propose un excellent choix de meubles contemporains griffés: tables, canapés, bureaux de travail et de nombreux accessoires pour décorer votre domicile.

Luminaire

2331 Ponce de Leon Blvd.
Coral Gables
☎ 305-448-7367
www.luminaire.com

Voici l'adresse tout indiquée pour ceux qui apprécient les créations des designers célèbres tels Le Corbusier, Philippe Starck ou Jasper Morrison. Vous y trouverez une flopée d'idées fabuleuses en matière de mobilier, d'éclairage et de décoration.

NiBa Home

39 NE 39th St.
Design District
☎ 305-573-1939
www.nibahome.com

Les férus de design se pointent chez NiBa Home. S'y trouve une belle sélection de tapis, de luminaires et de meubles aux formes géométriques contemporaines. Prix en conséquence.

Fleuriste

Coral Gables Florist

1825 Ponce de Leon Blvd.
Coral Gables
☎ 305-443-3211
www.coralgablesflorist.com

Vous trouverez de magnifiques bouquets colorés au Coral Gables Florist.

Galeries d'art

Le quartier de Coral Gables compte nombre de galeries d'art qui sauront sûrement plaire aux collectionneurs, entre autres **Artspace/Virginia Miller Galleries** *(169 Madeira Ave., Coral Gables, ☎ 305-444-4493, www.virginiamiller. com)* et **Cernuda Arte** *(3155 Ponce de Leon Blvd., Coral Gables, ☎ 305-461-1050, www. cernudaarte.com)*.

Dans le Design District, la galerie **Moore Space** *(4040 NE*

Second Ave., ☎ *305-438-1163, www.themoorespace.org)* et la **Leonard Tachmes Gallery** *(3930 NW Second Ave.,* ☎ *305-572-9015)* gagnent la faveur des aficionados d'art contemporain. On y présente des expositions internationales rotatives.

Insolite

Semi-Automatic
Mondrian
1100 West Ave.
South Beach
Vous cherchez une adresse insolite pour acheter un cadeau insensé? Dans le hall de l'hôtel **Mondrian** (voir p. 111) se trouve un immense distributeur automatique d'objets de luxe où l'on peut choisir à toute heure du jour et de la nuit parmi plus de 60 articles à des prix variant entre 10$ et 1,2 million. Qu'il s'agisse d'une nouvelle brosse à dents Bentley, d'une robe griffée Jean-Paul Gaultier, d'un appartement-terrasse au bord de la mer ou de menottes en or 24 carats, les *shopaholics* qui veulent aller au bout de leurs envies et les personnes qui entretiennent des fantasmes matériels seront résolument comblés.

Jouets

Toys"R"Us
551 NE 167th St.
North Miami
☎ 305-653-8697
1600 N. Federal Hwy.
Fort Lauderdale
☎ 954-564-3571
Toys"R"Us est sans doute l'un des plus grands magasins de jouets de la planète : vous y trouverez sûrement quelque chose pour satisfaire les enfants.

Librairies

9th Chakra
530 Lincoln Rd.
South Beach
☎ 305-538-0671
www.9thchakra.com
Cette librairie est spécialisée en littérature «nouvel âge». Bonne sélection de livres pour ceux qui recherchent la paix intérieure et qui désirent «faire un avec l'univers».

Barnes & Noble
152 Miracle Mile
Coral Gables
☎ 305-446-4152
www.barnsandnoble.com
Grande chaîne, Barnes & Noble est représentée un peu partout à travers les États-Unis, et Miami ne fait pas exception. Contrairement aux grandes surfaces, le Barnes & Noble de Coral Gables est somme toute assez sympathique. On y trouve aussi un petit café.

Books & Books
933 Lincoln Rd.
South Beach
☎ 305-532-3222
265 Aragon Ave.
Coral Gables
☎ 305-442-4408
www.booksandbooks.com
Au Books & Books, la qualité des livres et le service sont excellents. Bonne section sur la poésie. Il s'agit du lieu rêvé pour peut-être dénicher un vieux classique qui dort sur une tablette. Deux adresses.

Borders
358 San Lorenzo Ave.
Coral Gables
☎ 305-527-4567
www.borders.com
Borders propose un excellent choix de romans, de guides de voyage et de livres d'art. S'y trouve aussi un petit café où l'on vend des viennoiseries.

Borders
19925 Biscayne Blvd.
Aventura
☎ 305-935-0027
www.borders.com
Située juste au nord de l'Aventura Mall, la librairie Borders possède une autre succursale qui offre à ses clients un choix incomparable de livres en tous genres.

The Dynamo
1001 Washington Ave.
South Beach
☎ 305-535-2680
La boutique du musée **Wolfsonian** (voir p. 66) dispose d'une belle sélection de livres et d'affiches ainsi qu'une gamme de produits portant la marque du musée.

Kafka's Kafe
1464 Washington Ave.
South Beach
☎ 305-673-9669
www.kafkas-cafe.com
Le Kafka's Kafe est à la fois un café électronique décontracté et une librairie spécialisée dans la vente de livres d'occasion en tous genres. On y trouve aussi des journaux et des magazines internationaux.

Librería Distribuidora Universal
3090 SW Eighth St.
Little Havana
☎ 305-662-3234
La Librería Distribuidora Universal est une librairie qui propose une bonne gamme d'ouvrages en espagnol ainsi qu'un choix délirant de livres consacrés à l'écrivain cubain José Martí.

Pierre Books
2340 Hollywood Blvd.
Hollywood
☎ 954-924-1660 ou 888-702-0766
www.pierrebooks.com
Cette librairie propose une bonne sélection de livres en français et en espagnol.

Super Heroes Unlimited
1788 NE 163rd St.
North Miami Beach
♪ 305-940-9539
Super Heroes Unlimited offre un choix impressionnant de bandes dessinées classiques ou contemporaines, neuves ou d'occasion.

Lunettes

I Designs
210 Miracle Mile
Coral Gables
♪ 305-774-6900
Vous souhaitez changer de lunettes? Ce lunetier satisfait les besoins d'une clientèle à la recherche de montures conçues par des designers réputés tels que Prada, Gucci et même l'excentrique Paul Smith *himself*. Possibilité d'obtenir vos lunettes en une seule journée.

SEE
921 Lincoln Rd.
South Beach
♪ 305-672-6360
www.seeeyewear.com
Cette boutique se spécialise dans la vente de lunettes stylisées à la mode.

The Plug
1678 Collins Ave.
South Beach
♪ 305-534-2923
Pour avoir une apparence de star, poussez la porte de la boutique The Plug, qui propose un large choix de lunettes de soleil stylisées aux branches métallisées ou à la monture enveloppante, signées par des designers de renom: Dolce & Gabbana, Versace, Ray Ban, etc.

Marché aux puces

Fort Lauderdale Swap Shop
3291 W. Sunrise Blvd.
Fort Lauderdale
♪ 954-791-7927
www.floridaswapshop.com
Gigantesque marché aux puces où l'on trouve littéralement de tout. Spectacles de cirque et attractions foraines ajoutent un brin de folie à l'ensemble.

Matériel d'artiste

Pearl Art and Craft Supply
1033 E. Oakland Blvd.
Fort Lauderdale
♪ 954-564-5700
www.pearlpaint.com
Chez Pearl, on trouve une incroyable sélection de fournitures pour artistes.

Matériel informatique

Apple Store
738 Lincoln Rd.
South Beach
♪ 305-421-0400
Cette boutique conceptuelle offre toute une gamme de produits de la marque éponyme. Sans conteste le meilleur endroit pour acheter un Mac, un iPod, un iPhone ou la dernière mouture du iPod Touch. Vous pourrez vous renseigner sur les derniers produits Mac et même obtenir du soutien technique.

Musique

> Disquaires

Do-Re-Mi
1829 SW Eighth St.
Little Havana
♪ 305-541-3374
Quiconque est à la recherche d'un disque compact, d'une cassette audio ou vidéo en espagnol, les trouvera sans doute chez Do-Re-Mi.

Sweat Records
5505 NE Second Ave.
Little Havana
♪ 305-342-0953
www.sweatrecordsmiami.com
Situé à côté du **Churchill Pub** (voir p. 164), le disquaire Sweat Records offre une jolie sélection de musique *indie*, ainsi qu'un bon choix de vinyles de collection. L'établissement se double également d'un café.

Uncle Sam's
1141 Washington Ave.
South Beach
♪ 305-532-0973
www.unclesamsmusic.com
Tous ceux qui cherchent un disque compact aux consonnances musicales variées (*indie*, *punk*, *goth*, *trance*, *electronica*, etc.) ou un DVD les dénicheront chez Uncle Sam's.

> Instruments

Sim Music
13390 W. Dixie Hwy.
North Miami
♪ 305-893-5772
Sim Music propose un vaste choix de guitares électriques et acoustiques, d'instruments à percussion, de synthétiseurs, d'amplificateurs et de micros.

Parfums

Perfumania
401 Biscayne Blvd.
centre-ville de Miami
☎ 305-577-0032
334 Lincoln Rd.
South Beach
www.perfumania.com
Allez donc choisir votre effluve préféré chez Perfumania.

Sephora
721 Collins Ave.
South Beach
☎ 305-532-0904
www.sephora.com
Celles parmi vous qui cherchent des produits de bain parfumés, des ombres à paupières, des parfums ou des cosmétiques à la mode doivent absolument pousser la porte de Sephora.

Plein air

Alf's Golf Shop
15369 S. Dixie Hwy.
Miami
☎ 305-378-6086
524 Arthur Godfrey Rd.
Miami Beach
☎ 305-673-6568
www.alfsgolf.com
Comme son nom l'indique, l'Alf's Golf Shop est une boutique de golf qui offre aux amateurs un grand choix de bâtons, de vêtements et d'accessoires pour pratiquer ce sport très populaire en Floride.

H2O Scuba
14382 Biscayne Blvd.
North Miami
☎ 305-956-3483
www.h2oscuba.com
H2O Scuba se spécialise dans la vente d'équipements destinés à la plongée-tuba et à la plongée sous-marine : masques, palmes, combinaisons, etc. De plus, cette boutique propose des cours de certification qui feront de vous un plongeur

breveté capable d'explorer en toute sécurité et légalité le merveilleux monde du silence.

Salon de coiffure

Contesta Rock Hair
417 Espanola Way
South Beach
☎ 305-672-5434
www.contestarockhair.com
Boutique hors norme qui illustre bien le côté bohème de South Beach, Contesta Rock Hair est un salon de coiffure et une galerie d'art regroupés sous un même toit. Décor volontairement détonant, musique tonitruante et stylistes délurés.

Salon de tatouage

Miami Ink
1344 Washington Ave.
South Beach
☎ 305-531-4556
Les personnes qui suivent les histoires des tatoueurs de l'émission de téléréalité éponyme doivent se rendre à leur boutique pour assouvir leur curiosité, et peut-être même faire connaissance avec les personnages en question. Profitez-en pour vous faire tatouer un dessin original.

Valises

Luggage Gallery
111 Lincoln Rd.
South Beach
☎ 305-532-1289
Le Luggage Gallery dispose d'une bonne sélection de valises à roulettes et de sacs de voyage, ainsi que de quelques accessoires comme des sacs de taille.

Vêtements

> Dames

Anthropologie
1108 Lincoln Rd.
South Beach
☎ 305-695-0775
Aventura Mall
19501 Biscayne Blvd.
Aventura
☎ 305-933-3512
www.anthropologie.com
Cette boutique bric-à-brac propose des vêtements, des accessoires et des bijoux pour femmes avec une touche rétro, en plus d'une sélection d'objets pour décorer la maison.

Betsey Johnson
805 Washington Ave.
South Beach
☎ 305-673-0023
Renommée dans les hauts cercles de la mode, la boutique Betsey Johnson étale fièrement ses créations convoitées par les femmes au goût recherché.

Curves N' Waves
275 Miracle Mile
☎ 305-442-1430
www.curvesnwaves.com
Curves N' Waves satisfait les besoins d'une clientèle à la recherche de maillots élégants qui portent la griffe d'Antik Denim, Salinas, Vix et Riley.

Kore Boutique
7226 Biscayne Blvd.
Miami
☎ 305-573-8211
www.myspace.com/koreboutique
Les *fashionistas* qui veulent dénicher une robe aux motifs chamarrés, des chaussures griffées, des accessoires originaux pour euphoriser leurs soirées ou tout simplement pour arpenter la ville avec élégance, doivent absolument pousser la porte de cette boutique inspirée et décalée.

Lululemon

19501 Biscayne Blvd.
Aventura
☎ 305-466-7294

Les femmes à la recherche de vêtements extensibles et respirants qui combinent confort et belle allure iront sans doute faire un saut chez l'un des maillons de cette chaîne de vêtements de yoga et de sports originaire de Vancouver. Adresse tout indiquée pour les coquettes qui aiment assortir leur collant à leur maillot.

Miss Sixty

845 Lincoln Rd.
South Beach
☎ 305-538-3547

Vous êtes une adepte du style «Mai 68» et des vêtements branchés, chics et rétro à souhait? Rendez-vous chez Miss Sixty.

True Religion

644 Collins Ave.
South Beach
☎ 305-695-1919

Rares sont les *fashionistas* qui restent insensibles à la coupe très contemporaine et très design des jeans True Religion. Pourquoi résister à la tentation?

Victoria's Secret

901 Lincoln Rd.
South Beach
☎ 305-695-1814

Boutique mondialement reconnue dans les cercles de la mode, Victoria's Secret vend un excellent choix de lingerie de qualité à des prix avantageux. On y trouve une ribambelle de corsets, de soutien-gorges, de petites culottes et de peignoirs évanescents, pour les femmes qui assument pleinement leur féminité. Le personnel souriant dispense des conseils avisés.

⊳ Enfants

Genius Jones

1661 Michigan Ave.
South Beach
☎ 305-571-2000
49 NE 39th St.
Design District
☎ 305-571-2000
www.geniusjones.com

Avis aux parents férus de mode, Genius Jones propose des vêtements adorables, des CD de berceuses multilingues, des poussettes dernier cri et une ribambelle de jouets amusants. Deux adresses idéales pour les parents qui ne sont pas intimidés par les prix prohibitifs, et qui croient que leur progéniture a aussi le droit d'être tendance.

Kidrobot

638 Collins Ave.
South Beach
☎ 305-673-5807
www.kidrobot.com

Avis aux parents chasseurs de tendances, ce magasin propose des vêtements et des accessoires pop art en édition limitée spécialement conçus pour les enfants.

⊳ Hommes

Duncan Quinn

4040 NE Second Ave., Suite 102
Design District
☎ 786-972-5021
www.duncanquinn.com

Antre de la mode haut de gamme pour les hommes qui veulent actualiser leur garde-robe avec une collection de prêt-à-porter aux lignes épurées, audacieuses et intemporelles.

Filene's Basement

17651 Biscayne Blvd.
Aventura
☎ 305-936-2497
www.filenesbasement.com

Succursale d'une institution bostonienne, Filene's Basement vend des vêtements créés par des designers dont le prix initial peut être réduit jusqu'à 60%. Si vous envisagez de vous marier, ne manquez surtout pas l'événement annuel «La Course des Mariées» (The Running of the Brides) pendant lequel les futures mariées se ruent littéralement sur les robes aussitôt les portes ouvertes afin de trouver «la» robe à rabais.

Havana Shirts Store

1052 Ocean Dr.
South Beach
☎ 786-276-9240

Cette adresse fera le bonheur des personnes qui veulent se procurer une chemise *guayabera* aux couleurs sobres ou criardes.

⊳ Maternité

A Pea in the Pod

9700 Collins Ave.
Bal Harbour Shops
☎ 305-864-6881
350 San Lorenzo Ave.
Coral Gables
☎ 305-648-1201
www.apeainthepod.com

Situé à l'intérieur des chics Bal Harbour Shops, A Pea in the Pod plaira aux dames à la recherche de vêtements de maternité. Autre adresse à Coral Gables.

⊳ Unisexe

Armani Exchange

760 Collins Ave.
South Beach
☎ 305-531-5900

Armani Exchange propose des créations stylisées qui plairont énormément aux personnes souhaitant afficher des goûts vestimentaires raffinés, mais qui ne veulent pas vider leur porte-monnaie.

Beatnix Vintage Clothing

1149 Washington Ave.
South Beach
☎ 305-532-8733

Pour les nostalgiques des années 1970, cette boutique

recèle un déluge d'articles kitsch, notamment des vêtements, des cartes postales et des lunettes rétro.

Christian Audigier
422 Lincoln Rd.
South Beach
♪ 305-673-5714
Cette boutique du créateur de mode éponyme est une adresse idéale pour les personnes qui veulent faire l'acquisition d'une casquette Von Dutch, d'un t-shirt Ed Hardy, ainsi que de produits dérivés.

Deco Denim
645 Collins Ave.
South Beach
♪ 305-532-6986
Deco Denim étale des vêtements unisexes comme Levis, Pele, Tommy Hilfiger, Calvin Klein et Polo.

Douglas Gardens Thrift Shop
5713 NW 27th Ave.
Miami
♪ 305-638-1900
Un petit détour par ce magasin d'occasion peut valoir des trouvailles intéressantes : vêtements, vaisselle, livres, revues, disques, meubles, bijoux, etc.

Fly Boutique
650 Lincoln Rd.
South Beach
♪ 305-604-8508
Fly Boutique vend des vêtements aux allures des années 1980. Idéal pour ceux qui veulent s'habiller comme Don Johnson et revivre les années de gloire de *Miami Vice*.

Gianni Versace Boutique
Bal Harbour Shops
9700 Collins Ave.
♪ 305-864-0044
Malgré la fin tragique de son propriétaire et créateur, la boutique du défunt couturier italien Gianni Versace, parvient toujours à attirer une clientèle élégante prête à se draper de ses créations à la fine pointe de l'esthétique vestimentaire.

Kenneth Cole
190 Eighth St.
South Beach
♪ 305-673-5151
Accro de la nouveauté et du *trendy*? Bienvenue dans le temple de la mode du styliste new-yorkais. Les *fashion victims* pourront y dénicher un sac à main ou des vêtements et des chaussures qui allient esthétisme et confort.

Miami Twice
6562 Bird Rd.
Miami Beach
♪ 305-666-0127
Véritable caverne d'Ali Baba, ce magasin se spécialise dans les accessoires, bijoux et vêtements datant des années 1940 à 1970.

Ritchie Swimwear
160 Eighth St.
South Beach
♪ 305-538-0201
La boutique Ritchie Swimwear vend une ribambelle de maillots de bain en tout genre, des costumes de bain classiques aux modèles sexy et affriolants, pour celles qui tiennent à exhiber leurs attributs physiques.

Tomas Maier
170 NE 40th St.
Design District
♪ 305-576-8383
www.tomasmaier.com
Cette boutique éponyme du créateur allemand gagne la faveur des esthètes qui veulent agrémenter leur garderobe de produits d'une qualité exceptionnelle. On y trouve aussi les célèbres bougies Dyptiques, de beaux livres, des accessoires de luxe minimalistes, ainsi qu'une sélection de maillots de bain pour hommes et femmes, pour paraître au mieux de sa forme.

The Webster
1220 Collins Ave.
South Beach
♪ 305-674-7899
www.thewebstermiami.com
Antre de la mode haut de gamme installé dans un bâtiment Art déco, cette boutique conceptuelle abrite trois étages de grandes marques du prêt-à-porter, de parfums et d'accessoires de mode sélectifs qui s'inscrivent dans les tendances actuelles.

Vin, bière et spiritueux

Crown Wine & Spirits
12555 Biscayne Blvd.
North Miami
♪ 305-892-9463
www.crownwineandspirits.com
Les amis de Bacchus ne seront pas déçus en poussant la porte de Crown Wine & Spirits. En effet, l'établissement garnit régulièrement ses tablettes de nouveaux arrivages en provenance d'Europe et d'Amérique.

Le plus **grand choix** de guides
sur les Amériques!

www.guidesulysse.com

Références

Index

Les numéros de page en **gras** renvoient aux cartes.

Lexique français-anglais

Salut!	*Hi!*
Comment ça va?	*How are you?*
Ça va bien	*I'm fine*
Bonjour	*Hello*
Bonsoir	*Good evening/night*
Bonjour, au revoir	*Goodbye*
À la prochaine	*See you later*
Oui	*Yes*
Non	*No*
Peut-être	*Maybe*
S'il vous plaît	*Please*
Merci	*Thank you*
De rien, bienvenue	*You're welcome*
Excusez-moi	*Excuse me*
Je suis touriste	*I am a tourist*
Je suis Canadien(ne)	*I am Canadian*
Je suis Belge	*I am Belgian*
Je suis Français(e)	*I am French*
Je suis Suisse	*I am Swiss*
Je suis désolé(e), je ne parle pas l'anglais	*I am sorry, I don't speak English*
Parlez-vous le français?	*Do you speak French?*
Plus lentement, s'il vous plaît	*Slower, please*
Comment vous appelez-vous?	*What is your name?*
Je m'appelle...	*My name is...*
époux(se)	*spouse*
frère, sœur	*brother, sister*
ami(e)	*friend*
garçon	*son, boy*
fille	*daughter, girl*
père	*father*
mère	*mother*
célibataire	*single*
marié(e)	*married*
divorcé(e)	*divorced*
veuf(ve)	*widower/widow*

■ Directions

Est ce qu'il y a un bureau de tourisme près d'ici?	*Is there a tourist office near here?*
Il n'y a pas de...	*There is no...,*
Nous n'avons pas de...	*We have no...*
Où est le/la ...?	*Where is...?*
à côté de	*beside*
à l'extérieur	*outside*
à l'intérieur	*into, inside, in, into, inside*
derrière	*behind*
devant	*in front of*
entre	*between*
ici	*here*

là, là-bas	*there, over there*
loin de	*far from*
près de	*near*
sur la droite	*to the right*
sur la gauche	*to the left*
tout droit	*straight ahead*

■ Pour s'y retrouver sans mal

aéroport	*airport*
à l'heure	*on time*
aller-retour	*return ticket, return trip*
aller simple	*one way ticket, one way trip*
annulé	*cancelled*
arrêt d'autobus	*bus stop*
L'arrêt, s'il vous plaît	*The bus stop, please*
arrivée	*arrival*
autobus	*bus*
autoroute	*highway*
avenue	*avenue*
avion	*plane*
bagages	*baggages*
bateau	*boat*
bicyclette	*bicycle*
bureau de tourisme	*tourist office*
coin	*corner*
départ	*departure*
est	*east*
gare	*train station*
horaire	*schedule*
immeuble	*building*
nord	*north*
ouest	*west*
place	*square*
pont	*bridge*
quartier	*neighbourhood*
rang	*rural route*
rapide	*fast*
en retard	*late*
retour	*return*
route, chemin	*road*
rue	*street*
sécuritaire	*safe*
sentier	*path, trail*
sud	*south*
train	*train*
vélo	*bicycle*
voiture	*car*

■ La voiture

à louer	*for rent*
un arrêt	*a stop*
Arrêtez!	*Stop!*
attention	*danger, be careful*
autoroute	*highway*

défense de doubler	no passing
essence	gas
feu de circulation	traffic light
impasse	no exit
limitation de vitesse	speed limit
piétons	pedestrians
ralentir	to slow down
stationnement	parking
stationnement interdit	no parking
station-service	service/gas station

■ L'argent

argent	money
banque	bank
caisse populaire	credit union
carte de crédit	credit card
change	exchange
chèques de voyage	traveller's cheques
Je n'ai pas d'argent	I don't have any money
L'addition, s'il vous plaît	The bill please
reçu	receipt

■ L'hébergement

ascenseur	elevator
auberge	inn
auberge de jeunesse	youth hostel
basse saison	off season
chambre	bedroom
climatisation	air conditioning
déjeuner	breakfast
eau chaude	hot water
étage	floor (first, second...)
gérant	manager, owner
gîte touristique	bed and breakfast
haute saison	high season
hébergement	dwelling
lit	bed
logement	accommodation
piscine	pool
propriétaire	owner
rez-de-chaussée	main floor
salle de bain	bathroom
toilettes	restroom
ventilateur	fan

■ Le magasinage

acheter	to buy
appareil photo	camera
argent	silver
artisanat local	local crafts
bijouterie	jewellery
blouse	blouse
blouson	jacket
cadeaux	gifts
cassettes	cassettes

chapeau	hat
chaussures	shoes
C'est combien?	How much is this?
chemise	shirt
le/la client(e)	the customer
cosmétiques	cosmetics
coton	cotton
crème solaire	sunscreen
cuir	leather
disques	records
fermé(e)	closed
J'ai besoin de...	I need...
Je voudrais...	I would like...
jeans	jeans
journaux	newspapers
jupe	skirt
laine	wool
lunettes	eyeglasses
magasin	store
magasin à rayons	department store
magazines	magazines
marché	market
montres	watches
or	gold
ouvert(e)	open
pantalon	pants
parfums	perfumes
pellicule	film
pierres précieuses	precious stones
piles	batteries
revues	magazines
sac	handbag
sandales	sandals
tissu	fabric
t-shirt	T-shirt
vendeur(se)	salesperson
vendre	to sell

■ Divers

bas(se)	low
beau	beautiful
beaucoup	a lot
bon	good
chaud	hot
cher	expensive
clair	light
court(e)	short
étroit(e)	narrow
foncé	dark
froid	cold
grand(e)	big, tall
gros(se)	fat
J'ai faim	I am hungry
J'ai soif	I am thirsty
Je suis malade	I am ill
joli(e)	pretty
laid(e)	ugly
large	wide
lentement	slowly

mauvais	*bad*
mince	*slim, skinny*
moins	*less*
ne pas toucher	*do not touch*
nouveau	*new*
Où?	*Where?*
pas cher	*inexpensive*
petit(e)	*small, short*
peu	*a little*
pharmacie	*pharmacy, drugstore*
plus	*more*
quelque chose	*something*
Qu'est-ce que c'est?	*What is this?*
rien	*nothing*
vieux	*old*
vite	*quickly*

■ La température

Il fait chaud	*It is hot outside*
Il fait froid	*It is cold outside*
nuages	*clouds*
pluie	*rain*
soleil	*sun*

■ Le temps

année	*year*
après-midi	*afternoon*
aujourd'hui	*today*
demain	*tomorrow*
heure	*hour*
hier	*yesterday*
jamais	*never*
jour	*day*
maintenant	*now*
matin	*morning*
minute	*minute*
mois	*month*
janvier	*January*
février	*February*
mars	*March*
avril	*April*
mai	*May*
juin	*June*
juillet	*July*
août	*August*
septembre	*September*
octobre	*October*
novembre	*November*
décembre	*December*
nuit	*night*
Quand?	*When?*
Quelle heure est-il?	*What time is it?*
semaine	*week*
dimanche	*Sunday*
lundi	*Monday*
mardi	*Tuesday*
mercredi	*Wednesday*

jeudi	*Thursday*
vendredi	*Friday*
samedi	*Saturday*
soir	*evening*

■ Les communications

appel à frais virés (PCV)	*collect call*
appel outre-mer	*overseas call*
attendre la tonalité	*wait for the tone*
bottin téléphonique	*telephone book*
bureau de poste	*post office*
composer l'indicatif régional	*dial the area code*
enveloppe	*envelope*
fax (télécopieur)	*fax*
interurbain	*long distance call*
par avion	*air mail*
tarif	*rate*
télécopieur	*fax*
télégramme	*telegram*
timbres	*stamps*

■ Les activités

baignade	*swimming*
centre culturel	*cultural centre*
cinéma	*cinema*
équitation	*horseback riding*
faire du vélo	*cycling*
musée	*museum, gallery*
navigation de plaisance	*sailing, pleasure-boating*
pêche	*fishing*
plage	*beach*
planche à voile	*windsurfing*
plongée sous marine	*scuba diving*
plongée-tuba	*snorkelling*
se promener	*to walk around, to stroll*
randonnée pédestre	*hiking*
vélo tout-terrain (VTT)	*mountain bike*

■ Tourisme

atelier	*workshop*
barrage	*dam*
bassin	*basin*
batture	*sandbank*
belvédère	*lookout point*
canal	*canal*
chenal	*channel*
chute	*waterfall*
cimetière	*cemetery*
colline	*hill*
côte sud/nord	*south/north shore*
couvent	*convent*
douane	*customs house*
écluses	*locks*
école secondaire	*high school*

écuries	stables
église	church
faubourg	neighbourhood, region
fleuve	river
gare	train station
grange	barn
hôtel de ville	town or city hall
jardin	garden
lieu historique	historic site
maison	house
manoir	manor
marché	market
moulin	mill
moulin à vent	windmill
palais de justice	court house
péninsule	peninsula
phare	lighthouse
pont	bridge
porte	door, archway, gate
presqu'île	peninsula
réserve faunique	wildlife reserve
rivière	river
voie maritime	seaway

■ Gastronomie

agneau	lamb
beurre	butter
bœuf	beef
calmar	squid
chou	cabbage
crabe	crab
crevette	shrimp
dinde	turkey
eau	water
fromage	cheese
fruits	fruits
fruits de mer	seafood
homard	lobster
huître	oyster
jambon	ham
lait	milk
langouste	scampi
légumes	vegetables
maïs	corn
noix	nut
œuf	egg
pain	bread
palourde	clam
pétoncle	scallop
poisson	fish
pomme	apple
pomme de terre	potato
poulet	chicken
viande	meat

■ Les nombres

1	one
2	two
3	three
4	four
5	five
6	six
7	seven
8	eight
9	nine
10	ten
11	eleven
12	twelve
13	thirteen
14	fourteen
15	fifteen
16	sixteen
17	seventeen
18	eighteen
19	nineteen
20	twenty
21	twenty-one
22	twenty-two
23	twenty-three
24	twenty-four
25	twenty-five
26	twenty-six
27	twenty-seven
28	twenty-eight
29	twenty-nine
30	thirty
31	thirty-one
32	thiry-two
40	forty
50	fifty
60	sixty
70	seventy
80	eighty
90	ninety
100	one hundred
200	two hundred
500	five hundred
1 000	one thousand
10 000	ten thousand

Lexique français-anglais

Commandez au www.guidesulysse.com

La livraison est gratuite si vous utilisez le code de promotion suivant: **GDEMIA** (limite d'une utilisation du code de promotion par client)

Les **guides Ulysse** sont aussi disponibles dans toutes les bonnes librairies.

GUIDES DE VOYAGE ULYSSE

Arizona et Grand Canyon
34,95$ 27,99€

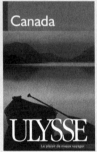

Canada
34,95$ 27,99€

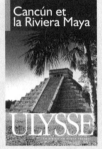

Cancun et la Riviera Maya
24,95$ 19,99€

Cape Cod, Nantucket, Martha's Vineyard
22,95$ 19,99€

Chicago
24,95$ 19,99€

Chili
34,95$ 24,99€

Costa Rica
29,95$ 22,99€

Cuba
32,95$ 24,99€

Disney World
19,95$ 22,99€

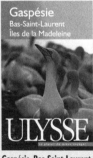

Floride
29,95$ 24,99€

Gaspésie, Bas-Saint-Laurent, Îles de la Madeleine
24,95$ 19,99€

Guatemala
34,95$ 24,99€

GUIDES DE VOYAGE ULYSSE

Hawaii
37,95$ 27,99€

La Havane
24,95$ 19,99€

Las Vegas
19,95$ 19,99€

Los Angeles
24,95$ 19,99€

Montréal
24,95$ 19,99€

New York
24,95$ 19,99€

Nouvelle-Angleterre
34,95$ 27,99€

Ontario
32,95$ 24,99€

Ouest canadien
32,95$ 24,99€

Panamá
32,95$ 24,99€

Porto
24,95$ 19,99€

**Provinces atlantiques
du Canada**
27,95$ 24,99€

www.guidesulysse.com

GUIDES DE VOYAGE ULYSSE

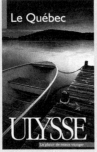

Le Québec
34,95$ 24,99€

Ville de Québec
24,95$ 19,99€

République dominicaine
24,95$ 22,99€

San Francisco
24,95$ 19,99€

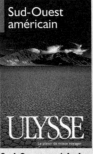

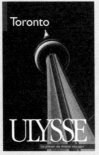

Sud-Ouest américain
37,95$ 27,99€

Toronto
24,95$ 19,99€

Tunisie
32,95$ 23,99€

Vancouver, Victoria et Whistler
19,95$ 19,99€

ESPACES VERTS

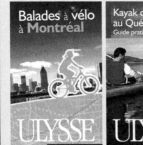

Balades à vélo à Montréal
14,95$ 12,99€

Kayak de mer au Québec – Guide pratique
24,95$ 22,99€

Marcher à Montréal et ses environs
22,95$ 19,99€

Les parcs nationaux de la Gaspésie et du Bas-Saint-Laurent
19,95$ 19,99€

ESPACES VERTS

Le Québec cyclable
19,95$ 19,99€

Randonnée pédestre au Québec
24,95$ 19,99€

Randonnée pédestre Nord-Est des États-Unis
24,95$ 22,99€

Raquette et ski de fond au Québec
24,95$ 22,99€

ART DE VIVRE

À table avec Les Grands Explorateurs - Menus du monde entier
29,95$ 24,99€

Croisières dans les Caraïbes
29,95$ 23,99€

Guide des longs séjours
24,95$ 19,99€

Le tour du monde à Montréal
24,95$ 22,99€

PETITS BONHEURS

Balades et circuits enchanteurs au Québec
14,95$ 12,99€

Beau, belle et bio à Montréal
14,95$ 13,99€

Délices et séjours de charme au Québec
14,95$ 14,99€

Escapades et douces flâneries au Québec
9,95$ 13,99€

www.guidesulysse.com

COMPRENDRE

Comprendre la Chine
16,95$ 14€

Comprendre le Brésil
17,95$ 14€

Comprendre le Japon
16,95$ 14€

Comprendre la Thaïlande
17,95$ 14€

FABULEUX

Fabuleux Canada
29,95$ 24,99€

Fabuleux Ouest canadien
29,95$ 24,99 €

Fabuleux Ouest américain
34,95$ 24,99€

Fabuleuse Argentine
34,95$ 27,99€

Fabuleux Montréal
29,95$ 24,99€

Fabuleuse Québec
24,95$ 23,99 €

Fabuleux Québec
29,95$ 22,99€

Fabuleuses Maritimes
29,95$ 24,99€

GUIDES DE CONVERSATION

Guide de communication universel
9,95$ 8,99€

L'anglais pour mieux voyager en Amérique
9,95$ 6,99€

L'allemand pour mieux voyager
9,95$ 6,99€

L'espagnol pour mieux voyager en Amérique latine
9,95$ 6,99€

L'espagnol pour mieux voyager en Espagne
9,95$ 6,99€

L'italien pour mieux voyager
9,95$ 6,99€

Le portugais pour mieux voyager
9,95$ 6,99€

Le québécois pour mieux voyager
9,95$ 6,99€

JEUNE ULYSSE

Journal de mes vacances à la mer
14,95$ 11,99€

Au Québec - Mon premier guide de voyage
19,95$ 19,99€

Journal de mes vacances - 1
14,95$ 11,99€

Journal de mes vacances - 2
19,95$ 19,99€

www.guidesulysse.com

Tableau des distances

Distances en kilomètres et en milles

Exemple: la distance entre Miami et Tallahassee est de 781 km ou 484 mi.

1 mille = 1,62 kilomètre
1 kilomètre = 0,62 mille

	West Palm Beach	Tampa	Tallahassee	Orlando	Montréal	Miami	New York	Key West	Jacksonville	Fort Myers	Fort Lauderdale	Daytona Beach
Daytona Beach												
Fort Lauderdale												381 / 236
Fort Myers											226 / 140	347 / 215
Jacksonville										483 / 299	521 / 323	149 / 92
Key West									820 / 508	495 / 307	300 / 186	687 / 426
New York								2303 / 1428	1484 / 920	1963 / 1217	2097 / 1300	1628 / 1009
Miami							2037 / 1263	268 / 166	559 / 347	250 / 155	43 / 27	418 / 259
Montréal						2631 / 1631	609 / 378	2893 / 1794	2079 / 1289	2555 / 1584	2595 / 1609	2219 / 1376
Orlando					2303 / 1428	379 / 235	1718 / 1065	642 / 398	233 / 144	257 / 159	340 / 211	88 / 55
Tallahassee				417 / 259	2331 / 1383	781 / 484	1746 / 1083	1044 / 647	265 / 164	645 / 400	744 / 461	410 / 254
Tampa			447 / 277	139 / 86	2445 / 1516	450 / 279	1853 / 1149	693 / 430	367 / 228	204 / 126	426 / 264	229 / 142
West Palm Beach		375 / 233	680 / 422	275 / 171	2524 / 1565	107 / 66	1939 / 1202	376 / 233	458 / 284	294 / 182	69 / 43	316 / 196

©ULYSSE

Mesures et conversions

Mesures de capacité

1 gallon américain (gal) = 3,79 litres

Mesures de longueur

1 pied (pi) = 30 centimètres
1 mille (mi) = 1,6 kilomètre
1 pouce (po) = 2,5 centimètres

Mesures de superficie

1 acre = 0,4 hectare
10 pieds carrés (pi^2) = 1 mètre carré (m^2)

Poids

1 livre (lb) = 454 grammes

Température

Pour convertir des °F en °C:
soustraire 32, puis diviser par 9 et multiplier par 5.

Pour convertir des °C en °F:
multiplier par 9, puis diviser par 5 et ajouter 32.

Légende des cartes

★ Attraits
▲ Hébergement
● Restaurants
▮ Mer, lac, rivière
▮ Forêt ou parc
☐ Place
✪ Capitale nationale
✪ Capitale provinciale ou d'État
—·—·— Frontière internationale
········· Frontière provinciale ou d'État
— — — Chemin de fer
▨▨▨ Tunnel

✈ Aéroport international
✈ Aéroport régional
▪ Bâtiment / Point d'intérêt
🚌 Gare routière
ℹ Information touristique
🄷 Hôpital

⊙ Metromover
··O·· Metrorail
🌳 Parc national
🏖 Plage
⛳ Terrain de golf
🚕 Water Taxis

🛡75 Autoroute
🛡301 Route principale
674 Route secondaire

Symboles utilisés dans ce guide

@ Accès Internet
♿ Accessibilité totale ou partielle aux personnes à mobilité réduite
≡ Air conditionné
🐾 Animaux domestiques admis
◎ Baignoire à remous
♠ Casino
⚒ Centre de conditionnement physique
🔒 Coffret de sûreté
🍳 Cuisinette
Ⓤ Label Ulysse pour les qualités particulières d'un établissement
🍴 Petit déjeuner inclus dans le prix de la chambre
≋ Piscine
✳ Réfrigérateur
🍴 Restaurant
))) Sauna
Ⓨ Spa
♪ Téléphone
tlj Tous les jours
⌁ Ventilateur

Classification des attraits touristiques

★★★ À ne pas manquer
★★ Vaut le détour
★ Intéressant

Classification de l'hébergement

L'échelle utilisée donne des indications de prix pour une chambre standard pour deux personnes, avant taxe, en vigueur durant la haute saison.

$ moins de 80$
$$ de 80$ à 125$
$$$ de 126$ à 200$
$$$$ de 201$ à 300$
$$$$$ plus de 300$

Classification des restaurants

L'échelle utilisée dans ce guide donne des indications de prix pour un repas complet pour une personne, avant les boissons, les taxes et le pourboire.

$ moins de 15$
$$ de 15$ à 25$
$$$ de 26$ à 35$
$$$$ plus de 35$

Tous les prix mentionnés dans ce guide sont en dollars américains.

Les sections pratiques aux bordures grises répertorient toutes les adresses utiles.
Repérez ces pictogrammes pour mieux vous orienter:

▲ Hébergement
🍴 Restaurants
♪ Sorties
🛍 Achats